Superalimentos

GUÍA ESENCIAL PARA LA SALUD Y VITALIDAD

Super alimentos

ADRIANA ORTEMBERG

«Así comes, así te sientes»

Dieta equilibrada
Clasificación clasica de los alimentos
Necesidades dietéticas diarias
Los «Top Ten de la alimentación equilibrada
Superalimentos para mejorar la calidad de vida sexual

Edad y alimentación
Los primeros meses
Desde los doce meses
A partir de los cinco años
La adolescencia
La madurez
La vejez

Los superalimentos
¿Qué comer?
Elegir la mejor opción
Tipos de aditivos
Los nutracéuticos
Los congelados
Los alimentos transgénicos
Los alimentos irradiados
Alimentos de cultivo biológico
Los superalimentos
Alimentos para problemas hormonales
Alimentos que previenen el envejecimiento prematuro
Alimentos que refuerzan las articulaciones
Alimentos para la salud de los huesos
Alimentos que cuidan el corazón

Las combinaciones de los alimentos
Cómo combinan los alimentos
Tablas de compatibilidades alimentarias
Comer de todo... pero no todo junto (alimentación disociada y control del peso)
Vivir sin acidez. El delicado equilibrio de los enzimas

Utensilios y técnicas de cocción
Higiene y conservación de los alimentos
La preparación de los alimentos. Ideas básicas
Técnicas y estilos de cocción
Los utensilios
Los materiales. Sugerencias culinarias

Recetas
Ensaladas variadas
Sopas frías y calientes
Arroces
Patatas
Pasta
Verduras y hortalizas
Pizzas y quiches
Crêpes y croquetas
Platos orientales
Setas y especialidades
Postres
Zumos y bebidas
Guía para comer bien cuando se tiene poco tiempo
La mejor y peor dieta
Glosario

OCEANO AMBAR

Agradecimientos:
Mercedes Blasco, Montse Bradford, Iona Purtí, Dr. Barnet Meltzer, Dr. Frederic Viñas, Dr. Ramón Roselló, Dr. Miquel Pros Casas, Dr. Pedro Ródenas, Dr. Bernard Jensen, Francesc Fossas (dietista), Julio Peradejordi y Vicky Egson.

Superalimentos

Licencia editorial para Bookspan por
cortesiá de Editorial Océano, S.L.,
GRUPO OCÉANO

Fotografías: Becky Lawton, Montañés & Gebia, archivo Océano Ámbar, Cristina Reche, Mar Pons, Rosa Castells-CCL, Visió de Futur, Photoalto, Cordon Press, Stock Photos.
Estilismo y cocina: Menchu Bou, Adriana Ortemberg, Susana Britez, Mercè Esteve.
Ilustraciones: Emma Schmidt

Edición: Mònica Campos, Esther Sanz
Dirección de arte y edición gráfica: Montse Vilarnau
Maquetación: Clicart
Edición digital: José González

Bookspan
501 Franklin Avenue
Garden city, NY 11530

ISBN: 84-7556-296-5
Impreso en U.S.A.

Super alimentos

- «Así comes, así te sientes»
- Dieta equilibrada
- Edad y alimentación
- Los superalimentos
- Sugerencias culinarias
- Las combinaciones de los alimentos
- Utensilios y técnicas de cocción
- Recetas

Nota editorial: «Así comes, así te sientes»

Es posible que al cabo del día uno se pueda sentir agotado, irritable, nervioso o con esa conocida mezcla que contiene un poco de cada síntoma: estresado. Existe una estrecha relación entre lo que comemos y la salud emocional, física y psicológica. Los yoguis suelen recordar que la felicidad puede depender de una **respiración**, **alimentación** y **actividad** adecuadas, junto a una **actitud mental** positiva.

Esta es la razón de ser de este libro: favorecer el bienestar a través de unos pequeños y sencillos cambios, pero que son muy poderosos para favorecer un mejor estado de salud sin renunciar a la comida sabrosa . En él procuramos ofrecer una primera aproximación a toda una serie de alimentos «preferibles» que ayudan a disfrutar de una salud óptima. Tras largos años de experiencia en la edición de dos conocidas revistas dedicadas a la salud y el bienestar del cuerpo y la mente hemos procurado resumir esta labor, actualizando los conocimientos esenciales sobre nutrición y salud y uniéndolos a uno de los placeres más deliciosos: la buena comida y su incomparable gama de sabores.

Y todo ello junto a los últimos hallazgos en nutrición y dietética, entre los que destacan,

Bebida de almendra y pera.

por ejemplo, las nuevas generaciones de suplementos alimenticios, o las investigaciones sobre el beneficioso efecto de los alimentos antioxidantes que resultan una ayuda muy importante para prevenir enfermedades y retrasar considerablemente el envejecimiento. ¿Antioxidantes? Claro que sí: ¿A quién no se le hace la boca agua al recordar el sabor de las deliciosas fresas (un conocido alimento antioxidante) recolectadas con mimo cuando es temporada?

«Superalimentos» forma parte y complementa una serie de libros sobre alimentación, dietética y cocina que se relacionan en las páginas finales. Hemos procurado huir tanto de tecnicismos como de productos demasiado remotos o exóticos. Lo que se recomienda os resultará en general fácil de conseguir en las tiendas. Remitimos, pues, a dichas páginas, en donde los lectores podrán también encontrar los restantes libros que completan esta primera entrega de «superalimentos». Repasamos desde las virtudes y propiedades de una humilde hortaliza hasta los «nutracéuticos» o los últimos complementos nutricionales del mercado.

Incluimos también consejos para la preparación de los alimentos y los estilos de cocción, así como la mejor forma de combinar los alimentos entre sí, todo ello con vistas a potenciar sus efectos más favorables.

En general, la influencia de lo que comemos (y cómo lo comemos) sobre las emociones y los estados de ánimo es ya algo conocido y aceptado por los especialistas. En esta misma editorial puede consultarse la obra *Alimentación equilibrada*, de Barnet Meltzer, y *Alquimia en la cocina*, de Montse Bradford; en buena parte están dedicados a este importante tema, relacionado con toda una danza de energías y que afecta a nuestras vidas mucho más de lo que parece.

Finalmente, se incluye un notable apartado de recetas para mostrar en la práctica las ventajas de los superalimentos. Nunca estará de más recordar a los yoguis: «*Vale más un gramo de práctica que toneladas de teoría*». Así pues, esperamos que este resumen de lo mucho que se puede hacer para comer mejor y más saludablemente os resulte tan útil al ponerlo en práctica como apasionante ha sido para nosotros editarlo.

Crema de primavera con verduras.

Dieta equilibrada

Dieta equilibrada

1

Clasificación clásica de los alimentos
Necesidades dietéticas diarias
Alimentación y sueño
Los afrodisíacos
Alimentación equilibrada: Tablas «Top Ten»

Los alimentos que ingerimos cada día son algo más que un conjunto de sabores y aromas que nos deleitan unos instantes. Por eso conviene tender a que nos resulten lo más sanos posible, además de que logren satisfacer nuestras necesidades energéticas diarias. Uno de los secretos de una dieta saludable está en el conocimiento de las propiedades nutritivas de cada alimento, así como en la variedad, combinaciones y proporciones en que conviene que los tomemos.

A excepción del agua, las sustancias nutritivas que requiere nuestro organismo no se encuentran aisladas, sino formando parte de otras sustancias: los alimentos. Esto significa que la única manera de obtenerlas consiste en ingerir alimentos que las contengan en una determinada proporción. Repasaremos pues todo ello a través de la clasificación clásica de los alimentos y de diversas e interesantes tablas que nos ayudarán a elegir.

Al elegir qué y cómo comemos, todos optamos por seguir alguna pauta o criterio dietético.

¿DIETA O RÉGIMEN?

Muchas personas consideran que la dieta alimentaria es lo mismo que «hacer régimen»: un compendio de indicaciones que se prescriben para perder peso o curar una enfermedad. No es del todo erróneo, pero «dieta» es un concepto mucho más amplio: se refiere a qué comemos y cómo lo hacemos.

La dieta es la partitura, una pauta alimentaria que depende de ciertas circunstancias, tanto propias de la persona (edad y estado de salud, necesidades energéticas, gustos, etc.) como ajenas a ella (geográficas, económicas, estacionales, etc.). A menudo, los trastornos que padecemos pueden curarse o mitigarse con una alimentación correcta. Otras veces, una situación concreta (como un sobreesfuerzo), un estado pasajero (embarazo, lactancia, etc.) o la edad poseen unos requerimientos nutricionales distintos.

Vamos a verlo un poco más de cerca.

Clasificación clásica de los alimentos

Normalmente clasificamos los alimentos en función de sus nutrientes. Aunque no existe una clasificación universal aceptada por todos los dietistas, ya que en ciertos casos prefieren agruparlos según su procedencia (vegetal o animal) o la función que desempeñan en el organismo, la más usual establece seis grupos.

CEREALES Y FÉCULAS

Los alimentos de este grupo (trigo, arroz, maíz, cebada) aparecen tanto en crudo como en forma de harinas. Aportan proteínas, vitaminas (en especial del grupo B) e hidratos de carbono, una de las principales fuentes de energía del organismo. Poseen un valor calórico considerable y, a excepción de los tubérculos (patatas, boniatos, etc.), apenas contienen agua.

• **Arroz.** Posee muchas menos grasas que el trigo. Tiene propiedades hipotensoras y su bajo porcentaje en sodio y potasio lo hace especialmente indicado para el tratamiento de personas que padecen trastornos cardíacos y renales. No es astringente.

• **Avena.** Cereal propio de las regiones más septentrionales, es muy recomendable por su capacidad energizante y estimulante, ya que sus elementos nutricionales actúan sobre la glándula tiroides. Es además diurética e hipoglucemiante, por lo que es muy recomendable para las personas diabéticas.

• **Cebada.** Es el cereal con mayor cantidad de azúcares (de ahí que se utilice para elaborar bebidas alcohólicas) y posee propiedades calmantes y refrescantes. Ingerida en forma de granos germinados, provoca la síntesis de diastasa, que facilita la digestión de los almidones.

• **Centeno.** Aunque posee mucho menos gluten que el trigo y carece prácticamente de vitamina B_3 (PP), aumenta la fluidez de la sangre, por lo que consumido con cierta frecuencia previene ciertos trastornos cardiovasculares. Muy recomendable en casos de hipertensión, arteriosclerosis y enfermedades vasculares.

• **Maíz.** Posee el contenido graso más importante de todos los cereales. Sus elementos activos actúan directamente sobre la glándula tiroides, aunque no incrementa su ritmo, sino que lo aminora. Sin embargo, su carencia prácticamente completa de vitamina B_3 (PP) lo convierte en un alimento complementario.

• **Mijo.** Con un porcentaje considerable de fósforo, hierro y vitamina A, es muy recomendable para combatir la fatiga intelectual, la depresión nerviosa, la astenia y la anemia.

• **Trigo.** Es el cereal más adaptado a las regiones del sur de Europa. Es el más rico en sales minerales (posee todas las conocidas: azufre, calcio, fósforo, hierro, magnesio, potasio, sili-

Los cereales, por sus numerosas propiedades, deben formar parte de toda dieta equilibrada.

El trigo sarraceno

A pesar de su nombre, no es un cereal propiamente dicho. Su consumo, no obstante, es muy recomendable, ya que posee más calcio que el trigo y varios aminoácidos esenciales, como el triptófano, que está presente en las proteínas animales.

¿Crudos o cocidos?

Convendría comer los cereales y féculas siempre crudos, ya que al calentarlos pierden parte de sus vitaminas y minerales. Pero en el caso de que sea imprescindible hacerlo (como en el arroz) pueden escaldarse o cocerse al vapor. Es recomendable guardar el caldo de la cocción para preparar sopas o consomés.

cio, sodio, etc.) y además posee un gran número de oligoelementos y vitaminas (B_1, B_2, B_{12}, D, E, K, PP). Con él se elabora todo tipo de pastas alimentarias, así como platos un tanto exóticos como bulgur, cuscús y seitán.

VERDURAS Y HORTALIZAS

Crudas o cocidas, están constituidas por un noventa por ciento de agua (y sales minerales). Por sí solas suponen un valor energético pequeño, pero poderoso. Son la fuente principal de vitaminas (A y C, especialmente), sales minerales (sodio, calcio, magnesio, etc.) y fibra.

Además, su naturaleza alcalina neutraliza el proceso de acidificación causado por los alimentos ricos en proteínas y facilita la eliminación de residuos cuya acumulación, a la larga, suele provocar intoxicaciones.

Durante la infancia y adolescencia el aporte proteínico es importante y suele creerse que son un alimento complementario, pero no es así y por eso conviene acostumbrar el paladar a esos sabores, hoy en desventaja ante la comida rápida y sus exagerados efectos. Las verduras resultan interesantes a cualquier edad, y en la vejez se convierten en el centro de la dieta, ya que las necesidades calóricas son menores y aumentan el estreñimiento y los trastornos digestivos.

Recomendaciones para tomar fruta

- La fruta debe ser siempre **de temporada**. Desconfiemos de las naranjas que nos ofrezcan en verano o de las ciruelas que podamos adquirir en diciembre: o bien se han importado de países lejanos o bien se han mantenido en cámaras refrigeradas. En ambos casos, la fruta ha sufrido un grave perjuicio y a buen seguro habrá perdido la mayor parte de sus propiedades nutritivas.

- La fruta debe comerse **madura** y masticarse cuidadosamente para evitar una mala digestión que produzca fermentaciones y gases.

- Debido al uso de plaguicidas, conservantes y abrillantadores, antes de comer la fruta habrá que **lavarla** cuidadosamente con agua y zumo de limón. Si no se tienen plenas garantías de que está limpia, lo mejor será pelarla.

- Hay que rechazar la fruta que presente picaduras, magulladuras o incisiones, por pequeñas que sean, pues es muy probable que a través de ellas se hayan filtrado sustancias **insecticidas**.

- Es preferible comer la fruta **antes de las comidas** para asimilarla mejor. Si se desea, una vez a la semana puede realizarse una dieta depurativa a base de comer sólo frutas.

FRUTAS

Son una de las mejores fuentes de hidratos de carbono (en su mayoría fructosa, glucosa y levulosa), agua (80 a 90 %), sales minerales, vitaminas (en especial la C, muy común en el kiwi, la guayaba, la grosella negra, el limón, la naranja, el mango y la fresa), fibra (celulosa) y ácidos que favorecen la digestión y protegen las vitaminas.

LECHE Y DERIVADOS LÁCTEOS

Últimamente se tiende a cuestionar la importancia de la leche (en especial la de vaca) entre los alimentos básicos para los adultos. Es cierto que proporciona calcio (que también podemos obtener del pescado, coliflor, nabo, algas marinas –en cantidades superiores–, frutos secos, lechuga y hortalizas de hoja verde...), pero la asimilación de la leche de vaca está lejos de ser completa. Por otra parte, la enzima capaz de metabolizar la leche materna desaparece gradualmente desde los tres años. La leche garantiza un aporte más que satisfactorio de vitaminas (A, B_{12}, D y E), proteínas y minerales, aunque también contiene una proporción considerable de ácidos grasos que no la hacen muy aconsejable a los que posean un alto índice de colesterol o trastornos hepáticos o de vesícula.

El **yogur** y el kéfir se producen mediante la fermentación bacteriana de la leche, muy similar a la que realizan los jugos gástricos en nuestro estómago. Conviene tomarlos con asiduidad: facilitan la asimilación de los alimentos y regulan la emisión de ácidos digestivos y la flora intestinal.

La **mantequilla**, obtenida a partir de la crema que se condensa en la superficie de la leche, posee un 84 % de grasas, 15 % de agua y 0,5 % de glúcidos, así como vitaminas A y D.

Por los conservantes y por el tipo de grasa que resulta de su obtención, la **margarina** no es un buen sustituto. En cambio, la **crema de leche** es más recomendable (62 % de agua, 31 % de grasas, 4 % de glúcidos y 3 % de prótidos). Al igual que la mantequilla, posee vitaminas A y D. De todas formas, estos tres derivados lácteos no son convenientes para las personas con el estómago o el hígado delicados, o con el colesterol alto.

Los **quesos** suelen clasificarse así: *frescos*, con un 70-80 % de humedad, un 10 % de materia grasa y vitamina C (cuajada, queso de Burgos, Villalón, mató, etc.) Se recomiendan a personas obesas o con problemas de arteriosclerosis o colesterol. *Blandos*, con un 50-60 % de humedad y más ricos en proteínas y grasas. *Curados*, con un 35-40 % de humedad y un 30 % de proteínas, se desaconsejan en casos de insuficiencia renal, trastornos digestivos y obesidad. Y finalmente los *veteados*, con un 40-45 % de humedad, vitaminas del grupo B y un contenido en grasas muy considerable.

HUEVOS

Los huevos son un alimento beneficioso; la yema es muy rica en proteínas, lípidos nitrogenados y fosforados, vitaminas A y D, hierro y lecitina. La clara, por su parte, es en su mayor parte proteína. Son preferibles a la carne, si bien quienes tengan los mismos trastornos que en el caso de los lácteos deberían evitarlos.

LEGUMBRES

Las legumbres contienen vitaminas, hidratos de carbono, sales minerales (calcio, hierro y magnesio) y de un 17 a un 25 % de proteínas. Es un porcentaje similar o incluso superior a la carne y el pescado (como en el caso de la soja, con un 36 %). Sus aminoácidos esenciales (en especial la lisina) se complementan con los de los cereales (aminoácidos azufrados), por lo que consumir juntos cereales y legumbres permite aprovechar mejor sus proteínas.

Consejos para el consumo de legumbres

- Las legumbres presentan una gran cantidad de sustancias no digeribles (saponinas, alcaloides, etc.).
- Para que no provoquen indigestión ni flatulencia, deben dejarse en remojo durante varias horas antes de cocinarlas. Además, deben cocerse a fuego lento durante bastante tiempo para que ninguna parte quede cruda.
- Para reforzar su poder proteínico, deben acompañarse con verduras y hortalizas, y servirse con cualquier tipo de cereal.
- A la hora de comerlas, hay que masticarlas muy bien y ensalivarlas abundantemente.

ACEITES Y FRUTOS SECOS

Los aceites vegetales constituyen una de las fuentes de energía más importantes de nuestro organismo. Están constituidos en su mayor parte por grasas monoinsaturadas, por lo que apenas influyen en el nivel de colesterol. Se utilizan como aliño o medio de cocción. El consumo de aceite de oliva en los países mediterráneos está directamente relacionado con unos índices de enfermedades cardíacas mucho menores que los de los países donde suele cocinarse con grasas animales.

Los frutos secos pueden considerarse un sustituto de la carne gracias a su poder proteínico, si se consumen habitualmente en cierta cantidad. Su contenido en grasa y proteínas es muy superior al resto de vegetales (excepto la soja). Además, la ausencia de productos de desecho durante el metabolismo (urea, ácido úrico, etc.), el que no sufran procesos de putrefacción antes de su ingesta, la posibilidad de comerlos crudos y la inexistencia de parásitos y bacterias los hace más recomendables que la carne.

Necesidades dietéticas diarias

La mayoría de alimentos nos proporciona la energía necesaria para realizar todas las funciones vitales.

La Organización Mundial de la Salud (OMS) ha establecido una clasificación de los nutrientes basada en las funciones que desempeñan. Consta de tres categorías:

• **Nutrientes plásticos,** encargados de la producción, mantenimiento y reparación de tejidos. Las proteínas y los minerales pertenecen a este grupo.

• **Nutrientes energéticos,** que suministran la energía necesaria para que el organismo realice todas sus funciones. Esta categoría la integrarían los hidratos de carbono, las grasas y, con ciertas reservas, también las proteínas.

• **Nutrientes reguladores,** que controlan el funcionamiento del metabolismo. Forman parte de este grupo las vitaminas, las sales minerales y el agua.

Como puede verse, la categoría más extensa es la constituida por los nutrientes energéticos. La mayor parte de los alimentos, al ser ingeridos y descompuestos en sustancias nutritivas, proporcionan la energía suficiente como para desarrollar todas las labores de mantenimiento y regeneración que precisa nuestro organismo. Esta energía, desde el punto de vista nutricional, se mide en calorías y kilocalorías.

PROTEÍNAS

Las proteínas permiten la producción de nuevas células y la regeneración de los tejidos. Desde un punto de vista nutricional, su importancia depende de la proporción en la que puedan ser aprovechadas por el organismo. Según el tipo de aminoácidos que las compongan, su asimilación será mayor o menor. Una parte bastante importante de éstos puede ser sintetizada por el cuerpo humano. Los restantes, denominados «ami-

¿Qué es una ración?

Los dietistas, a la hora de establecer la cantidad diaria que debe ingerirse de cada tipo de alimento, hablan de «raciones», que se calculan a partir de los hábitos alimentarios de diversos grupos sociales y de los datos obtenidos mediante encuestas sobre nutrición. Su validez es muy relativa, ya que cada persona debe seguir el tipo de dieta más acorde con sus necesidades físicas (peso, masa muscular, estructura corporal...) y mentales (la relación que establecemos con la comida). No obstante, puede ayudarnos a la hora de organizar nuestros menús semanales.

Ejemplos de raciones

- Féculas
  60 g de pan
  75 g de arroz, fideos o macarrones en crudo
  150 g de patatas

- Grasas
  10 ml de aceite (una cucharada)
  25 g de frutos secos

- Fruta
  200 g de peras, manzanas, melocotones, etc.
  4 mandarinas
  4 albaricoques
  100 g de fresones o cerezas
  1 tajada de melón

- Lácteos
  250 ml de leche
  2 yogures
  50 g de queso

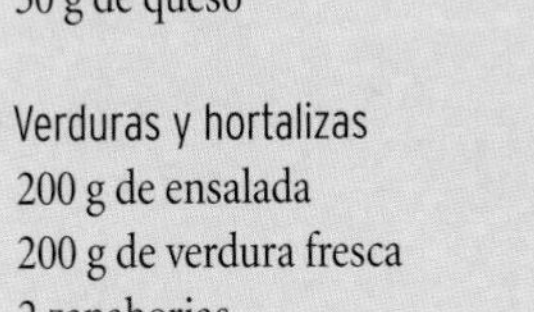

- Verduras y hortalizas
  200 g de ensalada
  200 g de verdura fresca
  2 zanahorias
  2 tomates

noácidos esenciales», deben obtenerse a partir de los alimentos. La leche, el queso, los huevos, el pescado y la carne aportan todas las proteínas necesarias.

Las más importantes son la lisina, la metionina y el triptófano, que también son las más difíciles de obtener. Por ello, hay que incluir en el menú diversos alimentos que, combinados, aporten las proteínas necesarias.

HIDRATOS DE CARBONO

Constituyen nuestra fuente de energía más importante. Abundan en la fruta, la leche, los cereales, las verduras, las legumbres y la miel. Se dividen en tres grupos: los monosacáridos (fructosa, glucosa y galactosa, de digestión muy sencilla), los disacáridos (sacarosa, maltosa y lactosa, de digestión algo más complicada) y los polisacáridos (féculas, almidones y celulosa, o fibra, mucho más difíciles de digerir).

Los hidratos de carbono refinados, habituales por ejemplo en repostería, apenas aportan sustancias nutritivas y su poder calórico es muy grande. Su consumo está relacionado con la caries, la diabetes y la hipertensión. La dieta vegetariana, muy rica en fibra, garantiza una buena eliminación de toxinas.

Alimentos ricos en proteínas

Almendras	16,9 g/100 g
Cacahuetes	24,3 g/100 g
Extracto de levadura	39,7 g/100 g
Germen de trigo	26,5 g/100 g
Harina de avena	12,4 g/100 g
Harina integral	13,2 g/100 g
Harina de soja	36,8 g/100 g
Huevos	12,3 g/100 g
Lentejas cocidas	7,6 g/100 g
Nueces de Brasil	12 g/100 g
Pistachos	19,3 g/100 g
Queso de bola	26 g/100 g
Queso manchego	35,1 g/100 g
Requesón	13,6 g/100 g

Cantidad diaria recomendada: 65 a 75 g (hombres) y 58 a 63 g (mujeres)

Alimentos ricos en fibra

Almendras	14,3 g/100 g
Cacahuetes	8,1 g/100 g
Ciruelas pasas	16,1 g/100 g
Coco desecado	23,5 g/100 g
Dátiles	8,7 g/100 g
Frambuesas	7,4 g/100 g
Harina integral de avena	7 g/100 g
Harina integral de soja	11,9 g/100 g
Harina integral de trigo	9,6 g/100 g
Higos secos	18,5 g/100 g
Judías verdes	7,4 g/100 g
Nueces de Brasil	9 g/100 g
Orejones de albaricoque	24 g/100 g
Orejones de melocotón	14,3 g/100 g
Pan de trigo integral	8,5 g/100 g
Perejil	9,1 g/100 g
Salvado	44 g/100 g

GRASAS

Pese a la mala prensa que tienen las grasas, su consumo moderado es indispensable para el mantenimiento del organismo en plenas condiciones, ya que proporcionan energía y calor, se almacenan en las células del tejido adiposo como combustible de reserva, sirven de protección para determinados órganos y garantizan la absorción de las vitaminas liposolubles (A, D, K y E).

Se distinguen dos tipos de grasas: saturadas e insaturadas. Las grasas *saturadas*, de consistencia sólida a temperatura ambiental, se hallan en su mayor parte en productos animales (nata, queso, mantequilla, huevos) y contienen colesterol *nocivo*, que, en exceso, puede incrementar el riesgo de trastornos coronarios. Las grasas *insaturadas* comprenden a su vez dos grupos: las monoinsaturadas, que se encuentran en los aceites vegetales y no afectan al nivel de colesterol, y las poliinsaturadas, que tienden a disminuir el nivel de colesterol.

VITAMINAS

Nuestro organismo no puede sintetizar todas las vitaminas necesarias para controlar el metabolismo, desarrollar el proceso de crecimiento y regenerar los tejidos dañados. Por ello, hemos de recurrir a ciertos alimentos que las contienen.

• **Vitamina A.** También denominada «retinol», garantiza el mantenimiento de la piel, las membranas mucosas y la vista. Se halla sólo en productos de origen animal, aunque el organismo puede producirla a partir del «caroteno» o provitamina A que se encuentra

Contenido en ácidos grasos (por cada 100 g)

Aceites vegetales	Saturados	Monoinsaturados	Poliinsaturados
Cacahuete	19,7	50,1	29,8
Cártamo	10,7	13,2	75,5
Girasol	13,7	33,3	52,3
Maíz	17,2	30,7	51,6
Oliva	14,7	73	11,7
Soja	14,7	25,4	59,4

Frutos secos	Saturados
Almendras	8,3
Avellanas	7,5
Cacahuetes	15,2
Castañas	18,2
Coco	83
Nueces	11,4
Nueces de Brasil	26,7

en diversos vegetales de color verde o anaranjado (como las populares zanahorias). Si no se ingiere en cantidades suficientes provoca fatiga, irritación de los ojos y ceguera nocturna.

• **Vitaminas del grupo B.** Participan en el proceso de transformación de los nutrientes en energía y garantizan la formación de glóbulos rojos. Es preciso que se encuentren todas en una proporción equilibrada, ya que si una de ellas se da en exceso, puede provocar la deficiencia de las demás. Veámoslas:

a. Ácido fólico. Se encuentra en las hojas de verduras y hortalizas, por lo que su aporte quedará garantizado si se consume un plato de ensalada a diario. Su deficiencia, muy común entre las mujeres embarazadas o entre las que toman anticonceptivos orales, puede provocar agotamiento, anemia y depresión.

b. Vitamina B_1 o tiamina. Es necesaria para procesar los hidratos de carbono.

c. Vitamina B_2 o riboflavina. Presente especialmente en la leche, se destruye si se expone a la luz solar. Su deficiencia se manifiesta en una sequedad aguda de los labios y en la presencia exagerada de sangre en el ojo. Las almendras crudas son unas buenas aliadas para conseguir riboflavina.

Monoinsaturados	Poliinsaturados
71,6	19,6
81,1	10,9
50,1	29,8
39,2	41,9
7	1,8
16,3	71,4
34,3	39

Alimentos ricos en vitamina A

Acedera	2.150 mg/100 g
Berro	500 mg/100 g
Boniato cocido	667 mg/100 g
Brécol cocido	417 mg/100 g
Hojas verdes de diente de león	2.333 mg/100 g
Escarola	334 mcg/100 g
Espinacas cocidas	1.000 mg/100 g
Huevos	140 mg/100 g
Leche	40 mg/100 g
Mango	200 mg/100 g
Mantequilla	985 mg/100 g
Melón	334 mg/100 g
Orejones de albaricoque	600 mg/100 g
Perejil	1.166 mg/100 g
Queso de bola	410 mg/100 g
Zanahoria	2.000 mg/100 g

Cantidad diaria recomendada: 750 mg

Alimentos ricos en vitamina B_1

Almendras	0,67 mg/100 g
Avellanas	0,40 mg/100 g
Cacahuetes	0,90 mg/100 g
Copos de avena	0,55 mg/100 g
Extracto de levadura	3,10 mg/100 g
Germen de trigo	1,45 mg/100 g
Guisantes crudos	0,30 mg/100 g
Harina de avena	0,50 mg/100 g
Harina integral	0,46 mg/100 g
Harina de soja	0,80 mg/100 g
Judías secas	0,60 mg/100 g
Nueces	0,30 mg/100 g
Nueces de Brasil	1 mg/100 g
Pan de trigo integral	0,26 mg/100 g
Salvado	0,89 mg/100 g
Soja seca	1,10 mg/100 g

Cantidad diaria recomendada: de 0,9 a 1,2 mg

Alimentos ricos en vitamina B_2	
Almendras	0,92 mg/100 g
Brécol cocido	0,20 mg/100 g
Brie y quesos similares	0,60 mg/100 g
Champiñones	0,40 mg/100 g
Espinacas crudas	0,29 mg/100 g
Germen de trigo	0,81 mg/100 g
Huevos	0,47 mg/100 g
Leche	0,20 mg/100 g
Queso manchego	0,50 mg/100 g
Yogur	0,26 mg/100 g

Cantidad diaria recomendada: de 1,5 a 1,7 mg

Alimentos ricos en vitamina B_3	
Almendras	6,5 mg/100 g
Cacahuetes tostados	16 mg/100 g
Champiñones	4 mg/100 g
Dátiles	2 mg/100 g
Germen de trigo	5,8 mg/100 g
Haba cocida	3 mg/100 g
Harina integral	5,6 mg/100 g
Maíz en palomitas	2,2 mg/100 g

Cantidad diaria recomendada: de 15 a 18 mg

Alimentos ricos en vitamina B_6	
Aguacate	0,42 mg/100 g
Avellanas	0,55 mg/100 g
Cacahuetes	1 mg/100 g
Harina de soja	0,57 mg/100 g
Huevo	0,3 mg/100 g
Levadura de cerveza	4,20 mg/100 g
Levadura de pan	1,20 mg/100 g
Plátanos	0,51 mg/100 g
Zanahoria cruda	0,20 mg/100 g

Cantidad diaria recomendada: 2 mg

d. Vitamina B_3, niacina o ácido nicotínico. El organismo puede sintetizarla con ayuda del triptófano, un aminoácido esencial que se encuentra principalmente en la leche, los huevos... y los humildes cacahuetes. Su deficiencia causa irritabilidad, nerviosismo y pelagra.

e. Vitamina B_6 o piridoxina. Es imprescindible para las mujeres embarazadas, las que toman anticonceptivos orales o las que sufren tensiones premenstruales. Si se toma con vitamina B_2 y magnesio aumenta su eficacia. Es muy perecedera, pues se destruye mediante el calor y la preparación de alimentos. Si no se toma en cantidades suficientes, aparecen síntomas de anemia, cansancio, depresión, migrañas y desarreglos nerviosos.

f. Vitamina B_{12}. Está presente en ciertas algas marinas, pero se halla sólo en alimentos de origen animal. Si se sigue una dieta vegetariana estricta, sin huevos ni productos lácteos, deberá tomarse en forma de suplementos. Los baños sol a hora temprana la favorecen. Su carencia puede provocar parálisis y, en ausencia combinada de ácido fólico, anemia.

• **Vitamina C o ácido ascórbico.** Mantiene el tejido conjuntivo en buen estado y permite la asimilación del hierro. Previene un gran número de enfermedades y es de gran ayuda en los procesos de recuperación posoperatorios. Es muy recomendable tomar suplementos de esta vitamina en situaciones de estrés o en la adicción al tabaco, al alcohol o al café. Se degrada muy fácilmente, sobre todo cuando se expone al aire o al calor. Su carencia provoca un debilitamiento del tejido conjuntivo, hemorragias, dificultades de cicatrización y reducción de las defensas. Para evitarla, conviene ingerir cantidades abundantes de frutas y verduras.

• **Vitamina D.** Indispensable para la asimilación del calcio y el fósforo, se genera por acción de la radiación solar sobre los aceites de la piel. Se encuentra también en los productos lácteos, los huevos y la margarina, aunque en cantidades menores. Su deficiencia puede llegar a provocar raquitismo y degeneración del tejido óseo.

• **Vitamina E.** Participa en la formación y mantenimiento de las células del cuerpo y la cicatrización de heridas. Se halla en aceites vegetales prensados en frío (y sus derivados), y en cereales, huevos y nueces. Es una de las «vitaminas de la longevidad»» y su deficiencia puede provocar cansancio y anemia.

• **Vitamina K.** Participa en el proceso de coagulación de la sangre. Se encuentra en verduras, cereales y algas marinas, aunque puede sintetizarla el cuerpo humano. Su deficiencia es muy poco frecuente.

MINERALES

Estos nutrientes no pueden ser sintetizados por el cuerpo humano. Se requieren en cantidades muy variables: mientras que el aporte de calcio, hierro, potasio y magnesio debe ser considerable, el de cinc y yodo es mucho menor. No pueden ser asimilados en estado puro, sino en forma de sales orgánicas elaboradas por organismos vegetales y animales.

• **Calcio.** El 99 % del calcio presente en el organismo humano (que no supone más del 1,5 % del peso total) se halla en los huesos y los dientes. Además del mantenimiento de estas partes, se ocupa de la coagulación de la sangre, la contracción del músculo cardíaco y el funcionamiento de los nervios, pues

Alimentos ricos en vitamina B_{12}

Algas marinas	indicios
Brie y quesos similares	1,2 mg/100 g
Extracto de levadura	0,5 mg/100 g
Huevos	1,7 mg/100 g
Leche	0,3 mg/100 g
Mantequilla	indicios
Nata	0,2 mg/100 g
Queso de bola	1,5 mg/100 g
Queso manchego	1,5 mg/100 g
Requesón	0,5 mg/100 g
Yema de huevo	4,9 mg/100 g
Yogur	indicios

Cantidad diaria recomendada: de 1 a 2 mg

Alimentos ricos en vitamina C

Brécol cocido	34 mg/100 g
Col cruda	60 mg/100 g
Frambuesas	25 mg/100 g
Grosella negra	200 mg/100 g
Kiwi	500 mg/100 g
Lichis	40 mg/100 g
Limón	80 mg/100 g
Mangos	30 mg/100 g
Naranjas	50 mg/100 g
Perejil	150 mg/100 g
Pimientos rojos	204 mg/100 g
Pimientos verdes	100 mg/100 g
Pomelo	40 mg/100 g
Rábanos	25 mg/100 g

Cantidad diaria recomendada: 30 mg

Aporte calórico

1 g de proteínas	4 Kcal
1 g de hidratos de carbono	4 Kcal
1 g de grasa	9 Kcal

Alimentos ricos en vitamina E	
Aceite virgen de oliva	8,0 mg/100 g
Cacahuetes	15 mg/100 g
Coliflor cruda	2 mg/100 g
Espinacas crudas	6 mg/100 g
Germen de trigo	30 mg/100 g
Guisantes crudos	2,1 mg/100 g
Harina de trigo integral	2,2 mg/100 g
Judías verdes tiernas	3,6 mg/100 g
Cantidad diaria recomendada: 12 mg	

Alimentos ricos en zinc	
Almendras	3,1 mg/100 g
Avellanas	2,4 mg/100 g
Cacahuetes	3 mg/100 g
Harina integral	3 mg/100 g
Nueces	3 mg/100 g
Queso de Brie	3 mg/100 g
Queso manchego	4 mg/100 g
Cantidad diaria recomendada: 15 mg	

Alimentos ricos en magnesio	
Almendras	260 mg/100 g
Cacahuetes	180 mg/100 g
Germen de trigo	300 mg/100 g
Harina de avena	110 mg/100 g
Harina integral	140 mg/100 g
Harina de soja	240 mg/100 g
Judías secas cocidas	65 mg/100 g
Mijo	162 mg/100 g
Nueces	130 mg/100 g
Nueces de Brasil	410 mg/100 g
Orejones de albaricoque	65 mg/100 g
Pan de trigo integral	93 mg/100 g
Salvado	520 mg/100 g
Cantidad diaria recomendada: 340 mg	

permite la transmisión del impulso nervioso. Su asimilación depende de la vitamina D. Su deficiencia causa agotamiento nervioso, insomnio, irritabilidad y calambres en las piernas. Es importantísimo asegurar su absorción durante la infancia y la adolescencia, pues de lo contrario pueden producirse problemas de crecimiento y raquitismo.

- **Zinc.** Aunque está presente en muchos alimentos, el organismo no lo absorbe en grandes cantidades. Su presencia es mínima, pero aumenta la libido, el semen lo contiene y es el mineral que más se encuentra en la próstata.

- **Fósforo.** Junto con el calcio forma el sustrato mineral de los huesos y los dientes. Su exceso es bastante peligroso, por lo que debe complementarse con calcio y cinc.

- **Hierro.** Garantiza el transporte del oxígeno a través de la sangre y la formación de la hemoglobina. También aparece en los sistemas enzimáticos de todas las células del organismo. Permite la transformación del caroteno en vitamina A. Para facilitar su asimilación conviene asegurar el aporte de vitamina C. Si no se toma en las cantidades necesarias, produce cansancio y anemia. Ingerido en forma de suplemento puede destruir un considerable porcentaje de vitamina E.

- **Magnesio.** Permite que las células retengan el potasio y regula el funcionamiento de la vitamina B_6. Es el catalizador de muchas funciones biológicas (asimilación y transporte de nutrientes, liberación de energía, transmisión de impulsos nerviosos, síntesis de compuestos corporales, contracción muscular). Su

presencia en exceso es notablemente laxante. Su carencia provoca calambres musculares, espasmos, insomnio y depresión.

• **Sodio y potasio.** Regulan los líquidos corporales y la retención de agua. La deficiencia de sodio es muy poco probable, ya que los alimentos lo suministran en cantidades suficientes. La ingestión de platos muy salados puede provocar un exceso que impida la absorción de potasio y aumente el riesgo de hipertensión.

• **Yodo.** Regula el funcionamiento de la glándula tiroides. Puede obtenerse a través de las algas marinas o bien en vegetales cultivados en suelos yodados. Aunque su presencia en el cuerpo humano es muy reducida, su carencia puede provocar enfermedades en la tiroides, aumentar el nivel de colesterol en la sangre y afectar el desarrollo físico y mental.

Alimentos ricos en ácido fólico	
Almendras	96 mg/100 g
Boniato cocido	140 mg/100 g
Col cruda	90 mg/100 g
Coles de Bruselas cocidas	100 mg/100 g
Escarola	330 mg/100 g
Germen de trigo	330 mg/100 g
Levadura	1.250 mg/100 g
Salvado	260 mg/100 g

Cantidad diaria recomendada: 200 mg

Alimentos ricos en potasio	
Almendras	860 mg/100 g
Extracto de levadura	2.600 mg/100 g
Habas secas	1.500 mg/100 g
Harina de soja	1.660 mg/100 g
Higos secos	1.010 mg/100 g
Melocotones secos	1.100 mg/100 g
Orejones de albaricoque	1.880 mg/100 g
Patatas fritas	1.000 mg/100 g
Perejil	1.880 mg/100 g
Soja seca	1.900 mg/100 g

Cantidad diaria recomendada: 3.000 mg

Alimentos ricos en hierro	
Almendras	4,4 mg/100 g
Chocolate amargo	6,8 mg/100 g
Germen de trigo	10 mg/100 g
Harina de soja	6,9 mg/100 g
Higos secos	4,2 mg/100 g
Judías secas	7,3 mg/100 g
Mijo	6,8 mg/100 g
Orejones de melocotón	6,8 mg/100 g
Salvado	12,9 mg/100 g
Yema de huevo	6,1 mg/100 g

Cantidad diaria recomendada: de 10 a 12 mg

Los «Top Ten» de la alimentación equilibrada

En esta sección presentamos una serie de tablas comentadas para que cada persona pueda seguir una alimentación equilibrada. No se trata de restringirse a una dieta, ya que, recordémoslo, los cambios bruscos en las costumbres suelen durar poco. Lo que proponemos es una serie de ligeros cambios para comer de manera inteligente sin pasar hambre ni renunciar a los placeres de la cocina.

Ya que comemos varias veces al día, todos los días de nuestra vida, es importante conocer las propiedades de cada alimento, sus virtudes terapéuticas y su afinidad con otros productos de la tierra.

En su libro *La alimentación equilibrada* (Ed. Océano, 2002) el Dr. Barnet Meltzer advierte: «La enfermedad de más bajo coste es la que no ocurre nunca. Tienes que aprender a cuidarte para poder atraparla antes de que ésta te atrape a ti». Una nutrición errónea no sólo favorece la aparición de enfermedades puramente físicas; también promueve cuadros de depresión, ansiedad y déficit de libido sexual. Estas tablas han sido diseñadas para que cada uno tome control sobre su alimentación, prestando atención a sus necesidades concretas. Cada persona tiene predisposición a enfermedades diferentes, con unos puntos fuertes y otros débiles. Por eso es tan importante el conocimiento del propio cuerpo. El mejor médico personal que se puede tener es ¡uno mismo!

La salud empieza en la mesa, y si la adornamos con productos naturales y energéticos viviremos más y mejor. De nosotros depende que los alimentos sean nuestros aliados o enemigos. Vamos a conocerlos un poco más:

Vivir sin acidez: alimentos ácidos y alcalinos

La combinación de carne, pescado, leche, huevos, etc., deriva, más allá de las proteínas, en toxinas ácidas que agreden el organismo. Un exceso de ácidos aumenta la oxidación (envejecimiento) de las células y promueve la formación de colesterol en las arterias. La alimentación vegetariana, en cambio, favorece una bioquímica alcalina que cuida la salud.
La «acidez de estómago» es un trastorno al que muchas personas no prestan la merecida atención. Un exceso de acidez incrementa el riesgo de padecer cáncer, arteriosclerosis e incluso la enfermedad de Parkinson.

Alimentos muy alcalinos

1. Almendras
2. Brécol
3. Germinados
4. Girasol
5. Papaya
6. Patatas
7. Sandía
8. Soja (tofu)
9. Verduras de hoja verde
10. Zanahorias

Alimentos muy ácidos

1. Carne de despojos
2. Cerdo
3. Huevos
4. Marisco
5. Pescado ahumado
6. Pescado azul
7. Pollo
8. Ternera

* Más información en el libro:
Vivir sin acidez, ed. Océano Ámbar.

Energéticos y extenuantes

Lo importante al elegir los alimentos que componen la dieta no es su nivel de calorías, sino su riqueza nutritiva. Esta lista recoge los productos naturales con mayor índice de fitonutrientes, un verdadero tesoro de antioxidantes que frenan el envejecimiento y ayudan a prevenir los procesos inflamatorios y cancerígenos.
Por otra parte, tenemos los alimentos extenuantes. A menudo un estado de cansancio crónico se debe más a lo que comemos que a la mayor o menor actividad diaria. La fatiga, en este sentido, es una alarma que nos advierte que algo no funciona como debiera en nuestro organismo. Veamos quién es quién en la nutrición diaria.

Los 10 alimentos más energéticos

1. Alga espirulina
2. Batidos de frutas
3. Brécol y otras crucíferas
4. Cítricos
5. Hamburguesas vegetales
6. Jalea real
7. Pan integral multicereales
8. Patatas asadas
9. Setas shiitake y reishi
10. Tempeh

Los 10 alimentos más extenuantes

1. Alcohol
2. Chocolates y dulces
3. Fruta enlatada
4. Huevos
5. Langosta y otros mariscos
6. Pan blanco y mantequilla
7. Patatas chips y galletas saladas
8. Pollo frito
9. Productos lácteos
10. Productos vacunos y porcinos

Afrodisíacos

En todas las culturas se ha relacionado la alimentación con la libido y el vigor sexual. La medicina actual comprueba que, efectivamente, hay ciertos productos de la tierra que promueven y estimulan la sexualidad. Sabemos, por ejemplo, que la vitamina E, el magnesio, el potasio y el cinz ayudan a regular las hormonas sexuales, y que la vitamina B_3, o niacina, incrementa el flujo sanguíneo y favorece la erección en los hombres. Más adelante relacionamos los alimentos más virtuosos en la cama, de los que esta tabla es sólo un anticipo:

Los 10 alimentos más afrodisíacos

1. Aguacate
2. Almendras
3. Apio
4. Cebollas y tomates
5. Chiles, especias y hierbas aromáticas
6. Espárragos y alcachofas
7. Fruta y nueces
8. Lechuga romana
9. Pan integral
10. Pipas de calabaza y girasol

Potenciadores de la serotonina

La serotonina es un importante neurotransmisor con capacidad para elevar el estado de ánimo. La falta de esta sustancia es causa, por tanto, de trastornos depresivos y estados de irritabilidad. Muchos fármacos antidepresivos aumentan los niveles de serotonina de manera artificial con importantes efectos secundarios.

Una vez más los productos de la tierra son la mejor medicina. Se sabe que el triptófano precede a la serotonina, por lo que el consumo de alimentos ricos en este aminoácido eleva los niveles de serotonina, además de aumentar las endorfinas y otros neurotransmisores.

Los 10 alimentos más ricos en triptófano

1. Apio
2. Berros
3. Brécol
4. Brotes de alfalfa
5. Coliflor
6. Endibias
7. Espinacas
8. Productos de la soja
9. Remolacha
10. Zanahoria

Alimentos ricos en fenilalanina y tirosina

La fenilalanina y la tirosina son dos importantes aminoácidos que influyen (y determinan) el estado de ánimo. Las personas que padecen depresión suelen presentar niveles bajos de ambos. La fenilalanina es un componente básico en la producción de norepinefrina, una hormona que a menudo se agota por el estrés de las glándulas suprarrenales. Por su parte, la tirosina regula el importantísimo equilibrio de las glándulas pituitaria-tiroides-suprarrenales.
Veamos qué alimentos contienen estos valiosos aliados del buen humor.

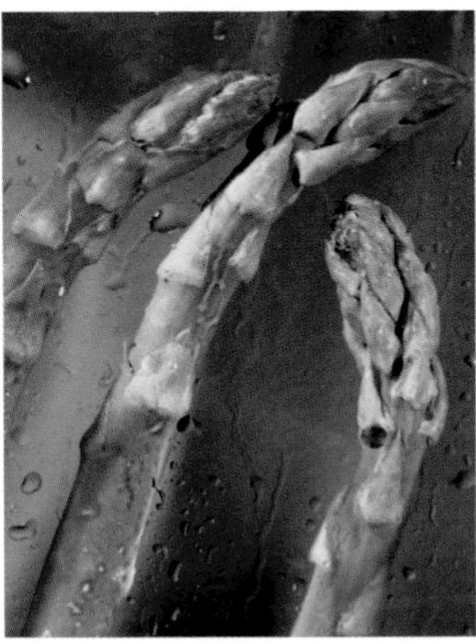

Los 10 alimentos más ricos en fenilalanina

1. Aguacates
2. Almendras
3. Espinacas
4. Legumbres
5. Manteca de cacahuete
6. Perejil
7. Piña
8. Productos de la soja
9. Sopa de miso
10. Tomates

Los 10 alimentos más ricos en tirosina

1. Aguacates
2. Almendras y manteca de almendras
3. Espárragos
4. Espinacas
5. Lechuga romana
6. Manteca de cacahuete
7. Manzanas
8. Productos de la soja
9. Sandía
10. Zanahorias

Ácido fólico

El ácido fólico desempeña un papel decisivo en la química cerebral, además de nutrir el torrente sanguíneo y reforzar el sistema inmunológico. Para los amantes del buen humor, conviene saber que el ácido fólico eleva los niveles de S-adenosilmetionina, el cual incrementa a su vez los niveles de serotonina y dopamina.

Los 10 alimentos más ricos en ácido fólico

1. Brécol
2. Cereales y pan de trigo integral
3. Col rizada y remolacha
4. Espárragos
5. Espinacas
6. Germen de trigo
7. Legumbres
8. Lentejas y frijoles
9. Levadura de cerveza
10. Productos de la soja

Vitamina B_6

Una deficiencia en esta vitamina incide de forma negativa en la serotonina del organismo. Esta carencia se da especialmente en mujeres que padecen el síndrome premenstrual o la menopausia. A continuación veremos las fuentes más importantes para proveernos de la valiosa vitamina B_6.

Los 10 alimentos más ricos en vitamina B_6

1. Aguacates
2. Arroz integral
3. Espinacas
4. Legumbres
5. Lentejas
6. Levadura de cerveza
7. Nueces
8. Pipas de girasol
9. Plátanos
10. Tofu y otros productos de la soja

Magnesio y zinc

El magnesio es uno de los componentes más terapéuticos que nos proporciona la tierra. Además de mitigar los estados de irritabilidad, nerviosismo y tensión muscular, es muy beneficioso para tratar trastornos relacionados con la fibromialgia. Por su parte, el zinc ayuda a calmar los nervios y previene los cuadros de ansiedad. Dos minerales imprescindibles para la salud del cuerpo y la mente.

Alimentos más ricos en magnesio

1. Aguacates
2. Almendras
3. Arroz integral
4. Cítricos
5. Lentejas
6. Patatas
7. Semillas de sésamo
8. Tofu y productos de la soja
9. Verduras de hoja verde
10. Zanahorias

Alimentos más ricos en zinc

1. Almendras
2. Avena
3. Cacahuetes
4. Cereales integrales
5. Guisantes
6. Guisantes secos
7. Judías de Lima
8. Nueces de Brasil
9. Pacanas
10. Pipas de calabaza

Piridoxina

También llamada vitamina B_6, la piridoxina cuida de los neurotransmisores al metabolizar el ácido glutamínico, el cual transmite información desde cualquier parte del cuerpo al cerebro. Además de esta función, el déficit de vitamina B_6 suele relacionarse con enfermedades tan diferentes como el asma, trastornos cardiovasculares, piedras en el riñón y cuadros epilépticos.

Los 10 alimentos más ricos en piridoxina (vitamina B_6)

1. Aguacates
2. Arroz integral
3. Garbanzos
4. Judías pintas
5. Lentejas
6. Levadura de cerveza
7. Nueces
8. Pipas de girasol
9. Plátanos
10. Tofu y otros productos de la soja

Tiamina

También llamada vitamina B_1, la tiamina ayuda a regular el metabolismo de los hidratos de carbono, la producción de energía y la función de las células nerviosas. Por otra parte, la tiamina optimiza la acción de la acetilcolina, el neurotransmisor que previene la pérdida de memoria.

El alcohol contribuye a desactivar este aliado de la salud, por lo que hay que evitar en lo posible su consumo además de elegir productos ricos en la poderosa B_1.

Los 10 alimentos más ricos en vitamina B_6

1. Aguacates
2. Arroz integral
3. Espinacas
4. Legumbres
5. Lentejas
6. Levadura de cerveza
7. Nueces
8. Pipas de girasol
9. Plátanos
10. Tofu y otros productos de la soja

Superalimentos para mejorar la calidad de vida sexual

A lo largo del libro los alimentos afrodisíacos aparecen esporádicamente. Le dedicamos un capítulo debido a su relación con los superalimentos y al interés del propio tema. Hay que recordar que existen diversos condicionantes (edad, masa muscular y peso, tipo de metabolismo, de alimentación y forma de vida en general, etc.) que hacen que el afrodisíaco que para unas personas funciona y es útil, para otras no lo sea tanto. Los expertos coinciden en que sobre alimentos o productos afrodisíacos ha existido bastante superstición a lo largo de los siglos, pero es más complicado ponerles de acuerdo acerca de cuál es la comida para disfrutar del mejor sexo, sobre todo tras la aparición de un montón de nuevos suplementos energéticos.

Hemos resumido los alimentos afrodisíacos clásicos junto con los últimos hallazgos en dos grandes apartados:

1) alimentos regeneradores a medio y largo plazo, energéticos, esenciales para el equilibrio nutricional.

2) alimentos «sexy», puntuales, inmediatos, de efectos y resultados más variables.

Algunos alimentos nos ofrecen ciertos nutrientes relacionados con la salud sexual.

ALIMENTACIÓN REGULAR

El equilibrio entre nuestras hormonas sexuales está íntimamente relacionado con el metabolismo de todas las hormonas restantes (que controlan el crecimiento celular y la capacidad regeneradora de las células del organismo, además de los sistemas inmunitario, digestivo y respiratorio). Así que necesitamos todos los nutrientes para disfrutar de un óptimo estado de salud, aunque algunos estén más relacionados con la salud sexual.

Vamos a ver estos nutrientes y las fuentes más ricas que los contienen. Recordemos también que cuando nos saltamos alguna comida o bien comemos en exceso, lo único que conseguimos es obtener un creciente estado de fatiga.

Una de las claves para potenciar la resistencia está en el control adecuado del nivel de azúcar en la sangre. Para ello conviene:

• Combinar proteínas, hidratos de carbono y fibra en cada una de las comidas. Comeremos menos cantidad, pero unas 4-5 veces al día.

• Reducir los estimulantes (té, café, bebidas con gas).

• Aumentar el consumo de alimentos frescos.

ESTRÉS, DEPRESIÓN, FATIGA

Para paliar los efectos del estrés introduciremos algunos cambios básicos en el estilo de vida que eviten los estados de ansiedad y nerviosismo exagerados, y que conllevan:

• Respiración y descanso adecuados.

• Eliminar o reducir a cantidades irrelevantes el alcohol, el café u otras drogas.

• Asegurarnos tres nutrientes esenciales: **vitamina C** (cítricos, pimientos, arándanos o frutas del bosque rojas, kiwi, sandía); **vitamina B_3** (verduras y hortalizas de hoja verde, arroz, cacahuetes, germen de trigo) y **magnesio** (cereales integrales, frutos secos, verduras y hortalizas verdes, todas las frutas).

La depresión leve, los cambios en el estado de ánimo o los trastornos afectivos temporales influyen poderosamente en el apetito sexual y el comportamiento erótico (trastornos de erección en el hombre, pérdida de la libido u orgasmos alterados en la mujer). Concederse el gusto de algún que otro alimento a base de azúcares, como un helado, por ejemplo, levanta el ánimo: es un «placer pecaminoso» que mejora los niveles de serotonina. Pero puede reducir los niveles de testosterona vía dopamina. La dopamina actúa como un neurotransmisor y requiere proteínas para llevar a cabo su propia síntesis. De ahí la necesidad de una dieta rica y variada.

La vitamina B_6, relacionada con la síntesis de serotonina, es muy necesaria para levantar el ánimo. Las vitaminas B_9 y B_{12} también son necesarias para sintetizar la dopamina. El zinc, el magnesio y el selenio también ayudan.

SEXO Y DESCANSO. LA GLÁNDULA TIROIDES

En caso de estrés la sangre se espesa y es una de las causas de los dolores de cabeza (que se han convertido en la excusa más frecuente para evitar una relación sexual). Las preocupaciones cotidianas influyen en el deseo y el apetito sexuales, por eso hay que dejarlas de lado todo lo posible antes de ir a la cama. El descanso y las horas de sueño juegan un papel muy importante en nuestra libido.

El sexo es, además, un gran liberador del estrés, por eso vale la pena hacer partícipe a la pareja de los juegos y actividades sexuales en caso de estrés o insomnio. La calidad del sueño mejora con la práctica sexual.

La tiroides regula funciones metabólicas y de producción energética. Si disminuye su función también desciende la libido. Vale la pena hacer una revisión para comprobar su funcionamiento, sobre todo si se produce un aumento de peso sin más, y el deseo y la actividad sexual han disminuido.

Los alimentos ricos en yodo (necesario para que la tiroides pueda producir tirosina) son el alga kombu y las algas azul verdoso, los moluscos y el marisco, las coles, los rábanos y su hoja, los zumos de frutas, el melón, el pepino y las espinacas.

Los alimentos ricos en yodo favorecen el buen funcionamiento de la tiroides y, por tanto, la estabilidad de la libido.

Testosterona

La testosterona juega un importante papel en nuestra líbido e incluso está presente en las mujeres. Las células de Leyding, en los testículos de hombres sanos, producen unos 7 mg de testosterona al día. Pero el estrés les afecta directamente, ya que las hormonas precursoras (cortisol y testosterona) se originan en el mismo lugar. Imaginemos un coche que llega a un cruce en forma de T y debe elegir entre girar a la izquierda para controlar el estrés o girar a la derecha para producir testosterona. Si existe cualquier factor estresante que deba ser controlado, el coche siempre girará primero hacia la izquierda.

La testosterona es fundamental en la producción de esperma, la fertilidad, la erección, y para mantener y regular el deseo sexual. A menos testosterona más fatiga, tan típica entre los hombres de mediana edad y jóvenes ejecutivos. El descenso de testosterona suele afectar al hombre de forma equivalente (andropausia) a las mujeres que viven la menopausia. Se ha comprobado que ellos padecen cambios tanto psicológicos como físicos a finales de los cuarenta o a mediados de los cincuenta años, como la falta de metas o concentración en el trabajo y cierto desinterés por la familia y amigos cercanos, además de una baja autoestima.

PÉRDIDA DE LIBIDO EN EL HOMBRE

Las hormonas sexuales están muy relacionadas con la liberación hormonal por todo el cuerpo de las otras glándulas endocrinas. Por ejemplo, la adrenalina que desprenden las glándulas adrenales permite controlar el estrés, mientras que la tirosina de la glándula tiroides regula el metabolismo y la producción energética.

Si cualquiera de estas glándulas reguladoras, esenciales para el buen funcionamiento corporal, se alterase, perjudicaría de forma directa a las demás; por ejemplo, los ovarios y los testículos. Por eso la fatiga, la ansiedad y las presiones emocionales se convierten en un estresante que es la principal causa de la pérdida de libido. Es la raíz de los típicos comentarios: «Estoy muy cansada/o» o «Esta noche no, cariño».

Fatiga, ansiedad y presiones emocionales son la principal causa de pérdida de libido.

PRÓSTATA

Hoy en día se asocia la salud prostática con la disfunción eréctil. La inflamación de la próstata se ha convertido en algo tan común que la mayoría de médicos lo relacionan directamente con el proceso de envejecimiento masculino, pero si se mantienen unas buenas pautas nutricionales no será un problema. La glándula prostática, del tamaño de una nuez, se abre hacia la uretra (canal procedente de la vejiga) y segrega un fluido que forma parte del semen. El aumento excesivo del tamaño de la próstata (hipertrofia prostática benigna o HPB) es bastante frecuente en hombres de entre veinte y sesenta años. Si aumenta el tamaño de la próstata el cuello de la vejiga queda totalmente obstruido, provocando cierta dificultad a la hora de orinar. La HBP puede incidir en la habilidad masculina para lograr una erección.

Los estrógenos de la dieta (isoflavonoides, flavonoides y lignina) son útiles para reducir la incidencia de una HBP. La HBP afecta mucho menos a la población japonesa, cuyo consumo de soja (tofu, tempeh, miso o bebidas de soja) es muy alto.

También se recomienda zinc, que siempre será mejor obtenerlo vía alimentación, pero en caso de HBP pueden tomarse unos 50 mg diarios en forma de suplemento. Conviene no sobrepasar los 80 mg de zinc entre todas las fuentes ingeridas.

PÉRDIDA DE LIBIDO EN LA MUJER

Como vemos, tanto los hombres como las mujeres necesitan un equilibrio hormonal para poder garantizar una actividad sexual regular y satisfactoria. Cualquier desbarajuste hormonal afecta nuestra actividad sexual, por eso conviene saber qué hormonas están relacionadas con la libido o la regulan. Las mujeres también producen testosterona, y no sólo a partir de los ovarios, pues las glándulas adrenales, el cerebro, la piel y las reservas de grasa también se encargan de ello. Así que las mujeres que durante toda su vida han querido mantener la línea son las que más padecen los efectos de la menopausia, pues tienen menos reservas grasas de testosterona. Para potenciar el nivel de testosterona tomaremos alimentos ricos en zinc y en vitamina B_6.

Los desequilibrios de estrógenos y progesterona contribuyen a la pérdida de libido al interrumpir, acortar o alargar el ciclo menstrual. Quienes padezcan un fuerte síndrome premenstrual (SPM) tienen mayores probabilidades de vivir una desgana sexual, ya que se producen cambios físicos y mentales que favorecen los altibajos anímicos y la pérdida de autoestima.

Trastornos en la erección. Viagra y las alternativas naturales

Existe un fuerte vínculo entre la diabetes y la disfunción eréctil, que afecta en algún momento de su vida, como mínimo, a unos treinta millones de hombres occidentales. A pesar de que el problema está extendido a nivel mundial, pocas veces se habla de ello. Con la introducción del medicamento Viagra, el tema ha empezado a salir a la luz. Dicho fármaco se ha hecho muy popular, aunque en general sea mucho más recomendable llegar a la raíz del problema e intentar reequilibrar el organismo.
La Viagra ayuda a aumentar la libido, la resistencia y la capacidad de aguante, además de combatir la disfunción eréctil, puesto que aumenta la circulación sanguínea del pene, favoreciendo el tiempo de erección. Sin embargo, se han descrito problemas en caso de abuso, o en los que padecen de hipertensión. En todo caso existen unas cuantas alternativas naturales a la Viagra:

• **L-arginina:** es un aminoácido que se halla en la mayoría de alimentos proteicos de origen animal, como las carnes de pollo y de vaca, los huevos y los productos lácteos, aunque quizá conviene más consumirlo en forma de suplemento nutricional para lograr los efectos deseados. La L-arginina hace crecer el flujo sanguíneo hacia el pene y es más segura que la Viagra (ayuda a regular la presión sanguínea).

• **Ginseng Siberiano** *(Eleutherococcus senticosus)*: aumenta la producción de miel entre las abejas, potencia el desarrollo de esperma en los toros y la secreción de leche en las vacas. Es un impulsor energético que ayuda a fomentar la resistencia.

• **Yerba Mate:** se bebe en infusión y procede de la corteza de un árbol *(Ilex paraguariensis)* del Paraguay. Es muy rica en minerales y vitamina C. Durante épocas de gran estrés protege las glándulas de adrenalina que interfieren en la producción de testosterona. Un 97% de la yerba mate apenas contiene cafeína, pero las pequeñas trazas actúan como vasodilatadores.

• **Yohimbé**: es uno de los remedios naturales más efectivos contra la disfunción eréctil. El Yohimbé, o corteza del *Corynanthe yohimbi*, crece en el Zaire y Camerún. La corteza contiene sustancias que aumentan el flujo sanguíneo de la zona genital, lo cual favorece la fuerza y calidad de la erección y eyaculación. También aumenta la sensibilidad corporal. Pero el consumo a largo plazo provoca hipertensión, dolores de cabeza, ansiedad, sofocos y ataques cardíacos. En muchos países se necesita receta médica para comprarlo en farmacias. En EE. UU., Holanda y otros países europeos se vende en forma de cápsulas o en infusión, pero su consumo siempre debe ser minucioso y controlado.

• **Zarzaparilla** *(Smilax regelii)*: la zarzaparrilla posee componentes similares a la base de la testosterona, deficitaria entre los hombres con dificultades de erección.

• **Palmeto:** palmera de las Antillas *(Serenoa repens)* ampliamente utilizada para combatir trastornos de la próstata. Ayuda a regular la estimulación hormonal de la glándula prostática. Se puede hallar con facilidad en herbodietéticas. Mínimos efectos secundarios.

• **Taurina y bebidas excitantes**: existen productos complementarios, como las bebidas con taurina. Algunos son meros excitantes, como el guaraná. Y muchas de las latas preparadas con nombre seductor y promesas celestiales suelen contener cafeína en dosis exageradas.

• **Avena**: por su accesibilidad y sencillez, la avena suele pasar inadvertida como afrodisíaco. Pero se trata de un potente alimento regenerador de efectos casi milagrosos al cabo de pocos días. La humilde avena sativa se puede encontrar hoy en día envasada en forma de bebida («leche» o **licuado de avena**), que se convierte en un suave afrodisíaco y revitalizante a corto y medio plazo.

Impulsores del flujo sanguíneo
El aumento del flujo sanguíneo en el pene es vital en caso de dificultades en la erección. Existen nutrientes y plantas para potenciar dicho flujo, entre las que destaca el **ginkgo biloba**. Se ingiere en forma de suplemento alimenticio, entre 60 y 80 mg al día. También está la **coenzima Q10**, que es antioxidante y favorece la producción de energía. Y la **vitamina E**, que además diluye la sangre.

Amar sin deficiencias nutricionales

Naturalmente, si se quiere vitalidad y libido potentes, es necesario un corazón y un sistema circulatorio saludables. Para ello, las **vitaminas antioxidantes C y E** protegen la salud arterial. Para prevenir riesgos y mantener esos niveles vitamínicos la dieta deberá ser rica en *cítricos, arándanos, frutas del bosque y melón. Y aguacates, frutos secos, semillas y levadura de cerveza.*

Existen vitaminas y minerales imprescindibles para una actividad sexual saludable. Vamos a recordarlos, junto con los alimentos que los contienen.

Hierro. Esencial para la producción de vitamina C, para la sangre y para transportar energía a las células y producir energía y actividad (incluida la sexual).
Carne roja, hígado, pollo, caviar, uvas, ciruelas, albaricoques, yema de huevo, los cereales integrales, berros, espinacas, brécol, remolacha y legumbres.

Zinc. Es el mineral más importante e influyente en nuestro comportamiento sexual y fertilidad. La cola del esperma se forma a partir del zinc, que le concede su peculiar capacidad motriz.
El zinc es indispensable en la producción del esperma y tiene mucho que ver con la salud del semen (cada eyaculación consta de unos 5 mg de zinc). En la pubertad se requieren grandes cantidades de zinc para el desarrollo de los órganos sexuales, y es básico durante la reproducción.
Marisco en general (ostras y sardinas en particular), huevos, queso, cordero, pollo, pavo, hígado, filetes de carne, arroz integral, lentejas, calabaza, semillas de sésamo, alga espirulina y los cereales integrales.

Magnesio. Indispensable para absorber calcio, equilibrar las hormonas sexuales y regular la contracción muscular y relajación del corazón. Se necesita para producir energía, por lo que juega un importante papel en todo lo relacionado con la resistencia, sensibilidad y despertar sexual, así como en el orgasmo y la eyaculación.
Verduras y hortalizas de hoja verde, frutos secos, queso, plátano, granos o copos de cereal integral con el germen, (en especial el germen de trigo), el caviar y el marisco.

Calcio. Básico para el corazón y los huesos, el calcio permite que reviva la sensación del tacto en la transmisión nerviosa. Se requiere en la erección del pene (hombre) y en la contracción de los labios vaginales y demás zonas sexuales durante el orgasmo (mujer). Es un componente vital de todos los fluidos corporales.
Lácteos, verduras y hortalizas de hoja verde, judías, remolacha, berros, ciruelas, frutos secos, fruta deshidratada, marisco y el pescado pequeño, como la sardina y el chanquete.

Arginina. Es uno de los aminoácidos básicos y procede de la proteína de los alimentos. No sólo resulta indispensable para todo tipo de crecimiento y desarrollo sexual, sino que también es el componente principal de la cabeza o «cuerpo» del esperma.
Todos los alimentos de origen animal, lácteos y palomitas de maíz (entre los alimentos de origen vegetal, es el que contiene la cantidad más elevada de arginina).

Cromo. Su déficit afecta a los niveles de energía del organismo.
Soja y todos sus derivados, levadura de cerveza, pepinos, cebollas y ajo.

Selenio. Es esencial para transformar el oxígeno en energía y también está relacionado con la regulación de la actividad sexual, la producción de esperma y la fertilidad.
Todo el marisco, las semillas de sésamo y de calabaza, nueces del Brasil y mantequilla.

Yodo. El cuerpo lo necesita para producir tiroxina y estimular la glándula tiroides, reguladora de la actividad metabólica, la producción de energía y la formación de hormonas. Si la tiroides no funciona regularmente se produce una pérdida del apetito sexual.
Marisco en general, algas (sobre todo las de color azul verdoso), espirulina, berros, remolacha, nabos con sus hojas, zumos de frutas, sandía, pepino, tofu y espinacas.

Coenzima Q_{10}. También conocida como «ubiquinona». Todas y cada una de las células de nuestro cuerpo necesitan dicha coenzima para que las mitocondrias (nuestras pequeñas «centrales eléctricas») produzcan y liberen la energía que utilizamos en cada momento. Su producción disminuye con la edad, pero la demanda del organismo es siempre la misma.
Espirulina, algas azul verdoso, clorela y hortalizas de hoja verde (sobre todo las espinacas), sardinas, cacahuetes y la mayoría de alimentos de origen animal.

Ácidos grasos esenciales. Son responsables del equilibrio hormonal, de la transmisión nerviosa, de la perspicacia y agudeza de nuestros sentidos, de mantener la piel en buenas condiciones y de regular el almacenamiento de grasas en nuestro cuerpo.
Grupo omega-3: *en el pescado y el marisco, las semillas de sésamo, las semillas de calabaza y de girasol, y en sus correspondientes aceites.*
Grupo omega-6: en los *aguacates, la calabaza, las pipas de girasol, las semillas de sésamo, las semillas de lino y de cáñamo, y en sus correspondientes aceites.*

Vitamina A. Es uno de los principales antioxidantes, esencial para la salud del sistema cardiovascular. Sus dos fuentes principales son el beta-caroteno y el retinol. La vitamina A es un elemento importante para un mejor rendimiento y salud sexual.
Alimentos ricos en beta-caroteno : *hortalizas de hoja verde oscuro (col rizada, col suiza, espinacas, berros, brécol y perejil), y las verduras y frutas de color amarillo-naranja, tanto sólidas como en zumos (zanahoria, melón cantalupo, melocotones y tomates).*
Alimentos ricos en retinol: *todos los lácteos, huevos y pescados grasos.*

Las vitaminas del conocido grupo B son muy importantes para producir energía corporal y digerir proteínas e hidratos de carbono:
La **vitamina B_3** induce una mayor flexibilidad de las paredes capilares del sistema circulatorio, lo que provoca su dilatación y permite que circule más sangre por una determinada zona (por ejemplo, en el pene, al iniciar una erección). Lo logra estimulando la histamina (una de las hormonas relacionadas con el sistema inmunitario del organismo), tan necesaria durante el orgasmo.
La **vitamina B_6** regula la producción y liberación de las hormonas sexuales y los niveles de testosterona en el hombre. Suele ser bastante frecuente encontrar deficiencias en aquellos hombres con varios años de viropausia.
La **colina** no es estrictamente una vitamina, pero se considera que pertenece al grupo de la vitamina B. Es precursora de la acetilcolina, la neurotransmisora de los impulsos nerviosos, así que resulta importante para propagar e impulsar los niveles de energía y la libido, y de crear el conocido factor de «bienestar».
Cereales integrales (especialmente el arroz integral), legumbres, frutos secos, extracto de levadura, carnes, pescado, huevos, productos lácteos, aguacate, nata, champiñones, coliflor y brécol.

Vitamina C. Es indispensable para aumentar el volumen del semen y para garantizar que los espermatozoides no se engancharán unos a otros. La vitamina C también tiene la capacidad de impulsar la actividad sexual y de fortalecer tanto los órganos sexuales del hombre como los de la mujer.
Zarzamoras, arándanos y cerezas; los cítricos, kiwi, mango, papaya, higos, patatas, pimiento verde, brécol, remolacha y germinados (por ejemplo, de soja y alfalfa).

Vitamina E. Trabaja conjuntamente con la vitamina C y ambas son antioxidantes. La naturaleza protectora interna de la vitamina E resulta vital a la hora de garantizar salud y vitalidad en toda actividad sexual.
Todas las verduras y hortalizas de hoja verde (brécol, berros, espinacas, perejil, col rizada), el aguacate (un torrente de vitamina E), arroz integral, frutos secos y sus aceites, avena y germen de trigo.

Las cuestiones relacionadas con los estrógenos son un problemas muy frecuente en Occidente que afecta a la fertilidad, al riesgo de cáncer de ovarios y endometrio, y al alto porcentaje de cáncer de mama entre mujeres. Por ejemplo, la mayoría de alimentos y sus envoltorios y envases poseen propiedades muy similares a las de los estrógenos, lo cual interfiere en el delicado equilibrio y función de la progesterona y favorece el aumento descontrolado de peso, las reservas de grasa y los exacerbados SPM (síndrome premenstrual).
Los cambios durante la menopausia, o trastornos como la sequedad vaginal o los cambios hormonales durante y después del embarazo suelen tener efectos perjudiciales en la libido.
Por suerte existen plantas medicinales y otros nutrientes que tradicionalmente han servido para tratar todos esos trastornos. Y parece que hoy en día las investigaciones demuestran que dichas plantas y nutrientes no eran meras recetas de la abuela...

• **Aceite de onagra (o prímula).** Se conocen bien las beneficiosas propiedades del aceite de *Oenothera Biennis* a la hora de prevenir y tratar el SPM, aunque la mayor importancia radica en sus cualidades como potenciador de la actividad sexual. Esta valiosa flor, de la cual se extrae el aceite, es una rica fuente de AGL (ácido gamma linoleico), uno de los ácidos grasos esenciales en la producción de las hormonas sexuales. Las investigaciones han demostrado que el descenso de la actividad sexual a causa de la fatiga suele mejorar con el consumo de aceite de onagra (o prímula, que es lo mismo) y de otros ácidos grasos esenciales que ayudarán a estimular la recepción celular de nutrientes pro-energéticos.

El aceite de onagra tiene grandes cualidades como estimulante de la actividad sexual.

También son útiles el sésamo, las semillas (pipas) de girasol y de calabaza, los frutos secos, y las semillas de lino y de linaza, todos ellos excelentes fuentes de ácidos grasos esenciales. Siempre es ventajoso para la salud incorporar alguno de estos alimentos o aceites en nuestra dieta diaria.

La jalea real es un excelente tónico para el organismo y potenciador de la energía sexual.

• **Polen de abeja y jalea real.** Ambos son una importante fuente de ácidos grasos esenciales, hidratos de carbono, minerales, vitaminas y oligoelementos. Tradicionalmente se considera que el polen y la jalea real (sustancia que segregan las abejas obreras para alimentar a las larvas, particularmente las destinadas a convertirse en reinas) son unos tónicos magníficos para el organismo humano. Sobre todo cuando escasea la energía, bien sea por el estrés o por alguna enfermedad o trastorno. Se sabe que ambos potencian el apetito sexual, y también se dice que el polen reduce los sofocones durante la menopausia. En vez de consumir ambas sustancias de forma regular, siempre será más eficiente tomarlas durante periodos alternados de uno o dos meses, con descansos regulares entre periodo y periodo de toma.

• **Alga Kombu.** No se conoce alimento alguno en todo el planeta que contenga mayor cantidad de nutrientes esenciales que las algas kombu y las azul verdosas. Para obtener un sano y poderoso «brebaje verde», hay que añadirlas en los batidos, licuados o —con moderación— en nuestros zumos de fruta preferidos.

• **Dong Quai *(Angelica Sinensis).*** Es un adaptógeno que contiene compuestos similares a los de los estrógenos y actúa colocándose allí donde van éstos para reducir trastornos relacionados con un aumento de estrógenos en los casos de SPM. En la menopausia estimula el apetito sexual. Precauciones: puede provocar fotosensibilidad en algunas mujeres, por lo que recomendamos evitar su consumo a todas aquellas que tengan la piel sensible o muy pecosa.

• **Catuaba *(Juniperus Brasiliensis).*** Esta hierba procedente de Tupi, tierra nativa de las gentes del Brasil, destaca por sus propiedades sexuales y eróticas. Originalmente se

Alimentos «sexy»

Las vitaminas, minerales y aminoácidos de muchos alimentos ayudan a potenciar el deseo y resolver problemas sexuales.
De las fresas y las ostras a los mangos, piñones y espárragos, este «top» de alimentos sexy nos revelará los secretos de los mejores momentos que pasaremos en la cama.

Corvina ♥♥♥♥
Magnesio, ácidos grasos esenciales del tipo omega-3, selenio, zinc.

Huevos ♥♥♥♥
Calcio, hierro, zinc, vitamina B.

Caviar ♥♥♥
Hierro, magnesio, vitamina B (especialmente colina).

Palomitas de maíz ♥
Arginina.

Centeno ♥♥♥♥♥♥
Calcio, hierro, magnesio, zinc, vitamina B y E.

Espinacas ♥♥♥♥♥♥♥
Beta-caroteno, calcio, Coenzima Q_{10}, hierro, magnesio, vitamina B y C.

Tofu ♥♥♥♥♥
Calcio, hierro, magnesio, fitoestrógenos, vitamina A.

Piñones ♥♥♥♥
Calcio, magnesio, zinc, vitamina B.

utilizaba como un afrodisíaco. Actúa como adaptógeno liberador del estrés. También es beneficiosa para el hombre.

• **Fitoestrógenos. La soja.** Los fitoestrógenos son compuestos similares a los estrógenos hallados en alimentos muy concretos y que llenan los lugares receptores de estrógenos de ciertos tejidos corporales (con lo que aumenta así el número total de estrógenos que circulan por el organismo). Son alimentos que pueden ayudar a reducir el riesgo de osteoposis y potencian la libido. Entre otros: semillas de lino, avena, pipas de girasol, pipas de calabaza, apio, cebada, semillas de sésamo, semillas de amapola, cebolla roja, arroz integral, uva morada, cítricos, centeno, guisantes, pimientos, polenta, judías blancas, cerezas, tomate, trigo sarraceno, sandía, ajo y frambuesas.

Los productos derivados de la soja (isoflavonas de soja), son uno de los alimentos-medicamento más poderosos, un fitoestrógeno de éxito. Desde Asia, y desde los estantes de las tiendas de dietética, se está convirtiendode forma creciente en uno de los alimentos esenciales también en Occidente.

Fresas ♥♥♥♥♥♥
Beta-caroteno, calcio, hierro, magnesio, vitamina C y E.

Aguacate ♥♥♥♥♥
Beta-caroteno, ácidos grasos esenciales, hierro, vitamina B y E.

Jengibre ♥♥♥♥♥♥
Beta-caroteno, calcio, hierro, magnesio, zinc, vitamina C.

Mango ♥♥
Beta-caroteno, vitamina C.

Calabaza ♥♥♥♥♥♥♥
Calcio, hierro, magnesio, ácidos grasos esenciales del grupo omega-3 y omega-6, vitamina B.

Almendras ♥♥♥♥♥♥♥
Calcio, magnesio, ácidos grasos esenciales del grupo omega-3 y omega-6, zinc, vitamina B y E.

Gambas y langostinos ♥♥♥♥♥♥
Calcio, yodo, magnesio, fenilalanina, selenio, zinc.

Semillas de sésamo ♥♥♥♥♥♥♥♥
Calcio, hierro, magnesio, ácidos grasos del grupo omega-3 y omega-6, selenio, zinc, vitamina E.

Ajo ♥♥
Calcio, vitamina C.

Ciruelas ♥♥
Calcio, hierro.

Nata ♥♥♥
Arginina, calcio, vitamina B.

Apio ♥♥♥
Beta-caroteno, selenio, vitaminas del grupo B.

Queso ♥♥♥♥
Arginina, calcio, magnesio, zinc.

Arroz integral ♥♥♥♥♥
Calcio, hierro, magnesio, zinc, vitamina B.

Papaya ♥♥♥♥
Beta-caroteno, calcio, magnesio, vitamina C.

Atún ♥♥♥♥
Ácidos grasos esenciales del grupo omega-3, selenio, zinc, vitamina B.

Cebollas y puerros ♥♥♥♥
Beta-caroteno, calcio, cromo, magnesio.

Higos ♥♥♥
Beta-caroteno, calcio, vitamina C.

Lentejas ♥♥♥♥♥
Calcio, manganeso, magnesio, zinc, vitamina B.

Champiñones y trufas ♥♥♥♥♥
Calcio, hierro, magnesio, zinc, vitamina B.

Chocolate negro ♥♥♥
Magnesio, potasio.

Tomates ♥♥♥♥♥♥
Beta-caroteno, calcio, magnesio, vitamina A, B y C.

Espárragos ♥♥♥
Beta-caroteno, vitaminas B y C.

Plátanos ♥♥♥♥
Beta-caroteno, magnesio, triptófano, vitamina C.

Moras y frambuesas ♥♥♥♥♥
Beta-caroteno, calcio, magnesio, vitaminas C y E.

Remolacha ♥♥♥♥♥
Beta-caroteno, calcio, hierro, potasio, vitamina C.

Brécol ♥♥♥♥
Hierro, vitaminas A, B y C.

Berros ♥♥♥♥♥
Beta-caroteno, calcio, hierro, magnesio, vitamina C.

Edad y alimentación

2

- Los primeros meses
- Desde los doce meses
- A partir de los cinco años
- La adolescencia
- La madurez
- La vejez

A lo largo de la vida de una persona, la dieta varía enormemente en función del desarrollo que experimenta el organismo. Como se sabe, hay que procurar siempre que sea lo más variada y equilibrada posible para que resulte saludable y luego no aparezcan trastornos ni enfermedades.

Recogemos unas recomendaciones dietéticas generales, ya que en última instancia todo depende del estado de salud y las circunstancias y necesidades de cada persona. Vale la pena conocer lo más posible el propio cuerpo, aunque no está de más una visita al dietista de vez en cuando. Los hay muy buenos, que no sólo recetan sino que, ante todo, enseñan.

Los primeros meses

Durante los primeros cuatro o seis meses de vida, el bebé debe alimentarse únicamente con leche materna, que aporta los nutrientes necesarios para el desarrollo equilibrado del niño, así como las sustancias que ayudan a desarrollar su sistema inmunitario y nervioso y lo protegerán de trastornos digestivos, alergias e infecciones. Además de ser la mejor base para su futuro desarrollo, refuerza el vínculo que se establece entre la madre y el hijo y es lo más natural, cómodo y económico.

Por desgracia, los actuales hábitos laborales impiden a muchas madres dedicar a sus bebés el tiempo deseable, por lo que se abandona la lactancia antes de tiempo (nunca antes de los cuatro meses).

Las leches adaptadas son el complemento más habitual, aunque sin las propiedades benéficas de la leche materna. Suelen estar elaboradas con leche de vaca, cabra o soja, y en ellas se ha tenido en cuenta la edad del bebé y su constitución. Existen de dos tipos: las de «inicio» (desde el nacimiento hasta los cuatro o seis meses) y las de «continuación» (a partir de los seis meses y hasta que comienza a darse leche de vaca).

Cuando el bebé cumpla seis meses se pueden introducir nuevos alimentos, como las papillas y purés de cereales, verduras, frutas y legumbres. Es mejor no introducir demasiadas novedades de manera repetina y conviene visitar al pediatra para conocer su opinión sobre el momento de comenzar los cambios y sobre los alimentos más apropiados.

Por otra parte, es preciso que el niño se acostumbre a todos los sabores y texturas para

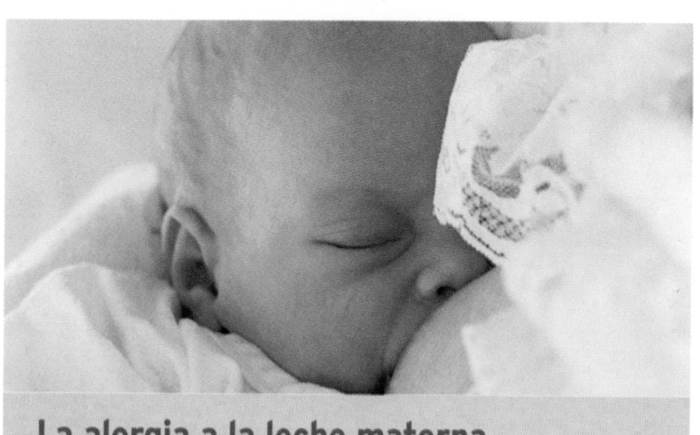

La alergia a la leche materna

Se calcula que un dos por ciento de los bebés que nacen en España es alérgico a la leche de sus madres, por lo que deben ser alimentados con leches adaptadas.

Si se observan los primeros indicios de rechazo, habrá que consultar al pediatra para que examine al bebé y prescriba el tipo de leche adaptada más adecuado.

que pueda disfrutar de una alimentación sana y equilibrada. Cuanta mayor sea la diversidad de alimentos que ingiera, más se desarrollará su capacidad digestiva. Sus posibles reticencias ante ciertos platos (podría tratarse de alergias) no deben modificar ese criterio.

Como puede verse en el cuadro, a partir de los nueve meses el niño puede seguir prácticamente el mismo programa de comidas que el resto de la familia, si bien habrá que reducir la ingesta de fibra, pues un exceso impediría la absorción de minerales como el hierro y el calcio, y aumentar la proporción de grasas, ya que durante esta etapa consumen entre 1.100 y 1.300 calorías diarias y necesitan asimilar las vitaminas liposolubles A, D, E y K.

La Organización Mundial de la Salud recomienda continuar la lactancia hasta los 12 ó 18 meses de edad.

Desde los doce meses

Cuando el niño cumpla su primer año de vida podrá ingerir casi los mismos alimentos que el resto de la familia: leche de vaca, huevos, frutas y verduras, etc. A partir de los dos años habrá desarrollado el sistema digestivo y la primera dentición; eso permitirá diversificar aún más su dieta. Para evitar que un alimento nuevo cause problemas digestivos, habrá que dárselo en cantidad muy pequeña y esperar una o dos semanas hasta que se esté totalmente seguro de que le sienta bien.

Su ritmo de alimentación deberá adaptarse al del resto de la familia: tres comidas (desayuno, almuerzo y cena) y dos tentempiés (a media mañana y por la tarde). Conviene seguir este ritmo para que el niño adopte unos hábitos alimentarios que le garanticen el aporte continuado de energía.

PROGRAMA DE ALIMENTACIÓN INFANTIL

Hasta los cinco o seis meses

Lactancia materna
Leche adaptada

A partir de los cuatro o seis meses

Leche de continuación
Harinas sin gluten

A partir de los cinco o seis meses

Zumos naturales

A partir de los seis meses

Purés finos de verduras
Compotas de frutas

A partir de los siete meses

Yogur natural

A partir de los siete u ocho meses

Queso fresco
Harinas con gluten
Purés espesos de verduras
Fruta triturada

A partir de los nueve meses

Queso tierno
Yema de huevo
Pan y galletas
Sémolas de pasta o arroz
Pastas finas

A partir de los doce meses

Leche de vaca
Huevo entero
Purés finos de legumbres

A partir de los dieciocho meses

Legumbres enteras

A partir de los dos años

Cacao
Frutos secos

A partir de los cinco años

Es un tópico el comentario de los padres sobre la energía que tienen sus hijos pequeños. Durante esta época, el mundo no sólo se presenta al niño como algo nuevo para descubrir, sino que su curiosidad e ingenuidad lo llevan a emprender esta aventura con una pasión desaforada. Cualquier cosa, por pequeña y vulgar que sea, les llama la atención y su actividad puede ser frenética. Con todo, si no se aprecian indicios de *hiperactividad* (un problema que debe ser tratado por el médico) los padres deberán armarse de paciencia e intentar seguir el ritmo de la mejor manera posible.

Este dinamismo requiere tanta energía y nutrientes como los que necesita un adulto, ya que además de reponer lo gastado el niño ha de acumular reservas para crecer correctamente y mantener un peso equilibrado.

Una dieta adecuada garantiza el suministro de la energía que el niño necesita.

A partir de los seis meses los niños desarrollan el sentido del gusto. Comienzan por distinguir las diferencias entre lo dulce y lo salado. Un poco más tarde, antes de cumplir el primer año de edad, comenzarán a diferenciar entre lo amargo, lo picante, lo ácido y lo insípido. Si durante este período de formación el niño sólo se acostumbra a los dos sabores primarios, rechazará todos los alimentos que sepan de manera diferente y tenderá a comer sólo aquellos que le satisfagan. Por eso conviene presentar los platos de forma atractiva, incluyendo en una misma comida sabores familiares y otros nuevos.

Uno de los peligros dietéticos más graves es la comida rápida («comida basura»). Su sabor intenso la hace muy atractiva para los más pequeños, sobre todo si se tiene en cuenta el embalaje de colores chillones y los obsequios de promoción que suelen acompañarla. Sin prohibirla tajantemente, no conviene transigir: lo mejor es explicarle que no es sana.

La escolarización puede plantear alguna dificultad si los hábitos alimentarios inculcados por la familia no se corresponden con los del centro o con los que puedan tener sus compañeros. Es posible que el niño desee probar los platos que más gustan a sus amigos, y si en casa se sigue algún tipo de dieta diferente (vegetariana, por ejemplo), es mejor comunicarlo antes a la dirección del colegio.

La dieta del niño no se diferencia demasiado de la de los adultos. Las frutas, las verduras (frescas y de temporada) y los productos integrales sustituirán a los dulces y los productos refinados. Legumbres, huevos y lácteos (en especial los yogures) son los alimentos más importantes durante esta etapa para asegurar un aporte equilibrado de proteínas, grasas y minerales (hierro, zinc y calcio).

La adolescencia

A los once años los niños y las niñas comienzan su desarrollo de manera diferente. Su cuerpo, además de continuar creciendo, experimenta cambios relacionados con el aparato reproductor, lo que requiere ciertas prevenciones dietéticas. Por ejemplo, una cantidad mayor de energía de calidad: las necesidades nutritivas de los adolescentes son muy superiores a las de sus padres.

El desarrollo corporal viene aparejado con el afianzamiento del carácter y unas ansias de independencia (al menos por lo que respecta a sus opiniones) que pueden llegar a ser conflictivas. Sus hábitos alimentarios dependerán en buena medida de los de sus amigos. Durante estos años, los jóvenes comienzan a relacionarse socialmente con mucha más libertad y suelen comer fuera de sus hogares. De esta forma, la comida rápida se convierte en una alternativa fácil y divertida ante la comida de casa, muchas veces impuesta y regida por criterios que no les interesan demasiado. Pero hemos de lograr que tomen conciencia de la importancia de la alimentación sana. Muchos desconocen que buena parte de los problemas de la madurez (sobrepeso, obesidad, osteoporosis o enfermedades coronarias) se originan por la alimentación deficitaria seguida durante la adolescencia.

El desgaste energético y la dieta desequilibrada son la causa principal de carencias de fósforo, calcio y magnesio, necesarios para el desarrollo óseo, así como del zinc, imprescindible para el sistema inmunitario. Las vitaminas son importantes, especialmente las del grupo B, presentes en los huevos, los productos lácteos y ciertas frutas y hortalizas, como el pimiento, el plátano o la patata. Pese a preferir patatas fritas, refrescos y carne bien sazonada, habrá que procurar que coman huevos, cereales integrales, frutos secos y legumbres.

Aporte energético recomendado

Hasta los tres años	De 1.100 a 1.300 Kcal diarias
Entre los cuatro y los seis años	De 1.400 a 1.600 Kcal diarias
Entre los siete y los diez años	De 1.700 a 2.000 Kcal diarias

Las deficiencias de hierro

Las mujeres necesitan un aporte de hierro superior que los hombres, ya que las pérdidas de sangre durante la menstruación, especialmente abundantes antes de los veinte años, reducen los niveles de hierro de manera ostensible. La mejor manera de compensarla consiste en ingerir a diario alimentos que lo aporten en grandes cantidades, como las legumbres y los cereales integrales.

Raciones diarias recomendadas

Hidratos de carbono	5
Frutas	3
Verduras	3
Proteínas	2

Raciones recomendadas para adolescentes

Aceites y frutos secos	5
Cereales y féculas	5
Frutas	3
Lácteos	4
Legumbres	2
Verduras	3

Anorexia y bulimia

Estos dos trastornos alimentarios son, por desgracia, cada vez más frecuentes entre los jóvenes de ambos sexos. La obsesión por el cuidado del cuerpo y las dificultades que se sienten durante esta época para aceptarse tal y como se es llevan a muchas chicas y chicos a dar demasiada importancia a su aspecto físico. La alimentación se convierte en una manera de controlarlo o modificarlo, y se tiende a tomar medidas drásticas que pueden provocar trastornos físicos y psicológicos graves e incluso irreversibles.
Aunque en un principio las personas que padecían este tipo de trastornos eran mujeres jóvenes de clase alta, desde hace quince años se registra un incremento de la incidencia en adolescentes de ambos sexos (aunque menor en los varones) y de clases sociales inferiores.

La anorexia nerviosa se caracteriza por una obsesión desmesurada por reducir el peso. Las personas que la padecen desarrollan una fobia a la gordura y experimentan crisis de ansiedad a la hora de comer. Comer se convierte en un trámite engorroso que resuelven de la manera más expeditiva posible: seleccionando los alimentos que aporten menos calorías, realizando mucho ejercicio físico y, en los casos más extremos, provocándose el vómito o tomando laxantes y diuréticos para eliminar la comida.
El problema excede el ámbito de la dietética, ya que el trastorno alimentario no es la causa de la enfermedad, sino su consecuencia. Buena parte de las claves del problema se halla en el entorno escolar y familiar de la persona que la padece, ya que en la mayor parte de los casos todo se debe a una relación conflictiva con los padres, los amigos o los compañeros de clase.

La duración del trastorno varía enormemente: desde unos cuantos meses hasta toda la vida. Para evitarlo, habrá que concienciar a los adolescentes de la importancia que tiene una alimentación sana y de la necesidad de relativizar la atención que se presta en nuestra sociedad al aspecto físico. Si no se está plenamente seguro de haberlo conseguido, habrá que prestar más atención a estos chicos y chicas. Habrá que intervenir en el caso de que se manifiesten algunos de los síntomas siguientes:

- **Obsesión** por los regímenes de adelgazamiento.
- **Inapetencia** o rechazo de la comida.
- **Variaciones considerables del peso** corporal.
- **Sentimientos de vergüenza** ante el propio cuerpo.
- **Irritabilidad** y, en ocasiones, mal humor.
- **Actividad frenética** sin motivo.
- **Resecamiento de la piel** y aparición de vello suave.
- **Caída del cabello**.
- **Desarreglos menstruales**.
- **Angustia y desconcierto**.

A partir de ese momento, toda la familia debe volcarse hacia la persona anoréxica y ponerse en manos de un equipo médico especializado, formado por médicos, psicólogos y dietistas. El tratamiento es largo y lento (puede durar entre uno y cuatro años) y no siempre es eficaz, ya que las recaídas son muy habituales.

La bulimia, asociada a la anorexia, es un trastorno alimentario que impele a la persona a comer de manera desmesurada cuando se siente angustiada. Estas crisis pueden llegar a durar una hora y desembocan en períodos de depresión en el que el sentimiento de culpabilidad, la vergüenza y el desprecio llevan a muchas veces a tomar la determinación de eliminar lo ingerido provocándose el vómito, tomando diuréticos o ayunando. Los síntomas suelen ser los siguientes:

- **Preocupación excesiva** por la imagen corporal.
- **Ingestión voraz y exagerada de alimentos** que suele darse unas tres veces por semana.
- **Tendencia a comer a escondidas**.
- Interrupción de la comida con **vómitos**.
- **Dolores abdominales agudos**.
- **Fluctuaciones de peso** más o menos acentuadas.
- **Crisis de voracidad** seguidas por etapas de depresión y autodesprecio.

En el caso de que algunos de estos síntomas se den con cierta insistencia, habrá que ponerse en manos de un equipo de especialistas para desarrollar una terapia que permita controlar el trastorno y sanarlo. Hay que tener en cuenta, además, que las personas bulímicas ocultan muy bien su enfermedad, por lo que habrá que prestar mucha atención a sus comportamientos y actuar en cuanto se detecte algún indicio.

La madurez

La alimentación seguida durante la infancia y la adolescencia repercute en el estado de salud durante la edad adulta. Sin embargo, esto no significa que por el hecho de haberse cuidado durante los primeros 25 años de vida haya que olvidarse de los siguientes cuarenta…

La edad adulta también posee particularidades relacionadas con el mundo del trabajo, al que un adulto suele dedicar casi la mitad del día. La tendencia de los modelos laborales en las sociedades desarrolladas es cada vez más parecida, y en cuanto a la alimentación supone comer cualquier cosa (un bocadillo y un refresco) en el menor tiempo posible. Por supuesto, no es lo más adecuado. Y menos si se hace para continuar trabajando a lo largo de jornadas horarias largas. Además, el estrés es un problema cada vez más presente en nuestra sociedad, y una mala alimentación sólo hace que éste se presente antes y con mayor virulencia.

Para cuidar la alimentación conviene evitar el comer a destiempo y combinar lo mejor posible la comida preparada en casa (con el consiguiente mayor control sobre la calidad de los ingredientes y su preparación) con los tentempiés, las comidas de restaurante o los bocadillos convencionales. Es relativamente fácil introducir pequeños cambios, tan saludables como sabrosos. Por ejemplo, dejar medio preparada una ensalada y combinarla en un plato único, con cereales y proteína de fácil conservación (arroz con legumbres junto a un par de hamburguesas o salchichas vegetales...)

Hay que reducir la ingesta de grasas (y eliminar por completo las animales) y asegurar un suministro regular de vitaminas, minerales y otros nutrientes. En este sentido, los suplementos dietéticos se están convirtiendo en un buen aliado.

Dieta y menopausia

La producción de estrógenos durante la vida de una mujer no es uniforme, sino que desde la pubertad experimenta un incremento que alcanza su cima entre los veinte y los treinta años, y comienza a descender hasta llegar a su interrupción a mediados de los cuarenta. El final de este ciclo se conoce con el nombre de «menopausia» y suele ir acompañado de ciertos cambios físicos y psicológicos.

Durante esta época la mujer suele padecer dolores de cabeza, náuseas y sofocos, así como desánimo, apatía e irritabilidad. La reducción de la cantidad de estrógenos en la sangre merma la capacidad de resistencia física y provoca estados de agotamiento más o menos repentinos y favorece la osteoporosis.

Para evitar un agravamiento de estos síntomas y reequilibrar el organismo, conviene aumentar la cantidad de alimentos ricos en calcio (leche, yogures, queso) y ácidos grasos esenciales, así como de **productos de soja**, de cualidades proestrogénicas.

Además, cabe tomar las siguientes precauciones:

- **Controlar el peso.**
- Seguir una **dieta equilibrada**, sin grasas de origen animal.
- Procurar el **aporte de calcio** necesario para evitar el riesgo de osteoporosis.
- Incrementar el consumo de **frutas, verduras y hortalizas.**

LA ALIMENTACIÓN DE LA MUJER

El cuerpo femenino experimenta a lo largo de su vida una serie de cambios que sólo pueden afrontarse de manera satisfactoria mediante una alimentación adecuada.

La actividad del sistema hormonal es mucho más importante en la mujer que en el hombre si cabe, ya que la producción de estrógenos y progesterona, que controlan la menstruación, está regulada por la glándula pituitaria, que depende a su vez de los centros relacionados con las emociones. El equilibrio de la mujer depende de una alimentación, un ejercicio y un entorno que garanticen su bienestar físico y psicológico. Desde un punto de vista dietético, habrá que prestar mucha atención a la ingesta de alimentos ricos en ácido fólico (verduras y cereales), ácidos grasos esenciales, zinc, niacina, vitamina E y colesterol «bueno».

Seguir una mala alimentación durante la edad adulta agrava los efectos nocivos del estrés.

LA ALIMENTACIÓN DEL HOMBRE

Uno de los problemas principales que experimentan los hombres a partir de los 25 años es el sobrepeso, algo que no tendría demasiada importancia si no fuese porque el exceso de grasa suele acumularse en la zona abdominal y perdujica el funcionamiento del sistema digestivo, con el consiguiente riesgo de toxemia intestinal: estreñimiento, dolores musculares, alergias y problemas digestivos.

Para evitarlo, es necesario reducir los alimentos ricos en proteínas y grasas saturadas, lo cual evita además el riesgo de enfermedades coronarias, diabetes y cáncer de colon.

Por su propia constitución, los hombres necesitan ingerir una cantidad mayor de proteínas, calorías, vitaminas (en especial las del grupo B) y minerales (como el magnesio).

La vitalidad sexual no depende sólo del ejercicio físico y el equilibrio psicológico: el tipo de alimentación que se siga también tiene mucho que decir al respecto. Los esteroles de los vegetales y los ácidos grasos del aceite de oliva, así como el zinc, el selenio, el magnesio y la vitamina B_6, ayudan a regular la producción de hormonas sexuales y mantienen la calidad del esperma.

La vejez

Durante la última etapa de la vida el organismo experimenta una merma de sus capacidades. Las funciones vitales se ralentizan y pierden poder. La capacidad de regeneración es menor: el tejido óseo es cada vez menos consistente, las digestiones más pesadas y la pérdida de agua mayor. Por todo ello, deben adoptarse diversos cambios alimentarios que respondan a estas nuevas necesidades.

Al igual que en las etapas anteriores, las recomendaciones dietéticas que pueden darse dependen en última instancia del estado físico y psicológico de la persona a la que se trata. Se aconseja una reducción de la cantidad calórica, ya que el metabolismo en estas edades es mucho más lento que en las anteriores y no se realiza tanto ejercicio físico.

La proporción de proteínas y grasas debe ser menor y de mejor calidad. Los huevos y las legumbres, preparadas en forma de puré y combinadas con verduras, garantizan el aporte proteínico necesario y en cuanto a las grasas habrá que evitar la repostería industrial y las carnes.

La fibra deberá estar más presente, ya que las digestiones suelen ser más lentas y pesadas por cuestiones de dentición y salivación, y por la disminución del peristaltismo.

Hay que moderar el consumo de sal y azúcar, ya que el riesgo de hipertensión y diabetes es mayor. En cuanto a los lácteos, los yogures descremados compensarán en buena medida la descalcificación.

No obstante, la dieta no tiene por qué ser insípida o poco variada. Las preparaciones serán más imaginativas; por ejemplo, las sopas, los guisos, los estofados y los caldos compensan las pérdidas de agua (mayores que en otras edades), mientras que las cocciones al vapor, las papillotes y los purés, convenientemente aderezados, permiten una masticación más efectiva.

Trastornos más frecuentes durante la vejez

Trastorno	Causas
Artritis	Obesidad, sedentarismo, antecedentes familiares
Cáncer	Malos hábitos (tabaco, alcohol), obesidad, antecedentes familiares, dieta demasiado rica en proteínas y pobre en frutas y verduras
Diabetes	Obesidad, dieta demasiado rica en grasas y azúcares
Enfermedad de Alzheimer	Malos hábitos (tabaco, alcohol), dieta demasiado rica en proteínas y pobre en frutas y verduras, poco ejercicio intelectual
Osteoporosis	Sedentarismo, dieta demasiado rica en proteínas y pobre en minerales
Problemas cardíacos y vasculares	Malos hábitos (tabaco, alcohol), estrés, obesidad, dieta demasiado rica en proteínas y pobre en frutas y verduras

La vejez comporta nuevas necesidades alimentarias que deben contemplarse en una dieta más variada y apetitosa.

Los superalimentos

3

- ¿Qué comer?
- Elegir la mejor opción
- Tipos de aditivos
- Los nutracéuticos
- Los congelados
- Los alimentos transgénicos
- Los alimentos irradiados
- Alimentos de cultivo biológico
- Los superalimentos
- Alimentos para problemas hormonales
- Alimentos que previenen el envejecimiento prematuro
- Alimentos que refuerzan las articulaciones
- Alimentos para la salud de los huesos
- Alimentos que cuidan el corazón

¿Qué comer?

Ovalina fresca, garantizada; caducidad: 1 de agosto de 632 d.F. [«después de Ford» –y su sistema de producción en cadena–]. Extracto de glándulas mamarias: tómese tres veces al día antes de las comidas, con un poco de agua. Placentina: inyectar 5 cc cada tres días...».

Al retratar la sociedad utópica de *Un mundo feliz* (1932), Aldous Huxley incluyó prescripciones como ésta para mostrar los peligros de una planificación cientificista de la vida. En su ya clásica novela, las depresiones, los enfados, los trastornos del comportamiento y cualquier otra molestia, por pequeña que fuese, recibían un tratamiento farmacológico obligatorio.

La aparición de los alimentos transgénicos ha suscitado una polémica que se mantendrá durante bastante tiempo.

La visión de Huxley, que él mismo contrarrestó años después en su utopía ideal (*La isla*, 1962), puede parecer exagerada. Pero sólo unas décadas (no siete siglos después, como él preveía) todas aquellas extravagancias se están cumpliendo. Y si se tiene en cuenta el uso cada vez más generalizado de ansiolíticos, sedantes, reconstituyentes, adelgazantes y demás productos de síntesis que ofrece la industria químico-farmacéutica en la actualidad, habrá que convenir, al menos, en que cada vez recurrimos más a productos artificiales para solventar los contratiempos provocados por el ritmo de vida contemporáneo.

Los usos de la ingeniería química y la biotecnología son cada vez más amplios. La aparición de alimentos transgénicos en los mercados de todo el mundo ha suscitado una polémica que aún dura y de la que apenas podrá sacarse algo en claro, salvo que los productos de esta clase estarán pronto disponibles (aún con etiquetación dudosa) en hipermercados y grandes superficies. Según algunos expertos, con ventajas: permiten triplicar o milmultiplicar las cosechas, resisten la acción de los pesticidas y pueden modificarse sus características para que tales alimentos resulten más «cómodos» (ausencia de pepitas, forma apilable, aspecto agradable, facilidad de transporte... y larga, larguíííisima conservación). Pero los posibles efectos nocivos sobre el organismo no han podido comprobarse. Por ello no estará de más mostrarse escéptico, o muy cauteloso ante estos productos.

También es posible contar hoy día con concentrados de compuestos nutritivos en cápsulas: los conocidos suplementos dietéticos. Por su valor nutricional pueden considerarse un sustituto de los alimentos en ciertas situaciones. En cuanto a los «nutracéuticos», se trata de un juego de palabras divulgado en Norteamérica para designar aquellos comestibles que cumplen el célebre axioma: «que la medicina sea tu alimento y que el alimento sea tu medicina».

Como consumidores, por otra parte, apenas disponemos del tiempo necesario para prestar atención a todas las noticias que se publican acerca de estos temas. Si además se tiene en cuenta que muchas de las nuevas propuestas se someten a revisión y que se tarda bastante en ratificar las nuevas teorías, la confusión puede llegar a ser tremenda. Y, sin embargo, la alimentación es uno de los aspectos vitales que no podemos desatender.

A diario, hay miles de investigadores que se comprueban en sus laboratorios si tal o cual alimento, crudo o preparado de una cierta manera, protege de las afecciones cardiovasculares, mitiga los dolores articulares o ayuda a reforzar el sistema inmunológico. Es más, si el descubrimiento del mapa del genoma humano representa una visión de futuro y fuese posible saber si una persona es proclive a un tipo de cáncer, ¿sería muy ingenuo adoptar un plan de higiene natural donde primen alimentos antioxidantes?

Es posible mantenerse en un buen estado de salud y prevenir buena parte de los trastornos y enfermedades mediante una dieta adecuada en la que los alimentos, además de aportar sabor y energía, colaboren en la regulación y el mantenimiento de nuestro organismo.

La alimentación, como puede verse, va más allá de la mera reposición de energía.

Elegir la mejor opción

Por lo general, cuando hacemos la compra simplemente nos limitamos a tomar cuanto necesitamos sin reparar en lo que nos llevamos a casa. Buena parte de la producción alimentaria actual se sirve de diversos aditivos y tratamientos para preservar los productos. El ritmo de vida contemporáneo nos obliga muchas veces a echar mano de alimentos envasados, precocinados o congelados que han sido sometidos a un proceso de preparación especial. No estará de más conocer un poco las características de estos tratamientos para saber qué es lo que comemos.

¿Qué son los aditivos?

En sentido estricto, un aditivo alimentario es cualquier sustancia que no suele consumirse como alimento en sí, ni se usa como ingrediente característico en la alimentación (independientemente de su valor nutritivo) y que se emplee durante el proceso de elaboración del producto.

ALIMENTOS CON ADITIVOS

Un buen consumidor debe leer siempre la etiqueta de los productos que adquiere. En el caso de los alimentos la cuestión se complica, ya que a menudo entre los ingredientes figuran códigos de clasificación de colorantes o conservantes que a duras penas sabemos interpretar.

Por definición, los aditivos son sustancias que se agregan a los alimentos con el fin de modificar su olor, color, sabor o textura, así como para mejorar su aspecto y agilizar su proceso de elaboración y conservación. Los aditivos permitidos son bastante numerosos y se clasifican en diversos grupos.

Estos aditivos pueden ser naturales o sintéticos. Los primeros son mucho más caros que

Cada día aumentan los casos de empresas alimentarias que incumplen la legislación vigente.

los segundos, por lo que suelen ser los menos empleados. Su uso, no obstante, está reglamentado y para ser aceptados deben cumplir con tres requisitos mínimos, a saber:

- Deben tener una **composición adecuada** y autorizada para el fin al que se destinen.

- **No deben tener sustancias tóxicas**, contaminantes y ajenas a la composición normal de los productos alimentarios.

- **No pueden alterarse las características de composición** ni de pureza de los aditivos alimentarios.

La legislación establece normas muy precisas a las empresas alimentarias sobre la selección de las materias primas, el envasado, la distribución y el almacenamiento de los alimentos. Sin embargo, cada día aumentan las empresas alimentarias denunciadas por las organizaciones de consumidores por incumplirla. No son raros los casos en los que un determinado producto apenas poseía valor nutritivo y, en cambio, venía aderezado con un sinfín de aditivos que lo hacían apetitoso. De nada sirve escudarse en el presunto progreso de las tecnologías de la alimentación: en estas situaciones sólo puede hablarse de estafa.

Por otro lado, lo que las leyes no pueden regular es la forma de vivir y comer de las sociedades actuales: comemos demasiado, a deshora, muy deprisa y, además, productos de dudosa «calidad vital», es decir, exageradamente desnaturalizados.

Hay que tener también muy en cuenta los riesgos que pueden tener para la salud determinadas sustancias. A pesar de que las leyes prohíben el uso de aquellas que puedan ser nocivas a corto o largo plazo, no todas las aceptadas son fiables. La inocuidad de un aditivo no depende sólo de su composición química, sino también de la proporción y la periodicidad de las ingestas. El valor IDA (Ingestión Diaria Admisible) establece la cantidad máxima de sustancias que puede tolerar nuestro organismo cada día. Por lo general, se expresa mediante una proporción en la que se especifica el número de miligramos de aditivo por kilogramo de peso. De este modo, un adulto de 80 kg puede tomar 40 mg de nitrito potásico (valor IDA: 5 mg por kilo de peso) sin que, en principio, pueda sufrir ningún trastorno. Sin embargo, este tipo de aditivo es responsable de la formación de sustancias cancerígenas como las nitrosaminas, por lo que será mejor prescindir de los alimentos que lo incorporen.

Por ello, antes de confiar ciegamente en la inocuidad de los aditivos, lo mejor será aprender a diferenciarlos y obrar en consecuencia.

Tipos de aditivos

AGENTES DE CARGA

Se utilizan para conseguir el volumen y la textura deseados en diversos productos, como salsas, mantecas, etc.

AGENTES DE RECUBRIMIENTO Y DESMOLDEADORES

Se trata mayormente de ceras que se emplean para recubrir algunos alimentos (golosinas, quesos y cítricos) o para que puedan separarse de su molde o recipiente, como en el caso de los caramelos, chicles o pastelería industrial. También suelen utilizarse grasas o aceites vegetales.

AGENTES DE TRATAMIENTO DE LA HARINA

Se utilizan para blanquear la harina, al destruir los carotenoides presentes, y para mejorar sus propiedades en el amasado, ya que modifican la estructura del gluten. Los procesos que generan son semejantes a los que se producen de forma natural cuando se deja envejecer la harina. En España no están autorizados para la fabricación del pan.

ALMIDONES MODIFICADOS

Se emplean en la fabricación de helados, conservas y salsas espesas. En España se utilizan sólo para la elaboración de yogures y de conservas vegetales. Son seguros y totalmente inocuos, si bien desde un punto de vista dietético aportan las mismas calorías que otro azúcar cualquiera.

ANTIAGLOMERANTES

Evita que se peguen o apelmacen sustancias como la sal de mesa, los polvos para sopas o las salsas y levaduras químicas.

AROMATIZANTES

Como su nombre indica, potencian el aroma de los alimentos o bien lo añaden. Su finalidad es comercial, ya que hacen el producto más apetecible. Según la legislación, basta con que figure en la etiqueta la denominación genérica «con aroma natural» o «con aroma o esencia artificial». Los productos naturales suelen aromatizarse con aceites esenciales.

COLORANTES

Son las sustancias que «dan vida» al producto, ya que confieren una tonalidad apetitosa a refrescos, licores, flanes, pastas y caramelos. Su empleo se remonta a la Antigüedad: egipcios y romanos solían aderezar sus alimentos con ellos, si bien las sustancias eran completamente naturales: el color rojo se obtenía de la remolacha, el naranja de la zanahoria, el verde de la clorofila (que se extraía de las hojas de las plantas) y el ocre o marrón de tierras arcillosas. El problema radicaba en que además de emplearse para hacer más atractiva la comida, también servía para disfrazarla cuando no estaba en buenas condiciones.

Categorías de aditivos alimentarios

- Acidulantes
- Agentes de carga
- Agentes de recubrimiento
- Agentes de tratamiento de la harina
- Almidones modificados
- Antiaglomerantes
- Antiespumantes
- Antioxidantes
- Colorantes
- Conservantes
- Correctores de la acidez
- Edulcorantes
- Emulgentes
- Endurecedores
- Enzimas
- Espesantes
- Estabilizadores
- Gases de envasado
- Gases propulsores
- Gasificantes
- Gelificantes
- Humectantes
- Potenciadores del sabor
- Sales de fundido
- Secuestrantes

Según la legislación vigente, el color obtenido no debe superar al del alimento en estado fresco, pero basta con dar una vuelta por un supermercado cualquiera para ver que la realidad es muy diferente.

¿Cómo saber si un producto tiene colorantes? En principio, basta con que lo indique en la etiqueta. Sin embargo, no siempre se especifica cuáles y, si se hace, la nomenclatura es tan abstrusa que no puede sacarse nada en claro.

En la actualidad se utilizan todavía colorantes naturales completamente inocuos que pueden agregarse sin que sea preciso especificarlo. De hecho, sólo es obligatorio indicarlos en la etiqueta en el caso de que con ellos se intente mejorar la calidad del producto.

Sin embargo, existe un grupo de colorantes, conocidos como «azoicos», cuyo uso ha provocado una larga y seria controversia. Durante algún tiempo estuvieron prohibidos porque, tras ciertas pruebas de laboratorio, se llegó a la conclusión de que eran cancerígenos. Estudios posteriores demostraron lo contrario y volvieron a permitirse. No obstante, desde el punto de vista toxicológico, estos aditivos no son recomendables, pues si bien su poder cancerígeno no ha sido demostrado con certeza, es claro que pueden provocar reacciones alérgicas de gravedad variable.

Además de los colorantes, en la industria alimentaria se recurre a los estabilizantes del color, unas sustancias que carecen de propiedades colorantes pero que ayudan a estabilizar la tonalidad natural de los alimentos o evitar que se alteren.

Aditivos potencialmente cancerígenos

E-210	Ácido benzoico
E-211	Benzoato sódico
E-212	Benzoato potásico
E-213	Benzoato cálcico
E-214	Etil parahidroxibenzoato
E-215	Etil parahidroxibenzoato sódico
E-216	Propil parahidroxibenzoato
E-217	Propil parahidroxibenzoato sódico
E-218	Metil parahidroxibenzoato
E-219	Metil parahidroxibenzoato sódico
E-239	Hexamentillentetramina
E-249	Nitrito potásico
E-250	Nitrito sódico
E-251	Nitrato sódico
E-252	Nitrato potásico

CONSERVANTES, ANTIOXIDANTES Y ACIDULANTES

Los conservantes retrasan o evitan la proliferación de microorganismos como hongos, bacterias o levaduras que hacen que un producto deje de ser comestible. Pueden aplicarse en la superficie de los alimentos o bien utilizarse como un ingrediente más del producto. Su uso está muy extendido en la industria alimentaria, si bien presentan algunas particularidades que conviene tener muy en cuenta:

• **Las personas asmáticas**, con intolerancia a la aspirina o con alergias deberían prescindir de tomar alimentos con ácido benzoico o con benzoatos (E-210, E-211, E-213).

• **Los nitritos** tienen una acción bactericida muy alta y son idóneos para la elaboración y conservación de grandes cantidades de productos cárnicos que se someten a períodos largos de almacenamiento. Además, no deben calentarse conjuntamente productos cárnicos curados (ricos en nitritos) con alimentos ricos en aminas como el queso para que no se formen las cancerígenas nitrosaminas. Quienes siguen dietas vegetarianas no tienen ese problema, pero quienes suelan comer carne deberán tener cuidado con bocadillos calientes de beicon y queso, pizzas de salami y queso, bikinis, etc.

• **El ácido ascórbico y los sorbatos** no presentan prácticamente efectos secundarios.

• **Los vinos blancos** tienen menos contenido de dióxido de azufre que los tintos, ya que en éstos los sulfitos actúan como estabilizantes del color. Sin embargo, hay que tener cuidado, ya que con un par de vasos puede alcanzarse el nivel IDA recomendado para estos conservantes.

• **Los conservantes** señalados como E-223, E-226 y E-227 destruyen la vitamina B_1, además de producir reacciones en la piel en personas alérgicas. Del zumo de naranja a la col roja en vinagre y las ensaladas envasadas, pasando por el puré de patatas envasadas, contienen estos aditivos.

Los antioxidantes actúan de forma parecida a los conservantes: protegen los alimentos de la degradación por contacto con el oxígeno, evitando parte de la pérdida vitamínica y el enranciamiento de las grasas. Se pueden obtener de modo natural o artificial.
Los acidulantes son los medios de conservación más antiguos que se conocen, ya que son un ingrediente imprescindible de todas las conservas. La legislación vigente no exige que se especifique en la etiqueta el tipo de acidulante empleado; basta con indicar «acidulante» o «corrector de acidez». Por lo general, no entrañan ningún riesgo para la salud, excepto los sulfatos sódico, potásico y cálcico, que pueden tener efecto laxante en dosis elevadas.

Colorantes artificiales	
E-102	Tartracina (color amarillo limón)
E-104	Amarillo de quinoleína
E-110	Amarillo anaranjado S, amarillo ocaso FCF
E-122	Azorrubina (rojo)
E-123	Amaranto (rojo)
E-124	Rojo cochinilla A, Ponceau 4R
E-127	Eritrosina (rosa)
E-131	Azul patentado V
E-151	Negro brillante BN
E-154	Marrón FK
E-155	Marrón HT

Colorantes naturales	
E-120	Cochinilla, ácido carmínico
E-160b	Bixina (naranja)

El empleo de colorantes para dar una tonalidad apetitosa a los alimentos se remonta a la Antigüedad.

EDULCORANTES

Se emplean para aumentar la dulzura de los alimentos. Pueden ser de origen natural o artificial, y tienen la particularidad de ser mucho más dulces que el azúcar común, si bien su poder calórico es muy bajo o nulo. En cambio, los sustitutos del azúcar sí aportan calorías pero no requieren insulina para su metabolización, por lo que pueden tomarlos las personas diabéticas sin problema.
Entre los edulcorantes, el más controvertido es la sacarina, prohibida en algunos países por considerarse un posible agente cancerígeno, y que al igual que el aspartamo y el ciclamato, no debe ingerirse en cuadros de intolerancia a la fenilalanina, ya que estas sustancias pueden provocar daños cerebrales graves.
Los productos dietéticos o hipocalóricos incluyen entre sus ingredientes sustitutos del azúcar. Si la ingesta diaria de estos aditivos supera los 50 g diarios, pueden provocar dia-

Conservantes más corrientes

E-200	Ácido sórbico
E-201	Sorbato sódico
E-202	Sorbato potásico
E-203	Sorbato cálcico
E-210	Ácido benzoico
E-211	Benzoato sódico
E-212	Benzoato potásico
E-213	Benzoato cálcico
E-214	Etil parahidroxibenzoato
E-215	Etil parahidroxibenzoato sódico
E-216	Propil parahidroxibenzoato
E-217	Propil parahidroxibenzoato sódico
E-218	Metil parahidroxibenzoato
E-219	Metil parahidroxibenzoato sódico
E-220	Dióxido de azufre
E-221	Sulfito sódico
E-222	Sulfito ácido de sodio
E-223	Metabisulfito sódico
E-224	Metabisulfito potásico
E-226	Sulfito cálcico
E-227	Sulfito ácido de calcio
E-228	Sulfito ácido de potasio
E-239	Hexamentilentetramina
E-249	Nitrito potásico
E-250	Nitrito sódico
E-251	Nitrato sódico
E-252	Nitrato potásico

rreas, vómitos o dolores de estómago. En cambio, los productos naturales utilizan miel (habrá que asegurarse de que no se haya sometido al calor después de extraída), azúcar integral de caña, siropes o melazas de frutas o cereales.

ENDURECEDORES

Son sulfatos de aluminio que suelen añadirse a las frutas y verduras confitadas y glaseadas.

ESTABILIZANTES

Dentro de los estabilizantes se agrupan los emulsionantes, los espesantes y los gelificantes, que sirven para homogeneizar los preparados alimentarios. En general, estos aditivos no presentan mayores problemas, pues o bien son inocuos o no se han detectado efectos secundarios en las dosis autorizadas. Según la legislación, no es indispensable incluir el código de aditivo entre los ingredientes, pero sí debe indicarse que tiene algún tipo de estabilizante.
Los gelificantes y espesantes más habituales son la pectina de frutas, los productos derivados de las algas, harinas o almidones (inclusive los modificados, que son estables al calor y a la congelación) y las gelatinas. Suelen añadirse a productos lácteos y de repostería, sopas instantáneas y cremas.
Los emulsionantes más comunes son la yema de huevo, la lecitina de soja, el maíz o el cacahuete, ya que apenas modifican el sabor, la textura y el color de los productos de repostería, los chocolates, los postres preparados y la crema de yogur.

HUMECTANTES

Suelen emplearse en la elaboración de productos panificables, de repostería o dulces que pueden secarse si se almacenan durante mucho tiempo. Dos de ellos, el sorbitol y el manitol son también sustitutivos del azúcar.

POTENCIADORES DEL SABOR

Permiten realzar el sabor de todo tipo de alimentos, en especial los supercongelados y deshidratados. Uno de los más empleados es el glutamato monosódico, una sustancia que en personas sensibles puede ocasionar dolor de cabeza, rigidez en el cuello y sensación de opresión en las sienes.

POSIBLES EFECTOS DE LOS ADITIVOS

Colorantes azoicos

• **Código.** E-102, E-104, E-110, E-120, E-122, E-123, E-124, E-127, E-128, E-129, E-133, E-151, E-154, E-155, E-160b, E-180.

• **Posibles efectos adversos.** Reacciones alérgicas o problemas dérmicos en personas con sensibilidad a la aspirina. Dolor de cabeza.

• **Se pueden encontrar en...** Polvos para preparar refrescos, polvos para preparar productos de repostería, polvos para preparar sopas instantáneas, helados con esencias artificiales, gaseosas, mermeladas, salsas a base de quesos, bebidas alcohólicas, conservas de pescado, algunos quesos, conservas de hortalizas, conservas de frutas y galletas.

Conservantes

• **Código.** Del E-210 al E-228, y la serie formadora de nitrosaminas (del E-249 al E-252). El E-1105 es perjudicial para las personas alérgicas al huevo de gallina.

• **Posibles efectos adversos.** Reacciones alérgicas, asma, dolores de cabeza.

• **Se pueden encontrar en...** Conservas de hortalizas, conservas de pescado, conservas de frutas, fruta desecada, mermeladas, zumo de naranja, margarina, mayonesa, vino, cáscara de plátano, cáscara de cítricos, productos lácteos, algunos quesos como los curados, los fundidos o el provolone, derivados de la carne curados, pan de molde envasado, puré de patatas deshidratado, bollería industrial envasada y caviar.

Antioxidantes

• **Código.** E-310 al E-312. E-320, E-321.

• **Posibles efectos adversos.** Del E-310 al E-312, dolores de estómago. Son perjudiciales para personas asmáticas o con hipersensibilidad a la aspirina. El E-320 y el E-321 aumentan el nivel de colesterol en la sangre; están contraindicados en bebés y niños pequeños.

• **Se pueden encontrar en...** Cereales para el desayuno, galletas, nueces, dulces, polvos para preparar puré instantáneo, arroz aromatizado, grasas vegetales y chicles.

Edulcorantes

• **Código.** E-951 (aspartamo), E-952 (ciclamato) y E-954 (sacarina).

• **Posibles efectos adversos.** Los dos primeros pueden ocasionar trastornos en personas con fenilcetonuria. La sacarina es una sustancia muy controvertida. En algunos países está prohibida por considerarse cancerígena. En España está autorizada.

Potenciadores del sabor

• **Código.** E-620 al E-625.

• **Posibles efectos adversos.** Pueden provocar dolor de cabeza, rigidez en el cuello y sensación de opresión en las sienes. Contraindicado en niños pequeños.

• **Se puede encontrar en...** Sopas y salsas preparadas, concentrados de carne y pescado, y ciertas levaduras.

Los nutracéuticos

Los nutracéuticos marcan la era de la prevención rápida y fácil.

En muchas películas de ciencia ficción, entre los robots, los trajes futuristas y los ordenadores, los personajes recurren a la comida en cápsulas para alimentarse. A pesar de que pueda parecernos un tanto extraño, esta solución no es tan disparatada como parece, pues la era de esos alimentos, llamados «nutracéuticos», está llegando. No son exactamente como los de las películas (no hay píldoras de pizza); antes bien, se trata de vegetales deshidratados o extractados. En el mismo instante en que los científicos anuncian el descubrimiento de que tal fruta o tal verdura contiene una sustancia que ayuda a bajar el nivel de colesterol o que actúa contra el cáncer, la divulgación de dicho producto comienza. Por ahora, en los establecimientos especializados en productos naturales sólo pueden encontrarse extractos que contienen las propiedades terapéuticas de ciertas plantas, verduras y frutas. De este modo, en lugar de ir al mercado a escoger la mejor verdura del día, se puede ir a la tienda naturista y adquirir un envase de comprimidos de zanahoria e ingerir con cada uno de ellos 400 mg de sus principios activos. También existen píldoras de papaya, extracto de alcachofa, perlas de ajo o el equivalente en cápsulas de cuatro tazas de un reconfortante té verde. Lo dicho: alimentos en pastillas.

Los nutracéuticos marcan la era de la prevención rápida y fácil, si tenemos en cuenta que no hay que molestarse en pelar la fruta o lavar las verduras, o que las manos huelan a cebolla. Además, suelen ser concentraciones elevadas de sus componentes activos como sucede con el ajo, que ante una enfermedad, se necesita consumir en grandes cantidades; una tarea imposible para muchos, que se soluciona rápidamente con unas cuantas cápsulas al día.

Todo indica que ha llegado el momento en que cualquier sustancia que sea beneficiosa para la salud y que se encuentre en el reino vegetal puede cultivarse, extraerse y empaquetarse en comprimidos fáciles de tragar. Sin embargo, donde los productores de suplementos dietéticos ven una línea recta que va de la verdura en cuestión hasta la producción del comprimido que contiene su esencia, algunos expertos en alimentación perciben un camino sinuoso y lleno de altibajos.

Cuando leemos que se detecta un índice de afectadas de cáncer de mama mucho menor entre las mujeres asiáticas que entre las occidentales, sobreviene la duda: ¿Se deberá a la dieta? ¿Son la soja o el té verde los responsables? ¿Tiene alguna importancia la combinación de los alimentos?

Muchos investigadores han intentado dar con las respuestas aislando los compuestos que parecen prevenir el desarrollo de enfermedades. La labor no es sencilla, ya que exige un sinfín de análisis y comprobaciones que requieren mucho tiempo. A veces resulta difícil saber con exactitud si un componente activo resiste el procesado. Es más: en el caso de que fuese así, no puede asegurarse que los efectos de la ingestión de la sustancia en combinación con otras sean los mismos que si se ingiere aislada. De todos modos, es importante considerar la integralidad de las plantas, como bien lo explica Mikel García Iturrioz, director técnico de Solgar España, filial de una empresa norteamericana que desde 1947 produce todo tipo de suplementos nutricionales y vitamínicos: «La capacidad terapéutica integral de una planta nunca radica solamente en un único principio activo aislado. Nunca debemos separarnos de la naturaleza, de la idea de la planta en sí».

De todos modos, y a pesar de las reticencias que podrían despertar estos productos, hay muchos expertos en alimentación que mantienen la fe en ellos. No son pocos los médicos naturistas y naturópatas que los recomiendan. Por otra parte, a pesar de que el brécol y la col de Bruselas contienen seis de los agentes anticancerígenos más potentes, la mayor parte de la población no suele incluirlos en su dieta diaria. Tal vez en forma de nutracéuticos se paliase este problema.

La pregunta es: ¿Debería darse una oportunidad a los nutracéuticos? Evidentemente, no es lo mismo disfrutar del sabor de una jugosa piña que tomarse una cápsula de ella, pero si se padece de trastornos digestivos, la bromelaína (una enzima muy potente capaz de digerir unas 1.000 veces su peso en proteínas y que se halla en el corazón del fruto) puede paliarlos si se ingieren varias cápsulas al día.

Por otra parte, hay que tener en cuenta que pese a aportar al organismo una proporción considerable de sus principios terapéuticos, los nutracéuticos deben considerarse siempre un complemento, ya que su ingestión no satisface la necesidad diaria de fibra, vitaminas y minerales.

Antes de adquirirlos, lo mejor es que el médico nos aconseje cuáles son los más adecuados y, siempre, leer atentamente la etiqueta. Es imprescindible asegurarnos de que los productos son de procedencia biológica y no estén a punto de caducar.

La nueva era de la alimentación acaba de comenzar, y hay que tomar ciertas precauciones. En la actualidad, la gama es mucho menos amplia de lo que cabría esperar. Sin embargo, los proyectos de investigación prosiguen y paulatinamente se conseguirá cubrir todo el espectro de la prevención.

A continuación, pueden verse los diez nutracéuticos más eficaces. Su ingestión es imprescindible para aquellos que concebimos la alimentación como una manera de desarrollar todas nuestras facultades físicas y espirituales.

AJO

Parece increíble que un solo alimento sea capaz de reducir la tasa de colesterol en la sangre, bajar la presión arterial, estimular el sistema inmunológico y disminuir el riesgo de contraer cáncer. O al menos eso es lo que afirma la mayoría de la comunidad científica. Muchas de las conclusiones a las que se ha llegado acerca de las propiedades medicinales del ajo se basan en el estudio de extractos de ajo al natural. Sin embargo, los resultados obtenidos en las pruebas de laboratorio han sido espectaculares cuando se empleaban dosis muy elevadas. El porcentaje óptimo respecto a la cantidad de comida ingerida en un día ronda el 2,5 %, lo cual supone una gran cantidad de cabezas de ajo. Su ingestión, sin embargo, no tiene por qué hacerse a las bravas: pueden consumirse concentrados en forma de perlas, cápsulas o extractos.

El ajo reduce el colesterol, baja la presión arterial, estimula el sistema inmunológico y disminuye el riesgo de cáncer.

BRÉCOL

Como ya hemos mencionado antes, parece ser que el brécol es una de las verduras más eficaces que hay para prevenir el riesgo de cáncer. Su secreto radica en el sulforafán, una sustancia que previene la protege las cadenas de ADN y evita la aparición de tumores.

Los comprimidos contienen 500 mg de extracto de brécol, del que 200 mg corresponden al sulforafán, equivalente a la cantidad que se obtiene de una ración normal de esta crucífera.

La cebolla es terapéutica cuando se ingiere en grandes cantidades, por lo que su toma en comprimidos podría ser una buena opción.

CEBOLLA

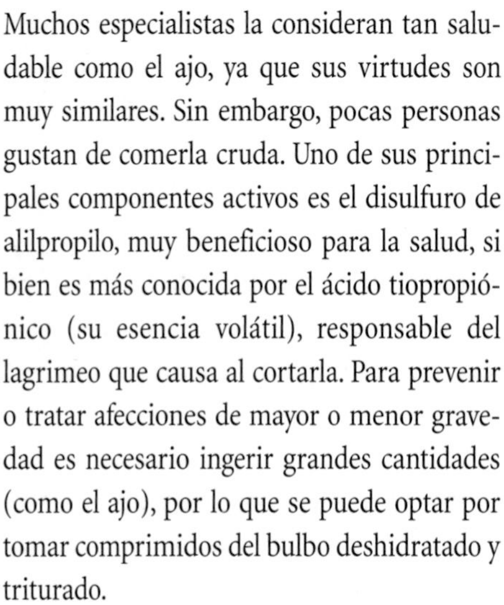

Muchos especialistas la consideran tan saludable como el ajo, ya que sus virtudes son muy similares. Sin embargo, pocas personas gustan de comerla cruda. Uno de sus principales componentes activos es el disulfuro de alilpropilo, muy beneficioso para la salud, si bien es más conocida por el ácido tiopropiónico (su esencia volátil), responsable del lagrimeo que causa al cortarla. Para prevenir o tratar afecciones de mayor o menor gravedad es necesario ingerir grandes cantidades (como el ajo), por lo que se puede optar por tomar comprimidos del bulbo deshidratado y triturado.

PAPAYA

Esta deliciosa fruta tropical es muy rica en enzimas como la papaína y la chimopapaína, además de vitaminas A, B y C. En los países tropicales, de donde es originaria, se consume como aperitivo, digestivo y regulador intestinal. En cuanto a los comprimidos, es posible encontrarlos compuestos de pulpa, hojas de la fruta y del principio activo: la papaína. Las ingestiones de 0,1 a 0,5 g alivian los trastornos digestivos y las insuficiencias gástricas y duodenales.

PIMIENTA DE CAYENA

La sustancia responsable del ardor de los pimientos picantes, la capsaicina, parece neutralizar los carcinógenos que se encuentran en algunos alimentos. Su poder es tal, que incluso se considera capaz de desactivar los del humo del tabaco. Los complementos no son más que comprimidos rellenos con pimienta de cayena que pueden constituir una alternativa válida si se prefieren las comidas no demasiado picantes. Otra ayuda inestimable que proporciona la capsaicina es su acción contra el dolor en las articulaciones, si bien en este caso la sustancia picante se mezcla con una crema y se aplica sobre la zona afectada.

PIÑA

Los comprimidos de esta fruta son un poderoso concentrado de bromelaína, una enzima que palía los problemas de digestión y estreñimiento, y que tiene un éxito más que notable en el tratamiento de flebitis, arteriosclerosis y artritis. Además, se cree que su principio activo produce una reacción químico-fisiológica que ayuda a disolver la envoltura de los nódulos celulíticos y a actuar favorablemente en los tratamientos para adelgazar.

SETAS

En China y Japón se utilizan ciertas especies autóctonas para aumentar las defensas del sistema inmunológico. Son muy ricas en fitonutrientes: polisacáridos, triterpenos, fitosteroles y ligninas. Los estudios realizados sobre los impresionantes efectos de estas setas han sido tan elocuentes que ya es posible tomar cápsulas de setas como shiitake, maitake y reishi para beneficiarse de sus propiedades.

SOJA

Esta legumbre de procedencia oriental pero completamente adaptada a nuestra dieta, aporta una gran cantidad de proteínas. Muchos estudios han demostrado que la ingestión diaria de la proteína de soja en polvo reduce el nivel de colesterol hasta un 34 %. También se cree que las isoflavonas (compuestos químicos similares al estrógeno que se encuentran en la soja) pueden reducir el riesgo de contraer cáncer de mama e impedir el desarrollo de tumores malignos. Además, matienen los huesos fuertes y alivian las hinchazones.

El abanico de posibilidades de consumir soja es enorme: habas tiernas (muy utilizadas para elaborar hamburguesas o albóndigas vegetales), tofu (o «queso» de soja), tempeh (un fermento muy vitamínico), «leche», harina, lecitina, miso (pasta fermentada), tamari (condimento), etc. Por si esta gama no fuera aún suficiente, pueden tomarse comprimidos de extracto de soja o soja en polvo, que aunque no contengan la fibra y los carbohidratos de las habas, poseen los principios activos y pueden añadirse en preparados de varios tipos, desde un revuelto a una sopa, o con los cereales para el desayuno.

TOMATE

Hace algunos años, el tomate apareció en los titulares de periódicos de todo el mundo gracias a un investigador de la Universidad de Harvard, Edward Giovannucci, quien explicaba las ventajas de una dieta basada en salsa napolitana, pizza y tomates cocidos para prevenir varios tipos de cáncer, especialmente el de próstata. Según el científico, este efecto se debe al licopeno, un antioxidante de color rojo que abunda en el tomate.

Un comprimido de licopeno tiene 5.000 mg de esta sustancia, extraída de las semillas del tomate. A pesar de que la investigación de

Giovannucci apuntaba a estudiar los efectos del tomate en sí, se concluyó que el licopeno es el responsable de que este fruto pueda reducir el riesgo de cáncer, aunque no se descarta que otros componentes influyan en el proceso.

ZANAHORIA

A lo largo de este libro veremos las innumerables propiedades que posee esta hortaliza. Los comprimidos pemiten consumir zanahoria deshidratada y triturada de una manera rápida y cómoda. Los carotenos que contiene y la vitamina E la convierten en una protectora de la oxidación producida por mecanismos externos y preventiva de la pérdida progresiva de la elasticidad de la piel. Pero, además, por su contenido en provitamina A está considerada como uno de los mejores complementos dietéticos protectores de la vista.

La ingestión de nutracéuticos podría ser la forma de prevención más eficaz para estados carenciales del organismo.

Los congelados

Hace poco, en un curso de cocina japonesa al que asistí, una compañera comentaba que es posible vivir sin nevera, y como prueba de ello mencionaba a su abuela, que vivía en un pueblo de Portugal con la popular «fresquera». Con el ritmo de vida que nos hemos impuesto, este electrodoméstico se ha convertido en algo indispensable. Y si las neveras son necesarias, ¿qué hay de los congelados? Hace algunas décadas, la congelación se presentaba como un sistema que ahorraba bastante tiempo: podían prepararse varios platos y congelarlos para consumirlos días más tarde. Pronto llegaron los platos precocinados ultracongelados y las frutas y verduras envasadas, limpias y troceadas para facilitar todavía más el trabajo de quienes no tienen tiempo, ganas o sapiencia culinaria. Sin embargo, ¿son tan buenos los productos congelados como los frescos? ¿Son fiables? Antes de contestar apresuradamente, cabe hacer algunas precisiones. Para empezar, no es lo mismo congelar la comida que hayamos preparado que adquirirla precocinada, ya que en este último caso habrá que tener en cuenta que suele añadirse aditivos no siempre saludables.

El congelado en sí detiene o disminuye los procesos de degradación biológicos, ya que los microorganismos no se reproducen a bajas temperaturas, si bien tampoco desaparecen. Al descongelar los alimentos las bacterias vuelven a entrar en acción, por lo que habrá que cocinar rápidamente el alimento.

A pesar de su utilidad, hay que tener en cuenta que la congelación empobrece el contenido nutricional de frutas y verduras. En la mayor parte de los casos se pierden las vitaminas C y E, el ácido pantoténico y la piridoxina (vitamina B_6), así como otras del complejo B. Si además se tiene en cuenta que, por lo general, se escaldan antes de congelarse, comprobaremos que se pierde una parte considerable de las vitaminas hidrosolubles.

La estructura celular de los alimentos vegetales y animales tampoco queda indemne, ya que la congelación tiende a alterar y, en algunos casos, a destruir los tejidos, con la consiguiente pérdida de nutrientes. A medida que la temperatura desciende, las células de los tejidos sufren un proceso de dilatación que hace que sustancias antes separadas se mezclen y den lugar a reacciones químicas que afectan a las características organolépticas, a la textura del producto o a los mismos nutrientes, de ahí que aparezcan olores y sabores extraños, una pigmentación diferente de la que presenta el producto natural y que suele ocultarse mediante la adición de colorantes. De hecho, el cambio del sabor y del olor se debe a reacciones producidas por enzi-

Consejos para el uso de congelados

- Hay que recurrir a ellos sólo en contadas ocasiones.
- Deben evitarse los platos elaborados o las combinaciones con verduras que puedan tener aditivos (empanadillas, rebozados, pizzas, menestras, paellas, y un largo etcétera).
- Nunca puede descuidarse la fecha de caducidad.
- El alimento debe cocinarse o consumirse tan pronto se haya descongelado.
- Un alimento descongelado no puede volver a congelarse.
- La cadena de frío debe mantenerse en todo momento: desde el lugar de compra hasta el congelador de casa.

mas oxidantes o hidrolizantes que alteran los compuestos grasos de las hortalizas. La decoloración en vegetales y frutas congeladas se debe, en cambio, a la degradación de clorofilas, carotenoides, antocianinas y otros pigmentos naturales.

Por otro lado, es posible adquirir verduras congeladas a las que no se han añadido aditivos. La col en todas sus variedades, la cebolla, el ajo, los guisantes, las judías verdes, las acelgas y las espinacas resisten bastante bien. Sin embargo, en cuanto se asocian con otros ingredientes como patatas, arroz, cremas, etc., la aportación de los aditivos es forzosa. Lo mejor en estos casos es leer las etiquetas. Las tablas de aditivos os serán muy útiles para saber cuáles son los aditivos más perjudiales. No obstante, hay que tener en cuenta que algunos productos, como las patatas para freír o las ensaladillas, reciben una cantidad tan pequeña de aditivos, que no suelen especificarlos entre los ingredientes.

Para evitar confusiones, puede seguirse el siguiente principio: cuanto más elaborada sea la preparación de un alimento, más posibilidades habrá de que contenga aditivos.

Además de todas estas prevenciones, es necesario mantener la cadena de frío. El tiempo que debe transcurrir entre la adquisición del producto y su colocación en el congelador debe ser el menor posible. Por ello algunas empresas se han especializado en servirlos a domicilio transportándolos en camiones especialmente habilitados.

Muchos expertos en nutrición opinan que es preferible poco alimento y fresco que mucho y elaborado. Pero, ¿qué podemos hacer cuando no es posible disponer de tiempo para cocinar? Todo es cuestión de organizarse. Un día podemos preparar algunos platos en casa y guardarlos en el congelador, y otros contentarnos con algo más sencillo pero no menos nutritivo. Además, la ensalada diaria que recomiendan los expertos tampoco lleva mucho tiempo. La comida es una buena manera de manifestar nuestro cariño. Los congelados son demasiado impersonales.

Los alimentos transgénicos

El último estandarte de la avanzada científica aplicada a los alimentos son los comestibles modificados genéticamente o «transgénicos».

Los alimentos modificados genéticamente son el último estandarte de los avances científicos aplicados a la alimentación.

Hace unos años, el mero hecho de pensar en que se podría conseguir que un tomate durara más tiempo, no tuviera semillas o que su color, forma y tamaño fuesen idénticos a los del resto de la plantación podía parecer más una ocurrencia de un escritor de novelas de ciencia ficción que una realidad. En la actualidad, ya es posible comprar una mazorca de maíz transgénico en una verdulería.

¿QUÉ SON LOS TRANSGÉNICOS?

Se consideran como tales todos aquellos microorganismos, plantas o animales que han sido manipulados por medio de técnicas de ingeniería genética para modificar la estructura de su ADN. Esta alteración consiste generalmente en suprimir un gen o añadir otro de un organismo vegetal o animal diferente que le otorgará una propiedad nueva. Algunas especies vegetales han sido tratadas para resistir la acción de ciertos parásitos o insecticidas. La sigla que los identifica como tales es OGM (Organismos Genéticamente Modificados).

¿VENTAJAS O INCERTIDUMBRE?

Las principales ventajas que aducen las multinacionales que desarrollan esta nueva técnica y los laboratorios públicos de investigación son el aumento de la calidad y la cantidad de la producción agrícola y la protección del medio ambiente. Sin embargo, sus ventajas no están demasiado claras y son muchos los colectivos que rechazan su uso y exponen los problemas de salud y medioambientales que pueden desarrollar a medio y largo plazo, sin olvidar, por otra parte, el futuro y la independencia de los agricultores.

Hay que tener en cuenta que los tests toxicológicos crónicos para esta nueva generación de alimentos aún no se han realizado. ¿No significará esto que estamos todos implicados en un experimento científico cuyas consecuencias se desconocen?

Plantas como el maíz han sido especialmente manipuladas para que resistan a los herbicidas.

El problema principal radica en que apenas hay seguimiento posible, por lo que los errores pueden ser hasta cierto punto irreversibles. En la terapia genética los pacientes son voluntarios y están sometidos a vigilancia médica. En cambio, con los alimentos transgénicos no hay nadie que nos asista.

G. E. Seralini, investigador en el Laboratorio de Bioquímica y Biología Molecular de la Universidad de Caen, en Francia, ha dicho acerca de los OGM: «Un día, los presidentes y miembros de las comisiones deberán responder públicamente de la calidad científica de los informes por los cuales han dado una opinión favorable para su distribución. Si se difundieran por Internet evaluaciones de toxicología de los OGM, que han dado lugar a las decisiones para la comercialización en Europa, la comunidad científica sonreiría amargamente al ver a las tres vacas o a las diez ratas tratadas, de las cuales se nos presentan experimentos incompletos y a corto plazo».

EL CRECIMIENTO DEL CULTIVO TRANSGÉNICO

Hay plantas que han sido especialmente manipuladas para que resistan a los herbicidas, como el maíz, la soja y el algodón. Las empresas fabricantes afirman que es una gran ventaja para el agricultor, quien puede aplicar productos antiparasitarios sin temer por sus cultivos.

A pesar de que se supone que los transgénicos reducen las aplicaciones de los productos químicos, el consumo de herbicida aumenta (tal como se ha comprobado con la marca Round'Up de Monsanto) en las regiones donde se han introducido cultivos de especies transgénicas. En Argentina, por citar un ejemplo, el consumo se ha triplicado en tres años: se ha pasado de los veinte millones de litros a los sesenta. Por si fuera poco, hay que tener en cuenta que las plantas empapadas de herbicidas o de productos procedentes de su degradación se utilizan para la alimentación animal. Existen además otras plantas, conocidas como Bt, que son resistentes a ciertos insectos como, por ejemplo, el taladro del maíz, y producen por sí mismas toxinas insecticidas en todas sus células a lo largo de todo su ciclo vegetativo. Por otro lado, la polinización cruzada entre plantas transgénicas y no transgénicas provoca contaminaciones incontrolables, como se ha demostrado recientemente en Francia.

¿Y LOS AGRICULTORES?

¿Qué pasa con el agricultor que no desea sembrar variedades transgénicas? ¿Y qué pasa con el productor bio a quien se le puede

Aunque se cree que los transgénicos reducen las aplicaciones de productos químicos, el consumo de herbicida va en aumento.

retirar la mención oficial de agricultura biológica por este motivo y que, además, no tendrá ninguna posibilidad de interponer un recurso?

Desde siempre, el agricultor ha producido sus propias semillas; sólo recientemente, con la aparición de los híbridos para algunos cultivos, se ha visto obligado a comprarlas cada año. Sin embargo, más de mil millones de personas dependen todavía de las semillas producidas en la propia finca y las multinacionales de la biotecnología pretenden confiscar este derecho al agricultor. Cada semilla transgénica está patentada y el agricultor que las utiliza no tiene derecho a volver a sembrar el producto de su cosecha. ¿Qué significa esto? Pues que deberá pagar cada año regalías a las multinacionales.

La investigación pública está orientada en gran parte hacia las biotecnologías, y el retraso que lleva en las indagaciones al respecto también va en detrimento de las investigaciones de la agricultura biológica.

FUTURO IMPERFECTO

Muchos sitúan la polémica de los transgénicos en el gran álbum de la eugenesia que, de un tiempo a esta parte, se engrosa con rapidez: clonación, transcripción del mapa del genoma humano... Sin embargo, ¿comer alimentos mejorados genéticamente puede considerarse un progreso? ¿Por qué no puede afirmarse que a medio y largo plazo sus efectos serán, si no beneficiosos, al menos inocuos? ¿Acaso aumentan nuestras defensas o prolongan nuestra vida? Demasiados interrogantes para el futuro perfecto que muchos auguran.

Por todas estas razones, o a veces solamente por algunas de ellas, las asociaciones ecologistas del mundo entero organizan hoy en día campañas pidiendo una moratoria inmediata y total sobre la comercialización y el cultivo de los OGM, la prohibición de patentar los seres vivos y un desarrollo de las investigaciones públicas sobre las agriculturas alternativas.

Los alimentos irradiados

No se oye hablar con tanta frecuencia de este tipo de alimentos a pesar de que hace ya muchos años que existen. Para definirlos de un modo estricto, puede decirse que han sido sometidos a dosis de radiaciones ionizantes para que puedan conservarse por más tiempo.

UN POCO DE HISTORIA

La técnica, a pesar de que tuvo cierta repercusión en la prensa hace unos años, se remonta a principios del siglo XX. En 1916 se realizó una de las primeras pruebas en Suiza. Con todo, no fue hasta 1953 cuando el método comenzó a desarrollarse en Estados Unidos con la creación del programa «Átomos por la paz», que trataba de aplicar la tecnología nuclear a usos civiles. Cuatro años después, en Alemania se utilizó por primera vez la radiactividad en el sector alimentario esterilizando las especias que se utilizaban para condimentar las salchichas. La Unión Soviética fue el primer gobierno que permitió la irradiación de alimentos en 1958. Desde entonces, más de treinta países han permitido la irradiación en 28 tipos distintos de alimentos destinados al consumo humano. Actualmente los principales países que utilizan esta técnica son China, Suráfrica y algunos países de la antigua Unión Soviética.

La exposición de los alimentos a la radiación pretende aumentar su tiempo de conservación.

¿EN QUÉ CONSISTE?

Para irradiar los alimentos, generalmente se utilizan instalaciones permanentes, aunque también se han desarrollado modelos de campo que pueden utilizarse en los cultivos o en los grandes barcos de pesca.

Como fuentes de radiación se utilizan principalmente el cobalto 60 y el cesio 137, ambos residuos radiactivos procedentes de centrales nucleares. También se pueden emplear rayos X, si bien se requieren ciertas precauciones para evitar que sobrepasen el límite de radiación permitida. Las dosis de radiación varían según la normativa: mientras el Código Alimentario sitúa su límite en 10 meV (millones de electrovoltios), la Food and Drug Administration (FDA) estadounidense recomienda que no se sobrepase 1 meV. Para hacernos una idea más concreta, esto supone multiplicar por diez millones o por cien la radiactividad empleada para hacer una radiografía. El límite, a pesar de su magnitud, es seguro, ya que sólo por encima de 10 meV un alimento se convierte en radiactivo.

LOS DISTINTOS OBJETIVOS DE LA IRRADIACIÓN

Según el nivel de radiación al que son sometidos los alimentos, se consiguen diferentes efectos.

- **Radiorización.** Se someten los alimentos a dosis bajas de irradiación. De este modo se evita que las patatas y las cebollas germinen, que la fruta se pudra, y que los granos almacenados sucumban a las plagas.

- **Radicidación.** Con dosis medianas de radiación se reduce el número de microorganismos que degradan los alimentos (levaduras, mohos y bacterias), se prolonga su tiempo de conservación y se reduce el riesgo de intoxicaciones, como la producida por la salmonela.

¿Qué sucede con la irradiación de los alimentos?

Se producen daños en la mayoría de las vitaminas, especialmente las A, C, D, E y K, así como en algunas de las del grupo B; sobre todo la B_1, que se destruye rápidamente durante el almacenamiento. La vitamina E desaparece por completo, aun si después se agrega. Esto es sumamente importante en alimentos como frutas y verduras, ya que son la principal fuente de vitaminas de muchas dietas. Luego, a esta pérdida vitamínica por irradiación hay que sumarle la que se produce por alargar el tiempo de conservación y la que se debe a la cocción del alimento.

Se altera el sabor y la textura de los alimentos (especialmente en el pescado, las carnes, los aceites y otras grasas), además de su estructura química, en la medida en que se crean nuevos componentes químicos conocidos, como productos radiolíticos o radiolitos. Algunos son similares a los que aparecen cuando simplemente se cocina un alimento, pero otros son específicos de la radiación como el benceno, el formaldehído y otros conocidos como mutagénicos y carcinógenos. La cantidad de radiolitos que aparecen en un alimento depende del nivel de radiación a la que ha sido sometido, y en muchos casos no existe el control necesario para asegurar que se ha realizado dentro de los límites establecidos.

Se pueden producir mutaciones en los insectos, bacterias y virus que se pretenden destruir.
Por si fuera poco, la radiación no sólo no elimina las toxinas producidas por las bacterias (aflatoxinas), sino que puede aumentar su producción y aunque es cierto que elimina las levaduras, los mohos y otros microorganismos responsables de los malos olores, también impide detectar un alimento en mal estado.
La irradiación puede ser utilizada para eliminar otras medidas de higiene: hay alimentos que no cumplen la normativa respecto a contaminación alimentaria que son irradiados y puestos a la venta.

- **Radappertización.** Los niveles de radiación son más altos para esterilizar completamente los alimentos. Si se somete la carne a este proceso, puede conservarse casi indefinidamente.

Además de la conservación, la irradiación de alimentos tiene otras propiedades de las que se beneficia la industria alimentaria: aumenta la calidad panadera de la harina de trigo, ya que permite que pueda mezclarse con harina de soja, confiere propiedades antioxidantes al azúcar (que puede sustituir a otros aditivos), aumenta la cantidad de zumo que se extrae de las uvas, «envejece» vinos y licores, etc.

LOS EFECTOS

Los defensores de la irradiacón alegan que este sistema de conservación prolonga el tiempo de conservación de los alimentos sin necesidad de recurrir a conservantes, colorantes y otros aditivos. Tal afirmación no es del todo exacta, pues la irradiación tiene efectos negativos sobre los alimentos que sólo pueden paliarse con el uso de sustancias que se aplican antes y después de someter el producto a la radiación. Por si fuera poco, no sustituye a otros métodos de conservación, ya que los alimentos muchas veces deben ser, además de irradiados, refrigerados.

EL ETIQUETADO DE LOS ALIMENTOS IRRADIADOS

En Europa existe desde 1979 una directiva que obliga a indicar en la etiqueta los procesos a los que ha sido sometido un producto alimentario, irradiación incluida. Pero el problema está en aquellos productos que no se venden etiquetados, como las frutas y verduras frescas, que se venden a granel. En cuanto a las etiquetas de los alimentos irradiados, es de esperar que además de llevar un símbolo identificatorio, informen fehacientemente sobre las pérdidas nutricionales y figure una fecha que indique la antigüedad de los productos, ya que pueden parecer frescos durante mucho tiempo.

¿POR QUÉ SE IRRADIAN LOS ALIMENTOS?

La irradiación de alimentos, lejos de ser una solución para sus problemas de conservación, es un método más entre los muchos que existen. Pero, ¿es inocua? Podría deducirse que si la Unión Europea ha obligado a sus países miembros a autorizar su uso, es porque no representa problemas graves para la salud humana. Sin embargo, como hemos visto en un apartado anterior, es un método que se puede utilizar como «encubridor» de procesos naturales de los alimentos. Tampoco hay que olvidar que se puede complementar con otros sistemas de conservación o los mejora, con lo que el resultado final no deja de ser un alimento desnaturalizado. ¿No cabe la sospecha de que la irradiación tenga más que ver con la necesidad de la industria alimentaria de almacenar los alimentos durante tiempos prolongados y de transportarlos a grandes distancias (evitando así las mayores pérdidas posibles), que con las necesidades del consumidor? No debemos olvidar los orígenes de esta técnica, que no es precisamente la industria alimentaria sino la industria nuclear, para la que significaría, ni más ni menos, la solución al problema de reciclado de residuos. De hecho, un 36 % del presupuesto de la IAEA (International Atomic Energy Authority) se destina a investigar usos de la energía nuclear en alimentación y agricultura, además de intentar convencer a la comunidad científica de la bondad de la irradiación de alimentos.

Alimentos de cultivo biológico

Los productos biológicos, cultivados sin uso de agroquímicos y respetando los ritmos naturales, son equilibrados y muy ricos en nutrientes.

En estos tiempos que corren, repletos de productos de escasa calidad (y por ello de escaso precio), resulta difícil hablar de alimentos maravillosos a no ser que una leyenda que rece «de procedencia biológica» absuelva de culpa y cargo al producto en cuestión. Pero, ¿significa esto que un alimento que presuma de su buena calidad ha de ser forzosamente biológico?

EN DEFENSA DE LO BIOLÓGICO

Podríamos comenzar diciendo que el cultivo biológico produce animales saludables, alimentos más frescos que conservan sus propiedades naturales, y que además no maltrata al medio ambiente ni al agricultor porque ni los animales ni las frutas ni los vegetales albergan fertilizantes artificiales, ni tampoco los cientos de insecticidas, pesticidas, fungicidas, herbicidas, ceras, hormonas, antibióticos y otros aditivos que sí están en los comestibles no biológicos. No obstante, algunos alimentos biológicos pueden estar expuestos a la contaminación (por los residuos que pueden estar en el agua, la tierra y el aire) o a los pesticidas que sí se utilizan en la granja vecina.

A diferencia de los suelos que han sufrido abusos químicos, los mantenidos biológicamente son ricos, bien equilibrados y con los microorganismos y bacterias naturales que debe tener. El compost, como base de fertilización, hace del suelo un medio idóneo para albegar vida y alimentar a los microorganismos que lo habitan y que son los que pondrán a disposición de la planta los elementos que necesita para su correcta alimentación. La fertilización química mata la vida microbiana del suelo. La diferencia es notable, ya que los productos biológicos poseen una mayor proporción de nutrientes, mientras que los industriales lo único que aportan son toxinas.
Por otra parte, hay otro elemento en juego, esta vez de carácter estrictamente ecológico: cada vez que se adquiere un producto biológico, se ayuda a mantener la biodiversidad del planeta y se evita la muerte de plantas, pájaros, insectos útiles, pequeños mamíferos, etc.
La agricultura convencional utiliza numerosos productos para matar todo tipo de organismos que puedan perjudicar el desarrollo de la planta, desde insectos a malas hierbas. Estos productos químicos no son inocuos, ni aun en dosis mínimas. Tampoco lo son sus efectos a largo plazo en nuestros campos y en nuestros organismos.
Por lo que respecta a la presencia de residuos de plaguicidas en los vegetales, los últimos informes de la Unión Europea señalaban que alrededor del 36 % los contenían y que un 2 % superaba el máximo permitido. En España en particular, las frutas se llevan la palma, ya que tienen hasta un 60 % (destacan la naranja y el melocotón, con mayor índice de contaminación). Luego le siguen las hortalizas, con un 26 % y los cereales, con un 15 % (el arroz en mayor proporción).

¡Atención con los cereales!

Los cereales integrales, muy recomendables en la dieta por su aporte de fibra y minerales, conviene que sean de cultivo biológico. Los que han sido cultivados por la industria agroquímica llevan pesticidas que quedan en mayor proporción en la cáscara y resultan más peligrosos que los refinados.

Evidentemente, los animales no están a salvo, y al consumir alimentos con toxinas, producen muchas más. Si además se les suministran hormonas, dioxinas, antibióticos y otros fármacos, el resultado puede ser terrible.
Por si fuera poco, no es ningún secreto el modo en que se mantienen los animales destinados para el consumo: mal alimentados y hacinados en condiciones pésimas. ¿Por qué debe permitirse ese maltrato? ¿Para luego comer las carnes de animales estresados y enfermos? Tal vez esto merece una reflexión acerca de la responsabilidad que nos compete para que esto suceda.
Los consumidores de carne tienen la opción de comprar las de procedencia biológica, donde los animales están cuidados, se los alimenta «a la antigua» con cereales, semillas y otros productos biológicos, y no se altera su metabolismo. Y esto no se limita solamente al consumo de carnes animales: los ovolactovegetarianos deben tener en cuenta que los yogures, la leche, los huevos o los quesos también pueden proceder de un animal criado de una u otra manera según los productos sean orgánicos o no.
Como decíamos al principio, la mejor solución consiste en comprobar si la etiqueta tiene el distintivo de «producto biológico» que obligatoriamente deben llevar los alimentos biológicos, además de estar avalados por un organismo autorizado para ello. En

Cada vez que se adquiere un producto biológico se obtiene una mayor cantidad de nutrientes y se ayuda a mantener la biodiversidad del planeta.

España existe un Consejo Regulador de Agricultura Ecológica (CRAE) y cada comunidad autónoma tiene sus competencias al respecto. En el resto de Europa también hay organismos de control que avalan y garantizan la calidad biológica de los productos.
De este modo, puede tenerse la garantía de que son producidos de acuerdo con rigurosos criterios que no permiten el añadido de sustancias artificiales y que se han respetado los ciclos naturales, sin utilizarse productos sintéticos.

¿Y el agua?

Un elemento tan indispensable para la vida como es el agua también sufre la acción de la agroquímica, puesto que algunos fertilizantes y productos químicos empleados proceden de tierras cultivadas con productos no biológicos que, a través de ríos, lagos, pozos, arroyos o aguas subterráneas, llegan inevitablemente hasta el grifo de nuestro hogar.

LA ELECCIÓN MÁS JUSTA

La agricultura biológica mantiene la población rural y preserva la cultura y las tradiciones campesinas. También impulsa la creación de puestos de trabajo en el campo, ya que este tipo de agricultura requiere por sus propias características la presencia de los agricultores. Por otra parte, no existe una dependencia respecto las empresas multinacionales acerca de semillas y productos fitosanitarios. En este caso, los campesinos son gestores de sus propias tierras.

LO MEJOR PARA NUESTRA SALUD Y PARA EL PLANETA

En la actualidad, por la manera despiadada en que algunos sectores de la industria tratan el suelo y los animales, es de agradecer que haya personas que se preocupen por cambiar las cosas. Tal vez la principal objeción para abandonar los productos industriales sea el coste, mucho más elevado, de los biológicos, pero ¿es esto tan real como parece o nos pasará factura tarde o temprano el consumo indiscriminado de toxinas? No cabe duda de que el consumo de productos biológicos contribuye a fortalecer nuestro sistema de defensas, lo que significa mantenerse alejado de médicos y medicamentos, de bajas por enfermedad y, con el tiempo, poder llegar a una vejez sin los achaques «propios de la edad». Por eso, a lo largo de este libro se repite la expresión «siempre que sea posible» cuando se recomiende el consumo de alimentos biológicos. Por otra parte, hay que tener en cuenta que su aporte energético es mucho mayor que el de los productos industriales y que, por tanto, hay que adquirirlos en menor cantidad.

POR QUÉ ESCOGERLOS

La Soil Association, una de las instituciones que avalan y certifican los productos biológicos, propone diez buenas razones para preferir los productos biológicos:

1. Proteger las generaciones futuras.
2. Pagar el coste real de la comida auténtica.
3. Tener garantías que no dependan de las grandes empresas.
4. Proteger la calidad del agua.
5. Disfrutar de la calidad de los alimentos.
6. Evitar la ingestión de productos sintéticos.
7. Reducir el calentamiento del Globo y ahorrar energía.
8. Prevenir la erosión del suelo.
9. Mantener una economía de pequeños productores.
10. Ayudar a restablecer la biodiversidad.

Los superalimentos

El lector ávido de novedades puede sentirse un tanto desengañado cuando, a lo largo de estas páginas, advierta que los superalimentos poco tienen que ver con las nuevas tecnologías. Es más: sus cualidades dependen precisamente del respeto que muestre el agricultor por las labores tradicionales.

Si algo ha cambiado desde que nuestras abuelas tomaban tisanas cuando se sentían mal, es que ahora muchos remedios caseros tienen fundamentos científicos. La ciencia ha dado al saber popular su respaldo y lo ha despojado de creencias vanas. Los alimentos que se han consumido en las diversas regiones de Occidente desde tiempos inmemoriales, más algunas joyas obtenidas de culturas como las de Oriente constituyen un tesoro natural que debe tenerse en cuenta, tanto para gratificar el paladar como para aprovechar un sinfín de propiedades terapéuticas naturales. La mayor parte de los superalimentos pertenece al reino vegetal porque, en opinión de los especialistas, es el mejor camino para mantener un estado óptimo de salud o para recuperar, cuando cabe la posibilidad, el bienestar perdido. Sin embargo, este libro no está orientado sólo a los lectores convencidos de ello. Quienes consuman productos de origen animal, tendrán que escoger los de procedencia biológica, de lo contrario suponen un riesgo.

En diversos gráficos y tablas de este libro se puede encontrar más información, así como en las tablas finales.

«Solamente los alimentos frescos y vivos pueden capacitar al hombre para aprender la verdad». (Pitágoras, s. VI a.C.)

Alimentos para problemas hormonales

A muchas mujeres con problemas menstruales o menopáusicos, el término «estrógeno» les será familiar, ya que se trata de las hormonas sexuales femeninas. Los cambios hormonales que las mujeres experimentan a lo largo de su vida pueden provocar desde ligeras molestias hasta dolores realmente fuertes e incluso pueden hacer que muchas mujeres padezcan migrañas, un cuadro sintomático que va mucho más allá de un dolor de cabeza. La industria farmacológica ofrece una amplia gama de medicamentos que alivian las molestias que suelen padecerse cada mes.

Sin embargo, existen alimentos que pueden corregir estas alteraciones y además no tienen efectos secundarios. Los problemas en los cambios hormonales se deben a que el nivel de estrógenos en la sangre sube y baja estrepitosamente, y ahí es donde pueden actuar ciertos alimentos que evitan que el nivel de estrógenos no aumente demasiado. El dolor que suele aparecer durante estas alteraciones hormonales está relacionado con una sustancia llamada «prostaglandina», de la cual hay varios tipos. Unos alivian las inflamaciones y el dolor (PGE1 y PGE3) y otra, la PGE2, se relaciona con la inflamación,

Alimentos que deben suprimirse

• Los que contienen fuentes **grasas nocivas**: patatas fritas, snacks, mantequilla convencional de cacahuete, casi todos los productos de pastelería y conservas en aceite.

• **Productos animales** y sus derivados (carnes de cualquier tipo, huevos, quesos, leche y cualquier otro producto lácteo).

• **Grasas industriales, vegetales** o **animales** (mantequilla, margarina y aceites para cocinar).

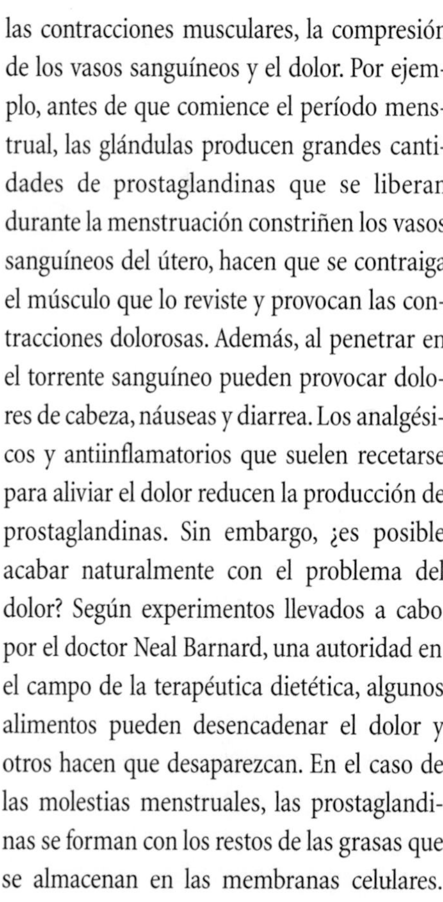

las contracciones musculares, la compresión de los vasos sanguíneos y el dolor. Por ejemplo, antes de que comience el período menstrual, las glándulas producen grandes cantidades de prostaglandinas que se liberan durante la menstruación constriñen los vasos sanguíneos del útero, hacen que se contraiga el músculo que lo reviste y provocan las contracciones dolorosas. Además, al penetrar en el torrente sanguíneo pueden provocar dolores de cabeza, náuseas y diarrea. Los analgésicos y antiinflamatorios que suelen recetarse para aliviar el dolor reducen la producción de prostaglandinas. Sin embargo, ¿es posible acabar naturalmente con el problema del dolor? Según experimentos llevados a cabo por el doctor Neal Barnard, una autoridad en el campo de la terapéutica dietética, algunos alimentos pueden desencadenar el dolor y otros hacen que desaparezcan. En el caso de las molestias menstruales, las prostaglandinas se forman con los restos de las grasas que se almacenan en las membranas celulares.

Aumentar el consumo de...

• **Cereales integrales** (ya sea como granos u otras preparaciones que los contengan, como copos, panificados o bebidas).

• **Frutas y verduras** (de todo tipo y en grandes cantidades).

• **Soja** (ya sea germinada, en grano, o como tofu o tempeh).

Después de muchas pruebas realizadas en mujeres con dolores menstruales fuertes, se comprobó que una dieta carente de grasas reducía los niveles de estrógeno de manera considerable. Y por si eso fuera poco, los investigadores que trabajan sobre el cáncer le han agregado méritos a este fenómeno, porque el descenso del nivel de estrógenos en la sangre ayudará a reducir el riesgo de cáncer de mama, ya que no habrá los estímulos suficientes para que las células cancerígenas se reproduzcan.

En el caso de que las reglas sean especialmente dolorosas, un cambio de dieta puede ser muy beneficioso. Muchas mujeres que han sustituido los productos animales por el consumo de vegetales y cereales han notado una gran mejoría. Al ingerir una cantidad mucho menor de grasas, la producción de estrógenos decrece.

Sin embargo, el cambio debe hacerse con ciertas precauciones para evitar carencias nutricionales. En el cuadro siguiente se indican cuáles son los alimentos que deben tomarse y los que conviene abandonar.

MOLESTIAS EN LOS PECHOS

Los estrógenos también son los responsables del desarrollo de los senos durante la pubertad. En algunas ocasiones, su concentración en los músculos mamarios puede llegar a causar dolores bastante molestos. Las recomendaciones dietéticas que se han dado también son útiles en estos casos. Por otra parte, algunas investigaciones señalan el consumo de sustancias presentes en el café, el té y el chocolate como posibles causas del dolor. Aunque los resultados no son lo suficientemente claros todavía, no está de más abstenerse de tomarlos durante la menstruación.

LOS COMPLEMENTOS DIETÉTICOS QUE AYUDAN

Además de cambiar la composición de la dieta, no estará de más recurrir a ciertos complementos que garanticen el aporte de los siguientes elementos.

• **Ácidos grasos esenciales ALA y GLA.** Al hablar de las prostaglandinas, ya se hizo referencia a la PGE1 (prostaglandina E1) y la PGE3 (prostaglandina E3). En los establecimientos especializados en productos dietéticos pueden encontrarse en forma de comprimidos que contienen dos tipos de grasa vegetal: el ácido alfalinolénico (ALA) y el ácido gammalinolénico (GLA). El primero es el responsable directo de la producción de PGE3 y se encuentra presente en verduras, frutas, legumbres, germen de trigo y aceites de lino y de nuez. Forma parte del grupo de ácidos grasos omega-3, al que pertenece también el aceite de pescado. El segundo se convierte en PGE1 y está presente en los aceites de borraja, onagra o prímula, grosella, cáñamo y en el alga espirulina. El aceite de onagra y el de borraja dan buenos resultados y pueden adquirirse envasados en cápsulas en farmacias y establecimientos especializados.

Como puede verse, no es necesario eliminar todas las grasas de la dieta. Basta con ver cuáles son las que producen estrógenos y cuáles prostaglandinas.

La mayor parte de los médicos naturistas no recomienda su ingestión continuada, sino más bien durante los días anteriores al período menstrual. Por otra parte, si se tiene en cuenta que los dolores van acompañados de trastornos físicos y psíquicos como retención de líquidos, problemas de erupciones cutáneas, ansiedad, hambre compulsiva, depresión, irritabilidad, cambios de humor repentinos, tensión o nervios, no estará de más consultar con el médico la posibilidad de combinar este método con otros más convencionales.

Las cápsulas de aceite de onagra proporcionan ácidos grasos esenciales muy beneficiosos para aliviar problemas hormonales.

• **Calcio.** Un equilibrio de calcio puede ayudar a reducir los dolores del período menstrual. Existen diferentes tipos de complementos cálcicos: carbonato cálcico, citrato cálcico (más recomendable porque se absorbe con mayor facilidad) y calcio-magnesio. No obstante, para conservar el aporte de calcio es mucho más importante evitar los alimentos que ayudan a la descalcificación, como las proteínas animales, el exceso de azúcar, sal o alcohol, los productos refinados, los diuréticos y el tabaco.

• **Isoflavonas de soja.** Son fitoestrógenos que ayudan a disminuir la actividad estrogénica en general.

• **Vitamina B_6 o piridoxina.** Al parecer, esta vitamina aumenta la producción de neurotransmisores que eliminan la sensación de dolor. Otro punto a su favor es que ayuda a expulsar los estrógenos del hígado. Se pueden obtener muy buenos resultados combinándola con magnesio o mejor aún con GLA.

Plantas como la alfalfa o la regaliz tienen actividad fitoestrogénica y pueden tomarse en forma de suplementos.

¿Cuándo se recomienda la ingestión de fitoestrógenos?

- Ante la presencia del síndrome premenstrual.
- En caso de tener irregularidades hormonales.
- En caso de problemas de infertilidad (sin causa orgánica cierta).
- Durante y después de la menopausia. En este período, como el organismo produce menos estrógenos, los fitoestrógenos pueden ayudar a reducir los síntomas característicos de la menopausia.

¿Dónde podemos encontrarlos?

- Verduras: patata, ñame, batata, hinojo, zanahoria y remolacha.
- Legumbres: soja (en todas sus formas), lenteja (especialmente en su forma germinada), guisante, alubia (blanca, pinta, negra, roja), judía verde, garbanzo (especialmente en su forma germinada).
- Cereales: arroz integral, avena integral, cebada perlada, centeno integral.
- Semillas: sésamo, lino.
- Fruta: cerezas, dátiles, manzanas, granadas.
- Plantas aromáticas y otras plantas: anís verde, salvia, ajo, lúpulo, trufas.

• **Ñame.** Es el precursor de la progesterona natural, una hormona que se opone a la acción de los estrógenos durante la ovulación. El complemento es un preparado natural cuyo principio activo se encuentra en el ñame de forma idéntica a la progesterona humana. Según las investigaciones al respecto, la cantidad que aparece en el alimento cocinado no es suficiente, por lo que hay productos con el componente aislado de progesterona en las cantidades adecuadas para producir beneficios. También es posible encontrar crema de uso tópico que contiene ñame y que se puede complementar con la toma de suplementos de estrógenos en los casos de mujeres menopáusicas. Pregunta a tu médico naturista sobre este equilibrador hormonal.

La dieta adecuada

Teniendo en cuenta la recomendación de consumir frutas, verduras y cereales integrales te puedes servir de la lista de alimentos con mayor índice de fitoestrógenos para confeccionar tus propios menús, que además de sanos pueden ser muy sabrosos.

• **Los fitoestrógenos.** Hay un grupo de hormonas «buenas» que nos brinda el reino vegetal: las fitormonas o fitoestrógenos. Se trata de débiles estrógenos procedentes de las plantas que reducen los efectos que producen los estrógenos. Algunas plantas son más ricas que otras en fitormonas.

Se cree que las personas vegetarianas poseen un nivel de fitoestrógenos mayor que el de las personas que siguen una alimentación mixta, debido a que los vegetarianos suelen escoger con más atención los alimentos, privilegiando los integrales, frescos y de procedencia biológica porque se produce una sinergia entre varios vegetales, es decir, un potenciamiento de los efectos de las diversas asociaciones, cuando se consumen en cantidad, y porque el consumo de alimentos de origen animal podría influir negativamente en el nivel de fitoestrógenos disponibles en el organismo. De momento se trata de datos no confirmados, pero lo que sí es cierto es que los productos de origen animal suelen ser origen de muchos trastornos.

Alimentos que previenen el envejecimiento prematuro

Si hay dos palabras de moda en el campo de la dietética actual son «radicales libres» y «antioxidantes», o como en las películas, «villanos» y «héroes». Los antioxidantes de los alimentos han existido siempre; la novedad son los radicales libres. ¿Pero quiénes son estos «villanos»? Los radicales libres son moléculas muy inestables y destructivas (si se reproducen de manera descontrolada), formadas por los desechos de las células.

Tienen una acción tóxica sobre las células del organismo y alteran los tejidos, provocando un envejecimiento acelerado o prematuro que se conoce como «oxidación celular», así como cáncer u otras afecciones que implican un organismo intoxicado. Los radicales libres han aumentado al hilo del progreso: contaminación ambiental, compuestos químicos tóxicos, «adicción» a los medicamentos, estrés físico y emocional, tabaco, exposición a radiaciones, alimentación inadecuada o con agroquímicos, tomar el sol de manera inconveniente…

Todos estos factores impactan en el organismo bajo la forma de radicales libres, cuyos dañinos efectos son contrarrestados por la «brigada» antioxidante, presente tanto en numerosos alimentos como complementos dietéticos (curiosamente existe un complejo antioxidante que se denomina «Comando 2000»). Pero los beneficios de los antioxidantes no se limitan a combatir el envejecimiento prematuro o ayudar en la prevención del cáncer; también son útiles en afecciones como la artritis, el síndrome de fatiga crónica y los trastornos del corazón.

ANTIOXIDANTES PREVENTIVOS DEL CÁNCER

«Cáncer» es una de esas palabras temidas que nunca desearíamos pronunciar, ni mucho menos padecer. Pero antes de hablar de prevención surgen dos preguntas: ¿Cómo comienza? y ¿A qué se debe? El inicio del cáncer se presenta cuando una célula comienza a multiplicarse descontroladamente para luego dividirse una y otra vez transformándose en una masa que invade los tejidos, pudiendo desarrollarse en alguna parte específica del cuerpo.

Las causas del riesgo de contraer cáncer se deben o bien a factores genéticos o bien a otro tipo de agentes potencialmente controlables como la dieta o la contaminación (tabaco, radiación, productos tóxicos). Hay estudios que certifican que un porcentaje que oscila entre el treinta y el sesenta por ciento de casos de cáncer son producidos por determinados alimentos que estimulan la producción de células cancerígenas. Pero esto no debe ser un dato alarmante porque siempre hay que tener

El riesgo de contraer cáncer se debe a factores genéticos o a factores controlables, como la dieta y la contaminación.

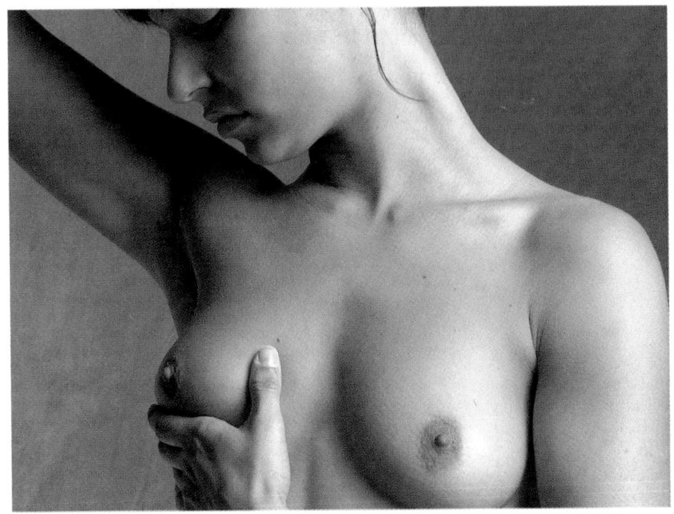

Las dietas ricas en verduras, frutas, cereales y legumbres disminuyen el riesgo de padecer cáncer.

en cuenta la incidencia de los otros factores y sobre todo de nuestra arma fundamental: un sistema inmunológico fortalecido. Lo que comemos es tan importante, que la Fundación Mundial de Investigación del Cáncer y el Instituto Americano de Investigación del Cáncer han llegado a la conclusión de que una nutrición correcta puede reducir la incidencia de varios tipos de cáncer hasta un cuarenta por ciento. Los que están más estrechamente relacionados con la dieta son los que se manifiestan en órganos controlados por las hormonas sexuales (próstata, mamas, útero y ovarios) y también en aquellos que se presentan en órganos relacionados con el aparato digestivo (estómago, esófago, hígado, páncreas y colon). Las investigaciones contrastadas entre sociedades tan dispares como la japonesa y la norteamericana han detectado dos constantes predominantes: las dietas ricas en productos animales y ricas en grasas tienden a incrementar el riesgo de cáncer, mientras que las verduras, las frutas, los cereales y las legumbres lo disminuyen. Además, hay alimentos sospechosos de incidir en el desarrollo de distintos tipos de cáncer.

• **Cáncer de mama.** Está muy relacionado con la producción de estrógenos. Las recomendaciones apuntan a eliminar las grasas, sobre todo de origen animal, y aumentar el consumo de fibra a través de granos y vegetales. ¡Atención con los lácteos! La Asociación de Médicos para una Medicina Responsable de Washington descubrió que el problema no sólo estaba en la grasa de la leche sino también en los estrógenos que ésta contiene. En efecto, el ganado vacuno se mantiene en continuo estado de lactancia para conseguir la máxima productividad de leche, aunque el punto importante es que ésta contiene factores de crecimiento que ayudan a los terneros a crecer rápidamente. Uno de ellos, llamado IGF-1, significa un estímulo para el desarrollo de las células cancerígenas mayor que los estrógenos.
Por otro lado, es posible que el alcohol también represente un peligro para el cáncer de mama: una copa al día puede aumentar el factor de riesgo en más de un cincuenta por ciento.

• **Cáncer de útero y de ovarios.** Estudios realizados en la Universidad Johns Hopkins permitieron descubrir que cuanto mayor es el índice de colesterol, mayor es el de cáncer de ovarios. Las grasas animales representan de nuevo el papel de «villanos» porque no sólo son responsables de aumentar el nivel de colesterol, sino que también están ligados a la producción de estrógenos, hormonas muy vinculadas con los órganos sexuales.
En la Universidad de Harvard también hallaron otro motivo para desaconsejar los productos lácteos: la galactosa, un azúcar potencialmente peligroso para los ovarios. Los productos desnatados también están incluidos en este grupo.

• **Cáncer de próstata.** Del mismo modo que las mujeres tienen problemas con la producción de estrógenos, los hombres los tienen con la hormona llamada «testosterona». El aporte de grasas propicia la producción de testosterona y eso estimula el desarrollo de células cancerígenas.

• **Cáncer del aparato digestivo.** El cáncer de esófago suele relacionarse con el uso frecuente de bebidas muy calientes, alimentos en conserva, o con el alcohol y el tabaco, que

aumentan considerablemente el riesgo de padecerlo.
El cáncer de estómago se vincula con los ahumados y los alimentos en salazón.
El cáncer de páncreas se cree que está influenciado por el consumo de carnes, alcohol y café.
El cáncer de colon (vinculadísimo a todo lo que comemos, ya que todo va a parar ahí), tiene un potencial enemigo en las carnes, en particular de vaca y pollo. Pero puesto que generalmente las carnes se cocinan para su consumo, los problemas se presentan precisamente en ese acto: al cocinarlas. Las proteínas animales, al ser sometidas al calor, producen unas sustancias cancerígenas llamadas «aminas heterocíclicas».
Todos estos datos no son simples teorías, sino que aparecen como realidades una y otra vez en las estadísticas sobre el cáncer. Por fortuna, hay muchas sustancias con propiedades anticancerígenas en determinados alimentos antioxidantes.

ANTIOXIDANTES PREVENTIVOS DEL ENVEJECIMIENTO PREMATURO

La vejez es un proceso natural e inevitable por el que todos pasaremos en algún momento, siempre que no se descubra finalmente el elixir de la eterna juventud. Muchas veces relacionamos este período de la vida con deterioro o enfermedad, ¿pero cabe alguna posibilidad de que las cosas sean diferentes? Descartando procedimientos costosos como la cirugía estética o los tratamientos rejuvenecedores con implantes de células jóvenes, hay otros métodos mucho más accesibles para llegar a ser unos «viejos sanos y bellos»: un poco de ejercicio, bastante sentido del humor, tomarse las cosas con calma, tener el hábito de meditar y, cómo no, seguir una dieta adecuada. Muchos jóvenes se creen inmunes a las toxinas, consumen mucha comida rápida, aperitivos fritos empaquetados, grasas animales, refrescos con gas, azúcar y colorantes, y otros productos más por el estilo, todo ello generalmente envuelto en una densa nube de tabaco. «¿Por qué no? —podrían decirnos—. Al fin y al cabo nadie se muere por comer un plato combinado de frankfurt con bacon y patatas fritas, beber un refresco de cola y tomarse un café mientras se fuma un pitillo.»
Bueno, a edades tempranas lo que posiblemente hace el cuerpo es dar pequeñas llamadas de atención: acidez, dolor de cabeza, vómitos de vez en cuando... Si se sigue así, el organismo tarde o temprano pasará factura, ya que las toxinas acumuladas acarrean enfermedades de muchas clases. Cuantos menos hábitos intoxicantes tengamos, disfrutaremos de un mejor estado de salud.
Para disfrutar de una vejez con salud hay una gran variedad de alimentos que pueden ayudarnos a conseguirlo.

La vejez es un proceso natural e inevitable que no tiene por qué estar asociado al deterioro y la enfermedad.

Llegado este punto, es preciso mencionar los superalimentos con propiedades antioxidantes que pueden defendernos del daño celular.

ANTIOXIDANTES «AL NATURAL»

• **Algas.** Estos sorprendentes vegetales de mar nos proveen de buena cantidad de vitamina E, provitamina A (betacarotenos) y ácidos linoleicos y alfa-linolénicos. Esta particular sinergia de sustancias contenidas en las algas actúa contra el envejecimiento prematuro y protege la piel y las mucosas de los radicales libres.

• **Ajos y cebollas.** Las investigaciones demuestran que ambos poseen unas sustancias químicas denominadas «organosulfuros» que estimulan la producción de enzimas neutralizantes de los carcinógenos. Sus máximos beneficios se obtienen de su consumo en crudo, aunque la cebolla roja conserva un poco más sus propiedades ante un calor moderado debido a la presencia de una sustancia antioxidante llamada «quercetina». El ajo también contiene selenio y germanio (a condición de que el suelo en que ha sido cultivado también los contenga), dos minerales que protegen al organismo contra el envejecimiento debido a los radicales libres y que ayudan a eliminar metales pesados como el mercurio y el plomo. También proporciona defensas contra la radiación y el cáncer.

• **Arándanos.** Poseen un extraordinario contenido en antioxidantes y una enorme capacidad de neutralizar los radicales libres y de destruir moléculas que pueden llegar a dañar el ADN. Su secreto está en el color, unos pigmentos azules que contienen antocianinas y que se han revelado como agentes destructores de varios de los carcinógenos más comunes. Las antocianinas también se encuentran en otras frutas de color morado como las ciruelas, las cerezas y las grosellas.

• **Carotenos.** No son alimentos en sí mismos, sino sustancias antioxidantes que están presentes en los vegetales de color naranja o amarillo anaranjados (zanahoria, boniato, calabaza, melocotón o albaricoque) u otras verdes como las espinacas y el perejil.
Basta una centésima de miligramo de caroteno en el hígado para que se forme una importante reserva de vitamina A, llamada «del crecimiento y del rejuvenecimiento».
Esta asociación se realiza a partir de otra actividad importante de los carotenos y que se refiere a los radicales libres, ya que es su verdugo más potente; más poderoso que la vitamina E. Aunque casi todas las investigaciones se han centrado en el beta-caroteno, hay otros cientos de carotenos con actividad antioxidante (alfa caroteno, gamma caroteno, licopeno...).

Los beneficios de la zanahoria

Desde 1922 existen estudios que demuestran que la vitamina A previene contra los cambios de las células epiteliales hacia la degeneración cancerígena. Desde 1981 en adelante se ha realizado el mayor número de estudios sobre cómo las vitaminas pueden protegernos contra el cáncer. La Asociación Británica para la Investigación del Cáncer ha hecho pública la conexión directa entre el riesgo de cáncer y el betacaroteno presente en la dieta.

La zanahoria, rica en betacarotenos, es precursora de provitamina A, que se convierte en vitamina A una vez sintetizada en el hígado. Por si eso fuera poco, cuida nuestra vista y embellece nuestra piel.

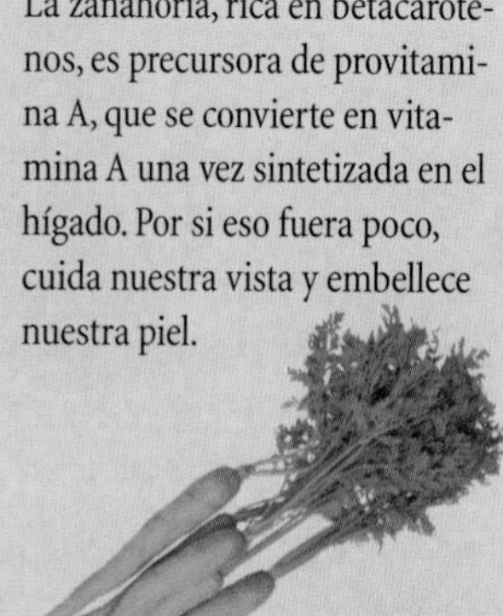

• **Cítricos.** En particular hablamos de la naranja, el limón y la lima, frutas que contienen limoneno en abundancia. El limoneno es una sustancia que estimula la producción natural de un tipo de enzimas que preparan células *killer*, es decir, destructoras del cáncer. Los cítricos también contienen glucarasa, un componente que desactiva los carcinógenos y los expulsa del organismo. Por otro lado, no podemos olvidar una de las vitaminas antioxidantes más reconocidas: la vitamina C, que el ser humano no puede sintetizar, por lo que necesita un aporte cotidiano externo. Ha de tenerse en cuenta que las necesidades diarias se sitúan alrededor de los 75 a 100 mg para el hombre y de 70 a 100 mg para la mujer, aunque durante el embarazo y la lactancia se requiere una dosis mayor. Cada 100 ml de zumo contiene unos 50 mg de vitamina C. Comenzar cada día con el zumo de un limón disuelto en un poco de agua es una excelente forma de prevenir el envejecimiento prematuro.

• **Crucíferas.** Esta familia, formada por la col blanca, la col lombarda, la col de Bruselas, la coliflor y el brécol constituyen los antioxidantes por excelencia. Las propiedades anticancerígenas del brécol fueron una de las primeras en demostrarse y todavía se la ubica entre las más potentes. Como ya vimos en el capítulo de los nutracéuticos, su principio activo es el sulforafán, una sustancia que estimula al organismo para que produzca una enzima que desactiva los agentes cancerígenos. También tienen gran cantidad de vitamina C. El consumo regular de las crucíferas propicia una vejez sana.

• **Miso.** Es una pasta que se obtiene por fermentación de las habas de soja amarilla, por lo que es un alimento que contiene lactobacterias vivas muy beneficiosas para nuestro organismo. Los japoneses atribuyen su buena salud y longevidad al miso, razón por la cual nunca falta una sopa de miso en su mesa. Según se sabe, este derivado de la soja contiene una sustancia llamada «cibicolina» que atrae, absorbe y descarga la radiactividad del cuerpo humano. Otro de sus componentes milagrosos es la melanoidina, un agente que inhibe la acción de los radicales libres. Seguramente ésa es una buena razón por la que lo toman tanto los policías de tráfico de Japón, quienes se exponen durante gran parte del día a altísimos niveles de contaminación.

• **Pimienta de cayena o guindillas.** Posee una buena proporción de capsaicina, un poderoso antioxidante que impide la unión mortal de nitritos y aminas, y que neutraliza casi por completo los cancerígenos resultantes. También puede evitar que los carcinógenos que se encuentran en el humo del tabaco se ahieran al ADN, lo cual previene, por ejemplo, el desarrollo de un cáncer de pulmón. No obstante, lo mejor es dejar de fumar; no comer guindillas continuamente.

• **Remolacha.** En un estudio llevado a cabo en Alemania en 1994 con más de sesenta variedades de frutas y verduras, se demostró que la remolacha contiene varios de los agentes anticancerígenos más potentes. Uno de ellos, la betacianina, es la que le da el vivo color que

La **chucrut** (*sauerkraut*) es un plato de origen alemán que suele utilizarse como guarnición de diversos platos. Su poder antioxidante y sus cualidades anticancerígenas lo convierten en uno de los alimentos más recomendables para una dieta sana.

Los alimentos germinados

Las semillas germinadas, además de tener un gran valor nutritivo, están consideradas entre otras cosas como «fuentes de rejuvenecimiento» por su óptima combinación de sustancias antioxidantes y enzimas. Entre los más recomendables se encuentran los germinados de lenteja verde, ya que poseen sustancias que retardan el proceso de envejecimiento.

Cómo se germina el grano

Con un germinador compartimentado

- Primer día:

Se colocan las semillas en uno de los recipientes, se vierte un vaso de agua y se cubre.

- Segundo día:

Se echan algunas semillas más dentro de otro recipiente, sobre el que se colocará el del día anterior, se verterá otro vaso de agua y volverá a cubrirse.

- Tercer día:

Se repite el proceso como en el día anterior con nuevas semillas y otro recipiente.

Con un frasco

- Primer día:

Se colocan las semillas en un frasco, se cubren con agua y se tapa con una gasa fijada con una goma elástica. Al cabo de una hora, se le da la vuelta y se deja caer el agua excendente.

- Segundo día:

Se agita el frasco, se coloca boca abajo sobre un plato y se inclina ligeramente para que las semillas no queden sumergidas en el agua que se decanta. Si se desea, puede repetirse el proceso del día anterior con otro frasco.

- Tercer día:

Se agitan los dos frascos tal como se hizo el día anterior y se prepara un nuevo frasco con semillas.

Con un colador

- Primer día:

Se toma un colador grande y se llena de semillas. A continuación, se sumerge durante una hora en un recipiente lleno de agua.

- Segundo día:

Se lavan las semillas bajo el grifo y se coloca el colador en un recipiente. Al final del día se vuelve a lavar las semillas.

- Tercer día:

Se lavan las semillas por la mañana y por la tarde tal como se hizo la víspera.

En cualquiera de los tres casos, las semillas podrán consumirse a partir del tercer o el cuarto día.

la caracteriza. La remolacha fresca respecto de la envasada tiene mayor cantidad de ácido fólico, un componente del grupo de vitaminas B que protege el organismo contra los trastornos cardíacos y el cáncer de colon.

• **Soja.** La soja es un vegetal rico en genisteína, una sustancia con propiedades anti-cáncer. Los estrógenos estimulan el desarrollo de células cancerígenas en ovarios y mamas, y la acción de la genisteína es interrumpir el proceso. Otra cualidad es su contenido en vitamina E, la vitamina antioxidante amiga de la piel.

• **Té verde.** El mérito del té verde, ampliamente reconocido en Oriente (y cada vez más en Occidente) como un gran antioxidante, se debe a unas sustancias llamadas «polifenoles». Todo apunta a que una vez formadas las células malignas, existe una clase de «polifenoles», en particular uno, conocido como «epigalocatequino» (EGCG), que detiene la propagación del cáncer y que incluso puede llegar a eliminarlo sin afectar las células sanas. Por esa misma capacidad de neutralizar los radicales libres, el té verde es uno de los mejores preventivos del envejecimiento prematuro.

• **Tomate.** El epidemiólogo Edward Giovanucci de la Universidad de Harvard contrastó el nada despreciable número de 72 experimentos que analizaban la incidencia del cáncer entre individuos según la cantidad de tomate que incluyeran en su dieta y descubrió que el número de consumidores habituales de este fruto mostraban un 45 % menos de casos reales de cáncer. Las pruebas de sangre arrojaban un alto nivel de licopeno, el antioxidante que «pinta» de rojo los tomates. Por otro lado, se cree que para que se libere el licopeno y el organismo lo pueda absorber, se debe cocinar. Quienes no toleran bien el tomate, pueden obtener el licopeno a partir del pomelo rosa, la sandía y la guayaba.

• **Uva negra.** Igual que los arándanos, contiene antocianinas, además de flavonoides que aumentan la acción de la vitamina C. Hay estudios de fuentes científicas norteamericanas que han determinado que la uva negra contiene una sustancia llamada «resveratrol» que puede actuar positivamente en la prevención de algunos tipos de cáncer. Puedes disfrutar de ella tomando un refrescante zumo (bien envasado y de cultivo biológico) que, entre otras, cosas te ayudará a eliminar toxinas.

• **Pimientos, grosellas, kiwis, fresas.** Aportan mucha vitamina C.

LOS COMPLEMENTOS DIETÉTICOS QUE AYUDAN

Hoy día en las tiendas de dietética es posible encontrar una gran gama de antioxidantes en las estanterías: vitaminas y minerales solos o combinados, en cápsulas o en polvo, zumos, cócteles, perlas, etc. Antes de comprar alguno, deberemos consultar a nuestro médico o naturópata acerca de las mejores opciones. A continuación puede verse una pequeña guía de los antioxidantes que luchan contra los procesos de degeneración y envejecimiento celular.

• **Extracto de té verde.** Para quien no tiene tiempo de beber un par de tazas al día.

• **Germanio**. Básico en la prevención contra el cáncer y potenciador del sistema inmunológico.

• **Germen de trigo.** Es «propietario» de varios antioxidantes, pero sobre todo posee vitamina E, uno de los mejores amigos de la piel. También se le conocen capacidades para reducir ciertos tipos de cáncer. Los copos suelen ser los más utilizados en la cocina para espolvorear sopas, o mezclar con las ensaladas o el muesli. La precaución que hay que tomar es consumirlo lo más fresco posible, de marcas que nos garanticen su procedencia biológica y, además, conservarlo en la nevera porque se enrancia rápidamente. Otra opción es consumir el aceite de germen de trigo que, para más facilidad, viene en perlas que previenen la oxidación del producto.

• **Selenio.** Es un nutriente protector contra la contaminación, uno de los radios de acción de los radicales libres. Además, en pequeñas dosis, puede reducir los riesgos de cáncer de próstata y colon. Lo recomendable es consultar con el médico para analizar el historial familiar en busca de casos de cáncer y valorar la conveniencia de tomar complementos de selenio. Cuidado con la automedicación: más de 1 mg diario puede causar pérdida de cabello, fatiga, náuseas y vómitos.

Los alimentos y los complementos dietéticos son una ayuda para aumentar nuestras defensas y mejorar nuestra salud.

Tres complementos especiales anti-vejez

Uno de los temores que podemos tener al pensar en la vejez, es que con la lozanía de la piel también se nos vaya la cabeza quién sabe dónde. No vamos a ahondar en las complicaciones del cerebro humano, pero no estará de más detenernos en ciertos complementos que están muy en boga y que protegen la actividad cerebral.

Fosfatidilserina

Es un fosfolípido (una grasa fosforada) que se produce de forma natural y que aunque está presente en todo el organismo, se concentra especialmente en el cerebro. La función esencial de la fosfatidilserina es proteger las funciones cerebrales: así, por ejemplo, brinda beneficios en casos de falta de concentración, mejora la memoria y aumenta el rendimiento general del cerebro.

La coenzima Q_{10}

También se la conoce como «ubiquinona» y es una sustancia que se encuentra en las células del organismo. Va bien en muchas de las afecciones que se mencionan en este libro, pero lo que ahora interesa es que actúa en casos de memoria débil, aumenta la energía y como tiene propiedades antioxidantes es recomendable para una vejez saludable.

Gingko biloba

Es un árbol longevo y venerado por las culturas de China y Japón al que se lo considera un extraordinario remedio. Occidente lo experimentó y concluyó que es sumamente útil para los trastornos de la vejez como la falta de concentración o de memoria, la depresión o el cansancio. Hasta se ha llegado a utilizar en tratamientos de la enfermedad de Alzheimer.

Ginkgo Biloba

- **Vitaminas C y E.** Si bien son dos vitaminas antioxidantes, ambas se complementan, ya que cada una cumple muchas funciones distintas dentro del organismo, de manera que una no sustituye a la otra. La vitamina E es liposoluble (se disuelve en las grasas) y la C es hidrosoluble (se disuelve en agua). Los complementos de vitamina C con bioflavonoides son los más adecuados, pues actúan sinérgicamente.

- **Vitamina A y betacarotenos.** Protege las membranas mucosas contra el smog y el cáncer.

- **Enzimas antioxidantes.** No se trata de enzimas digestivos, sino de enzimas celulares que están presentes en alimentos que deben consumirse crudos para su aprovechamiento como frutas, hortalizas, germinados y hierba de trigo. Los enzimas protectores principales contra los radicales libres son el superóxido de dismutasa (SOD), el glutatión peroxidasa (GP) y la catalasa. Estos enzimas controlan a los radicales libres en el organismo de manera veloz: de tres a diez veces más rápido que los nutrientes antioxidantes. Estos enzimas localizan, neutralizan y reciclan ciertas sustancias perjudiciales para el organismo. Por ejemplo, la catalasa «desarma» al peróxido de hidrógeno (uno de los radicales libres más responsables del daño celular) y lo convierte en oxígeno y agua. La sinergia más importante se produce en la combinación de superóxido de dismutasa y catalasa. Puede encontrarse en tiendas de dietética en forma de comprimidos, aunque también hay disponibles algunos complejos antioxidantes que pueden ser todavía más eficaces.

Alimentos que refuerzan las articulaciones

Las afecciones articulares (artritis, artrosis, reumatismo crónico, gota, etc.) están estrechamente vinculadas con sustancias tóxicas y residuales que se han ido acumulando alrededor de las articulaciones y que provocan inflamación y dolor. Estos dolores son muy intensos debido a la contracción muscular causada por la asfixia local de los tejidos, en la que la circulación se ralentiza y decrece de manera considerable. El resultado es una sangre insuficiente y unos tejidos faltos de oxígeno; de ahí que los masajes localizados resulten de utilidad, ya que activan la circulación y canalizan los residuos hacia los puntos de eliminación. Además de las toxinas acumuladas donde también están implicados los «villanos» de los radicales libres bajo sus diferentes manifestaciones, hay una serie de alimentos que serían desencadenantes del dolor mientras que otros, por el contrario, ayudarían a prevenirlos. Aunque hay una gran controversia sobre la incidencia de los alimentos en los dolores articulares, no está de más probar a hacer algunos cambios en la dieta. Si eso significa mitigar o acabar con los dolores, ¿por qué no intentarlo? Antes de pasar a los alimentos, veamos algunas cuestiones acerca de las dolencias articulares más frecuentes.

• **Artritis.** Se trata de la inflamación dolorosa de los tejidos que envuelven las articulaciones. Las lesiones llegan primero a los cartílagos (que recubren la superficie de contacto de los huesos), luego a los huesos y de ahí tal vez deriven en una deformación o en el impedimento motriz. A diferencia de la artrosis, la artritis no se relaciona con la edad, ya que ésta puede atacar a personas muy jóvenes. La pregunta es: ¿Hay alguna posibilidad de acabar con los daños, de mitigar el dolor? Se cree que los radicales libres, esas moléculas inestables y destructivas (cuando crecen descontroladamente) que producen una acción tóxica sobre las células, son los responsables del dolor y que además representan un verdadero problema para las articulaciones que ya están inflamadas. De hecho, podría decirse que son toxinas que atacan las articulaciones (entre otras muchas cosas más). El antídoto para neutralizarlas son los antioxidantes, unas sustancias que de modo natural están presentes en muchos minerales y vegetales.

Un exceso de hierro y aceites en la dieta puede acelerar los daños que producen los radicales libres.

• **Artrosis.** Es una enfermedad crónica degenerativa que puede causar deformidad de las articulaciones y que suele aparecer a partir de los cuarenta años. Sucede que, con el paso de los años, el cartílago que recubre la superficie de contacto de los huesos se va «achicando», va perdiendo grosor y hasta puede llegar prácticamente a desaparecer en los casos más graves. Uno de los puntos atacados con más frecuencia son las vértebras cervicales, cuya artrosis implica dificultad para mover la cabeza con facilidad y probablemente la más grave sea la artrosis de caderas que puede hasta impedir caminar.

• **Osteoartritis.** También es una enfermedad degenerativa de las articulaciones que se origina, entre otras causas, como una consecuencia del envejecimiento. Una de las primeras medidas a tomar en los casos de osteoar-

La vitamina E alivia el dolor y mejora la movilidad en personas con osteoartritis.

tritis es eliminar el exceso de peso. Pero, ¿por qué? Pues porque cada cuatro kilos y medio de exceso ponderal aumenta el riesgo de contraer osteoartritis en las rodillas en un treinta por ciento. Además, otra cuestión que se ha detectado es que, si bien esta enfermedad se da tanto en hombres como en mujeres a partir de los 65 años, las mujeres que han sufrido un exceso de estrógenos padecen más osteoartritis que los hombres. Ya vimos en el capítulo de los problemas hormonales que los estrógenos se producen por las células de grasas; entonces, si para comenzar es necesario perder peso, nada mejor que eliminar de paso la producción de estrógenos, es decir, evitar los alimentos grasos y aumentar los platos de frutas, verduras, cereales integrales y legumbres.

No todas las personas con artritis tienen problemas con el mismo alimento, sino que varía de una a otra, aunque hay algunos que están catalogados como «culpables frecuentes».

• **Artritis reumatoide.** Es uno de los problemas articulares más graves, ya que implica padecer dolores, hemorragias y deformaciones en las articulaciones con el paso del tiempo. Esta enfermedad (que es más frecuente en las mujeres mayores de cincuenta años) no se poduce como consecuencia de la vejez, sino que es de las que se denominan «autoinmunes», pues es el propio cuerpo quien agrede. Es decir, que los glóbulos blancos cuyo trabajo es defender de las bacterias, virus y células cancerígenas, se pasa al bando contrario y ataca los tejidos que cubren las articulaciones. Algunos alimentos estimulan esa reacción. Aunque pueda sonar extraña esta afirmación, así como algunos alimentos ocasionan una serie de reacciones en personas alérgicas, en el caso de la artritis también hay alimentos que pueden provocar una reacción dolorosa en personas con una intolerancia muy acentuada. Para llegar a determinar la incidencia de los alimentos en relación con la artritis, un grupo de médicos investigadores sometió a los pacientes a un ayuno bajo control durante varios días, al cabo de los cuales la mayoría de los pacientes sentían un alivio del dolor y una mejoría notables. Luego, avanzando más las investigaciones, utilizaron el sistema de las dietas de eliminación, es decir, de la supresión de determinados alimentos para identificar cuáles producían más problemas. Además, no todas las personas presentan intolerancias alimentarias, aunque quienes las tienen y conocen los alimentos que les sientan mal, pueden disfrutar de una dieta mucho más adecuada.

• **Gota.** Los síntomas que anticipan un ataque de gota se parecen a los del hígado: lengua sucia, vómitos, aerofagia, hemorroides, estreñimiento alternado con diarrea, sangre en la orina y depresión. Luego precede el ataque repentino con un dolor muy agudo que se inicia en el dedo gordo del pie para luego extenderse a otras articulaciones.

Las articulaciones se han llenado de cristales de ácido úrico. A diferencia de muchas especies animales que disponen de enzimas que eliminan velozmente el ácido úrico de su cuerpo, los seres humanos lo retienen; tal vez porque es un poderoso antioxidante, como la vitamina C. Algunas personas lo retienen en las articulaciones, donde los glóbulos blancos intentan «machacarlo» y producen la inflamación y el dolor. La gota se diferencia de otros ataques reumáticos sobre todo por la dilatación de las venas, posiblemente debido al exceso de residuos en la sangre y si no se cuida a tiempo puede dar lugar a otros trastornos (nefritis, hipertensión, urea). Los peores desencadenantes que activan los ataques de gota son los productos animales y el alcohol, destacando las anchoas, los mariscos, las sardinas, las vísceras de animales y la cerveza. Las personas que padecen de gota tienen más probabilidades de sufrir un ataque durante los cambios en la dieta. Lo mejor es seguir tomando la medicación (en caso de que se tome) durante la etapa de transición de alimentos (eliminación de alimentos desencadenantes y aumento del consumo de frutas, verduras, cereales integrales y legumbres) y consultar con el médico sobre la posibilidad de dejar la medicación o continuar con ella.

Compresa calmante para la gota

Se toma una hoja fresca de col, se aplasta con un rodillo y se aplica sobre la zona afectada y se deja actuar el tiempo necesario.

• **Reumatismo de la columna vertebral.** Hay muchas formas de reumatismo que afectan a la columna. Dos de ellas son especialmente graves: la espondilartritis y el reumatismo deformante de la columna. La primera se produce por una fuerte desmineralización y se presenta con dolores agudos e intermitentes que suelen aparecer por la noche. Después del ataque, las secuelas son la pérdida de flexibilidad de la columna y la dificultad de movimiento. El reumatismo deformante de la columna sobreviene con la compresión de las vértebras y el desgaste de los cartílagos. Las vértebras más afectadas suelen ser las lumbares y las cervicales.

Hay un remedio popular muy singular para los dolores articulares: la picadura de abeja. Al parecer el veneno de estos insectos no es tan malo como se cree, ya que podría tener una sustancia que reduce las inflamaciones en las articulaciones. Sin embargo, las personas alérgicas pueden verse muy afectadas con este sistema.

DESCUBRIR LAS CAUSAS DEL MAL

El ayuno suele ser un buen inicio para saber si alguno de los alimentos que habitualmente consumimos puede causarnos algún trastorno. Es una práctica muy beneficiosa para el organismo, ya que le proporciona el momento más adecuado para desprenderse de las toxinas, una de las cuestiones más importantes para recuperar la salud. No hay por qué asociar el ayuno con el sufrimiento. Si se practica con ciertas precauciones, no sólo no se pasa hambre sino que se experimenta un incremento de la energía, además de limpiar la sangre y los órganos.

El ayuno

El ayuno es un método terapéutico que suscita controversia entre los médicos por la ignorancia que supone todo método terapéutico cuyo coste sea cero. Y, aunque no tenga nada que ver, hay quien lo ha llegado a asociar con trastornos como la anorexia.

La decisión de dejar de comer durante un cierto tiempo tampoco tiene que ver con el deseo de adelgazar: el ayuno terapéutico sirve para eliminar las toxinas y limpiar el organismo de las sustancias que, generadas por digestiones pesadas o incompletas, pueden desarrollar a la larga enfermedades de cierta gravedad.

El más sencillo dura entre 24 y 72 horas. Prolongarlo durante más tiempo sin la supervisión de un médico puede ser peligroso. Antes de realizarlo hay que tener en cuenta el estado de salud y la edad de la persona. Los niños, los adolescentes y quienes sientan debilidad física o anímica deben abstenerse.

Tipos de ayuno

1) **Abstención completa de alimentos sólidos**. Sólo se bebe agua mineral en gran cantidad.

2) Sustitución de los alimentos sólidos por **zumos de frutas**.

3) Sustitución de los alimentos sólidos por **agua, caldos y zumos de frutas**.

4) **Cura de savia y zumo de limón.**

A partir de ahí, lo idóneo es continuar con una dieta que prescinda de alimentos que están asociados con los dolores articulares y confeccionar diversos menús con alimentos que no provocan inflamación ni dolor. Gracias a diversos estudios médicos y dietéticos, se conoce una amplia gama de productos que se consumen habitualmente y que pueden provocar ciertos trastornos.

Aunque para la mayoría de las personas no acarrea problemas, hay pacientes a los que se les ha detectado una intolerancia a algunos alimentos, como el chocolate, la malta, las bebidas alcohólicas, el plátano, los derivados de la soja, los productos con nitritos, la cebolla, el azúcar de caña y diversas especies aromáticas, como el cilantro, la hierbabuena y el cardamomo.

Se desconoce todavía la posibilidad de que los alimentos restantes causen trastornos más o menos graves. Evidentemente, existen otros que pueden ser tanto o más perjudiciales que los anteriores, si bien suelen afectar en casos aislados. Las personas que crean que un alimento les perjudica deberán seguir una dieta de eliminación.

EL PLAN DIETÉTICO

Cuando sobrevienen los ataques de dolor de las articulaciones, rápidamente se recurre a la medicación para frenar la inflamación, el dolor y la desesperación que viene con todo ello. Unas veces los fármacos representan un gran alivio, pero otras no son lo efectivos que se espera y, además de no solucionar el problema, suelen producir efectos secundarios.

Una buena medida para reducir las molestias consiste en hacer una dieta de prueba: durante un mes habrá que abstenerse de tomar cualquier alimento susceptible de producir molestias. Es muy probable que al cabo de este tiempo se aprecien ciertas mejorías, aunque las articulaciones con inflamaciones crónicas pueden ser más rebeldes y tardar más tiempo en remitir. En diversas pruebas, se conminó a los pacientes a reintroducir en la dieta los alimentos que habían sido antes eliminados para determinar cuáles eran más problemáticos. Aunque esta medida supone un cierto empeoramiento, es conveniente hacerlo, ya que permite atajar el problema con más eficacia. Para evitar una recaída demasiado fuerte, puede incluirse un alimento cada vez. Lo recomendable es dejar pasar un par de semanas para poner a examen un nuevo alimento. Por otro lado, si la eliminación de ciertos alimentos de la lista no ayuda a sentir mejoría, tal vez el problema esté en otros alimentos. Para identificarlos, el procedimiento sería el siguiente: primero se elabora la dieta con los alimentos inocuos; una vez hayan desaparecido los síntomas de una dolencia en las articulaciones, se incorpora en buenas cantidades un alimento de los que se consumía habitualmente (que no aparecen en ninguna de las dos listas) para ver cuál de ellos es el más problemático. A veces basta una pequeña cantidad para que aparezcan la inflamación y el dolor. Otras veces es necesaria una cantidad mayor. Lo importante es descubrir cuál es. A veces resulta ser el que más nos gusta, por lo que tendremos que acostumbrarnos a dejar de comerlo.

Otra opción para determinar la intolerancia hacia algunos alimentos consiste en someterse a unos análisis especiales que descubrirían de una manera más rápida los enemigos potenciales de las articulaciones, aunque se trata de un método algo costoso.

Por último, tras haber descubierto los principales enemigos de nuestras articulaciones, no hay problema en comer frutas y vegetales crudos. De hecho, convendrá comerlos cada vez con mayor asiduidad.

Alimentos que pueden causar trastornos

Avena
Café
Carnes (cualquier carne animal y sus derivados)
Centeno (se incluyen sus harinas, copos y bebidas)
Frutas cítricas
Huevos
Maíz
Mariscos
Patatas
Tomates
Trigo
Frutos secos
Productos lácteos (cualquier leche animal y sus derivados: quesos, yogures, cuajadas...)

LOS COMPLEMENTOS DIETÉTICOS QUE AYUDAN

• **Ácidos grasos ALA y GLA.** En el capítulo de los alimentos para los problemas hormonales, vimos cómo unas sustancias llamadas «prostaglandinas» tienen mucho que ver con el dolor y la inflamación. Hay dos prostaglandinas que se pueden obtener a través dos tipos de grasas naturales y que tienen una acción antiinflamatoria sobre las articulaciones sin los efectos secundarios que suelen presentar las medicinas: la prostaglandina E1 y la E3. Lo más importante es, sin embargo, saber cuáles son esas grasas naturales y dónde se encuentran. Se trata de ácidos grasos esenciales así llamados porque es necesario obtenerlos de la dieta para alcanzar los niveles adecuados. Uno es el ácido alfa-linolénico (ALA es su sigla, más fácil de recordar), que pertenece a la familia de los ácidos grasos omega-3 y está presente en algunas frutas y verduras y, de manera mucho más concentrada, en el aceite de lino (que es el que más con-

Alimentos que no generan dolor ni inflamación

Agua mineral
Arroz integral
Frutos secos o cocidos (arándanos, ciruelas, pasas, cerezas, peras)
Jarabe de arce
Sal marina en pequeñas cantidades
Verduras cocinadas (alcachofas, brécol, acelgas, espárragos, espinacas, lechuga, judías verdes, calabaza, boniato o batata, tapioca).

Los ácidos grasos presentes en el aceite de lino y el aceite de borraja tienen una acción antiinflamatoria sobre las articulaciones.

tenido de ALA tiene), el aceite de nuez y el germen de trigo. El otro es el ácido gamma-linolénico (o GLA), de la familia de los omega-6, que sólo está en el aceite de borraja (contiene la mayor proporción de GLA), el aceite de onagra, el aceite de grosella, el aceite de cáñamo y el alga espirulina. Del mismo modo que las grasas animales y los aceites para cocinar tienen una incidencia negativa en las funciones hormonales, ya que aumentan el nivel de estrógenos, en el caso de las inflamaciones esas mismas grasas también son nocivas. Así, una dieta que contenga productos animales (carnes y sus derivados), productos lácteos y aceites cocinados puede traducirse en una acumulación de grasas perjudiciales para los procesos inflamatorios. En cambio, los ácidos grasos ALA y GLA pueden ayudar a conseguir grandes cambios. La recomendación para un programa contra la artritis es el consumo diario de los complementos que tienen más contenido de ALA y GLA, aceite de lino y aceite de borraja (también puede ser onagra) más vitamina E, que protege a los aceites de la oxidación. Hay algunas perlas de estos aceites que ya incluye una proporción de vitamina E. No obstante, antes de empezar a tomar estos compuestos, hay que consultar al médico de cabecera, quien indicará la dosis más adecuada. El EPA (ácido eicosapentanoico) también es un ácido graso de la familia de los omega-3 y proviene de los aceites de pescado de los mares fríos; es útil en casos de artritis reumatoidea porque inhibe la inflamación.

Advertencia

El GLA está contraindicado para las mujeres embarazadas, pues al ser un regulador hormonal puede causar un aborto.

• **Antioxidantes.** Por último, no hay que olvidar los complementos antioxidantes que actúan como defensas ante el ataque de los radicales libres a las articulaciones. En particular, la vitamina E alivia el dolor y mejora la movilidad en las personas con artrosis. Por otra parte, el alga espirulina también contiene vitamina E y carotenos.

MÁS ANTIINFLAMATORIOS NATURALES

Además de los complementos de aceites ALA y GLA que acabamos de ver, hay más productos naturales que actúan contra el dolor o como antiinflamatorios.

• **Alga espirulina.** Es una alga azul de agua dulce que proviene de las zonas tropicales. Por su concentración de antioxidantes y de

ácidos grasos GLA, protege de los radicales libres y también tiene acción antiinflamatoria.

• **Jengibre.** Esta raíz milenaria se ha utilizado durante siglos en la medicina ayurvédica india como tratamiento contra la artritis. Es muy beneficiosa para el organismo, sobre todo por su eficaz acción antiinflamatoria. Basta con tomar media cucharadita de jengibre en polvo o una entera cada día. Si se consume fresco, habrá que tomar algo más.

• **Grosellero negro.** Las hojas y las yemas de esta planta son reconocidas como antirreumáticas debido a los flavonoides que estimulan la secreción de sustancias antiinflamatorias. Se lo ha bautizado como «la cortisona natural», aunque sin sus muchos inconvenientes. El jugo de sus pequeños frutos también es recomendable como antiinflamatorio tanto en el tratamiento de procesos agudos como en estados pasajeros. También se puede tomar en infusión (10 a 50 g por litro de agua) o en forma de extracto.

• **Noni.** Es el nombre que se da a la planta *Morinda citrifolia*, originaria de las islas del Pacífico Sur. Es una de las más recientes incorporaciones al mundo de los complementos nutracéuticos en Occidente, aunque se viene utilizando con fines terapéuticos desde hace miles de años por los pueblos nativos de Hawaii y de la Polinesia. Según las investigaciones acerca de las propiedades del fruto de este árbol, su poder regenerador se asocia a la presencia de xeronina, un alcaloide que trabaja a nivel celular y fortalece el sistema inmunológico. Posee efectos notables en casos de dolores articulares y reumáticos, y alivia los síntomas de artritis, osteoartritis, artritis reumatoide y gota.

• **Pimienta de cayena o guindilla.** La fuerza de su secreto radica en la capsaicina, el ingrediente que aporta el sabor picante a este tipo de pimienta. Pero no hace falta comerla con unos espaguetis, porque hay cápsulas que la contienen.

Pimienta de cayena o guindilla

Alimentos para la salud de los huesos

La osteoporosis es una enfermedad que suele venir de la mano de la menopausia, si bien no es un trastorno exclusivamente femenino, ya que muchos hombres también la sufren. La osteoporosis («porosidad de los huesos») se caracteriza por la pérdida gradual de densidad ósea: los poros se van agrandando y los huesos se debilitan y dan lugar a fracturas. A edades avanzadas, hasta un pequeño golpe puede ocasionar una fractura en un hueso frágil. Este problema no se debe siempre a una carencia de calcio en la dieta. Algunos alimentos «capturan» el calcio que deberían recibir los huesos y provocan una falta importante. Pero además hay otros factores, como la vida sedentaria, una fuerte predisposición genética, la dificultad digestiva para absorber el calcio y la falta de otros nutrientes, como algunas vitaminas y minerales, especialmente el magnesio. ¿Y qué pasa con la mujer en la menopausia? Ahora veremos cómo se relaciona ese período con la osteoporosis y la importancia de la progesterona.

LA PROGESTERONA

Entre los cambios que trae aparejada la menopausia encontramos que al dejar de ovular cesa la producción de progesterona, la hormona que estimula la producción de osteoblastos (células del tejido óseo que se encargan de la formación del hueso). Pasando esto en limpio, quiere decir que una falta de progesterona implica una actividad insuficiente de los osteoblastos y, como consecuencia, una reducción de la producción de un nuevo hueso. Esto explica por qué la osteoporosis afecta a las mujeres a partir de los cuarenta y cinco años aproximadamente, la edad en la que ronda la aparición de la menopausia. Pero la buena noticia es que existe la posibilidad de que se vuelva a reponer de forma natural un hueso nuevo y sano donde antes había uno dañado. Ello es posible gracias a la progesterona natural, una copia exacta de la progesterona humana que se encuentra sobre todo en el ñame y en la soja. También se puede encontrar la progesterona natural aislada en forma de una pomada que, una vez aplicada, atraviesa la piel y luego llega a la sangre. Allí alcanza el hueso «resentido» y «convoca» a los osteoblastos para la construcción del nuevo hueso. Según parece, la progesterona natural puede hacer que se incremente la densidad ósea en un porcentaje suficiente para ahuyentar el fantasma de las fracturas.

El kéfir

El kéfir es una excepción dentro de los lácteos, ya que se trata de un fermento de leche muy rico en bacterias y levaduras muy beneficiosas para el organismo. Estas bacterias fermentan la leche mediante una reacción hidroalcohólica que descompone los nutrientes en otros más simples, lo cual permite que las personas intolerantes a la lactosa puedan tomarlo y conseguir una prevención contra la osteoporosis.

EL CALCIO MÁS ASIMILABLE

Aunque los huesos necesitan un aporte de calcio, eso no significa que se deba tomar leche, queso o natillas a todas horas, pues aunque contienen calcio en abundancia, éste no es asimilado fácilmente por el organismo. Esto se debe a que con el paso del tiempo perdemos la enzima que digiere la lactosa. Por otra parte, los lácteos que no provienen de la agricultura biológica pueden tener una cantidad de residuos tóxicos o aditivos que es mejor evitar. Además, algunas personas no toleran la lactosa. Las estadísticas indican que los países con mayor consumo de productos lácteos son los que tienen más incidencia de osteoporosis, y la razón está en que la dieta de estos países es rica en grasas y proteínas animales, dos sustancias que intervienen en el metabolismo del calcio.
Existen otros alimentos, como algunas semillas y verduras, cuyo contenido de calcio asimilable es mucho mayor.
Además del calcio, tampoco debe faltar la vitamina D y el magnesio, dos nutrientes que ayudan a absorberlo mejor. La vitamina D se sintetiza con la luz solar (basta con tres sesiones semanales de quince minutos), aunque también puede obtenerse de ciertos complementos dietéticos. El magnesio se encuentra en muchos alimentos, sobre todo en el arroz integral y las legumbres de color oscuro.

LA DESCALCIFICACIÓN

Para mantener la buena salud de los huesos es tan importante tener en cuenta tanto los alimentos que aportan calcio como aquellos que lo absorben para su eliminación.

• **Las proteínas animales.** El consumo de una dieta en la que predominan las proteínas de carnes rojas, aves, pescado y huevos tienden a producir acidosis metabólica, un desarreglo que rápidamente el organismo se presta a eliminar utilizando el calcio de los huesos.

• **Los diuréticos y laxantes.** Favorecen la pérdida de minerales.

• **El sodio.** Aumenta la excreción urinaria del calcio. Para evitar esa pérdida, es mejor prescindir de los productos muy salados o los enlatados con una gran proporción de componentes sódicos. Además, es importante limitar el consumo de sal en la cocina y en la mesa. Está demostrado que reducir el consumo de sodio de 1 a 2 g diarios puede ahorrar una media de 160 mg de calcio al día.

• **El tabaco.** Los fumadores pierden calcio además de bienestar general y dinero. En las mujeres se ha detectado que aumenta el riesgo de osteoporosis. El tabaco es bien conocido por los muchos trastornos que ocasiona, por la adicción que crea y por lo difícil que puede ser para algunas personas decidirse a dejarlo.

• **La falta de ejercicio.** El ejercicio diario es una de las mejores maneras de mantener un buen estado de salud. Si además se realiza en plena naturaleza, el oxígeno será de mejor calidad y la luz solar tonificará nuestra piel y asegurará la formación de la vitamina D necesaria.

• **Los refrescos azucarados.** En particular los de cola que tienen un alto contenido de fósforo (en forma del aditivo ácido fosfórico) y si bien este mineral es útil en pequeñas cantidades para la absorción del calcio, en grandes cantidades produce el efecto contrario. Además, estos refrescos favorecen la acidosis, un trastorno que nuestro organismo debe neutralizar utilizando el calcio de los huesos.

Por otra parte, no se debe abusar del café, el azúcar y el alcohol,y hay que evitar siempre que se pueda el consumo de productos refinados (los que no son integrales: pan blanco, arroz blanco, harina blanca) porque favorecen la eliminación de minerales del organismo.

Los alimentos vegetales con más calcio

Semillas de amapola	1.450 mg/100 g
Alga iziki	1.400 mg/100 g
Alga wakame	1.380 mg/100 g
Alga arame	1.170 mg/100 g
Semillas de sésamo	783 mg/100 g
Avellanas	290 mg/100 g
Habas de soja	260 mg/100 g
Almendras	240 mg/100 g
Col china (también conocida como col rizada)	250 mg/100 g
Higos secos (unos diez de tamaño mediano)	269 mg
Tofu (media taza)	258 mg
Berros	180 mg/100 g
Alubias blancas (una taza, cocidas)	161 mg

(Un vaso de leche de 200 ml tiene 240 mg de calcio y 125 g de yogur, 136 mg.)

CALCIO PARA LA PRIMERA EDAD

No es necesario hacerse mayor para preocuparse por la salud de los huesos. Parece que la dieta al «gusto occidental» de buena parte de

Las semillas de sésamo son pequeñas y duras, por lo que no se pueden masticar bien y se eliminan sin ser absorbidas. Por tanto, para aprovechar sus nutrientes conviene molerlas previamente, aunque, si se prefiere, puede recurrirse al gomasio, un condimento elaborado con sésamo.

¿Cuánto calcio hay que consumir?

La dosis diaria recomendada según el caso es:

- 800 mg para los niños de 4 a 8 años.
- 1.300 mg hasta los 18 años.
- 1.000 mg hasta los 50 años.
- 1.200 mg para mayores de 50 años.
- 1.000 mg para prevenir la osteoporosis, a partir de los 25 años.
- 1.500 mg para las mujeres postmenopáusicas.

la población infantil y adolescente incluye muchos productos ladrones de calcio que con el paso del tiempo pueden ocasionar problemas en los huesos. Un estudio hecho con adolescentes a los que se les suministró azúcar y cafeína (presentes en los refrescos convencionales) demostró que la cafeína triplicaba la pérdida de calcio en las tres horas siguientes a la toma de la bebida, y el azúcar duplicaba la tasa de pérdida de calcio a través de la orina. Es decir, que si los niños y adolescentes beben leche y toman yogur, el calcio que pueden asimilar lo pierden por culpa de los refrescos. Cuanto mayor sea la masa ósea al final del crecimiento, menor será el riesgo de osteoporosis en la vejez.

LA OSTEOPOROSIS EN LOS HOMBRES

Se da con menos frecuencia que en las mujeres. Las causas más frecuentes pueden ser: el consumo importante de alcohol, una cantidad de testosterona más baja de lo normal, el consumo de alimentos descalcificantes y un nivel insuficiente de vitamina D.

La prevención pasa por evitar las proteínas animales, el exceso de café, sal, alcohol y tabaco, así como hacer actividad física y tomar complementos de vitamina D (o tomar el sol)

Alimentos que cuidan el corazón

Según los expertos, los problemas cardíacos están íntimamente ligados a malos hábitos como una dieta rica en grasas animales (saturadas), el tabaco, la falta de ejercicio y el estrés. Como puede verse, casi todos los trastornos obedecen a las mismas causas. Por fortuna, siempre se pueden mejorar las cosas.

El corazón sólo empieza a plantear problemas cuando los vasos sanguíneos que lo rodean (las arterias coronarias) acumulan residuos que una sangre «sucia» va dejando. A partir de ese momento surgen palabras como colesterol bueno, colesterol malo, triglicéridos, grasas buenas, grasas malas, HDL o LDL que nos indican que nuestra salud pasa por un mal momento.

Hace tiempo que el descubrimiento de la incidencia de los alimentos en las afecciones del corazón está al alcance de todo el mundo. Hasta las grandes empresas anuncian la venta de nuevos productos no sólo sin colesterol, sino también con el agregado de «grasas buenas» que ayudan a combatirlo.

¿EL COLESTEROL ES LO MISMO QUE LA GRASA?

Hay una cierta cantidad de colesterol en el organismo que está considerada como normal, pero al igual que con los radicales libres,

Los complementos dietéticos que ayudan

• Isoflavonas de soja
Es una eficaz ayuda para prevenir la osteoporosis. Como precursora de la progesterona, puede conseguir que se cree un nuevo hueso donde antes había uno dañado.

• Sílice
El sílice es un mineral que puedes encontrar en comprimidos, en polvo o en extracto que ha resultado eficaz para combatir enfermedades como la artritis, el reuma o para fortalecer los huesos.

• Calcio
El carbonato cálcico o el citrato cálcico que se absorbe más fácilmente pueden ser buenas fuentes.

• Magnesio
Si la dosis media de calcio está fijada en unos 1.000 mg diarios, el complemento ideal de magnesio para acompañarlo es de 500 mg.

• Vitamina D
El sol te la puede brindar, pero también puedes contar con las cápsulas.

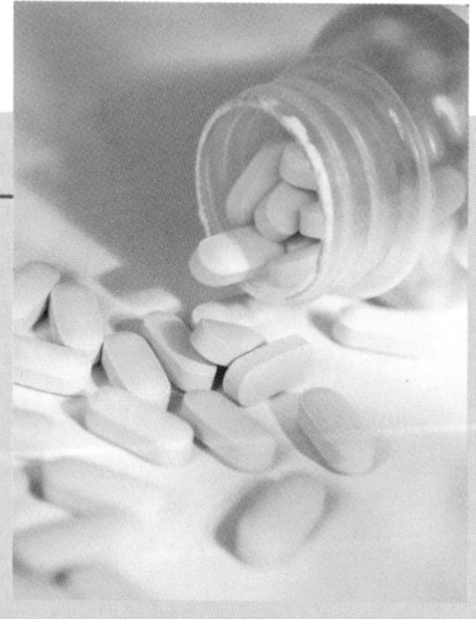

• Hay otra serie de vitaminas y minerales que también son importantes, como las **vitaminas A, B, C, E, K y minerales como el boro, el silicio y el zinc.**

cuando esa cantidad aumenta, comienzan los problemas. El consumo de productos de origen animal es, en parte, el responsable. Los animales tienen, como nosotros, una cantidad de colesterol almacenada y, cuando consumimos su carne, sumamos su colesterol al que suele producir nuestro organismo. En este caso, el incremento de partículas de colesterol en la sangre es suficiente para que se puedan formar placas en las arterias que, poco a poco, obstruyen el riego sanguíneo. Las dietas compuestas por productos animales y sus derivados (huevos, mantequilla, leche entera) son muy ricas en colesterol. Por ejemplo, un filete de ternera de 200 g contiene aproximadamente unos 174 mg de colesterol, y hay que tener en cuenta que 100 mg al día significan 5 puntos más que se suman al nivel de colesterol en la sangre. Según el ejemplo, el filete significaría casi 9 puntos más para sumar. Y la cuenta puede subir mucho más agregándole embutidos, menús de comida rápida, salchichas frankfurt, y muchos productos que contienen grasas animales entre sus ingredientes. Este tipo de grasas, denominadas «saturadas», son completamente diferentes a las que poseen los aceites vegetales, denominadas «insaturadas», que no contienen colesterol. No obstante, hay que tener en cuenta que los aceites de palma o coco o los aceites hidrogenados (como la margarina) son ricos en grasas saturadas.

Por otro lado, los productos de origen vegetal como los cereales, las legumbres, las frutas, las verduras, las semillas, los germinados, las proteínas vegetales, las algas y otros más que iremos viendo carecen completamente de colesterol y su nivel de grasa es muy bajo o nulo en algunos casos. El cambio hacia este

Los aceites hidrogenados suelen utilizarse mucho en la elaboración de repostería industrial refinada como pastelería, galletas, bollería o pasteles. No está de más leer las etiquetas de los productos antes de comprarlos, sobre todo si tenemos problemas de sobrepeso.

La aterosclerosis es un trastorno que puede comenzar a edades tempranas, aunque tarda tiempo en manifestarse.

tipo de alimentación facilita que las obstrucciones arteriales desaparezcan de manera natural. Si no se realiza esa limpieza, el próximo paso es enfrentarse a una de las afecciones del corazón más frecuentes: la aterosclerosis.

LA ATEROSCLEROSIS

Esta enfermedad se produce cuando hay una acumulación de pequeñas formaciones de grasa y colesterol que penetran las paredes arteriales y reducen su elasticidad. Por eso esta dolencia también se conoce como «endurecimiento de las arterias».

El colesterol que se toma con los alimentos incrementa el riesgo de aterosclerosis. Según investigaciones al respecto, parece que el doble.

HDL Y LDL

La mayor parte de los artículos de dietética que se publican en la prensa suelen referirse de una manera u otra a estas siglas. De ellas se dice que una representa al colesterol bueno (HDL) y la otra, al malo (LDL). Aquí cabe hacer una aclaración importante: no se trata de que los alimentos contengan buen colesterol, sino que el tipo HDL se considera bueno porque el cuerpo puede eliminarlo. HDL son las iniciales en inglés de «lipoproteína de alta densidad» *(High Density Lipoprotein)*, unas moléculas grandes que son las que utiliza nuestro organismo para su eliminación. Cuando el nivel de HDL es bajo, quiere decir que el colesterol se mantiene y hay que actuar para que suba. ¿Qué se puede hacer? Comer alimentos que incluyan antioxidantes y hacer ejercicio físico ayuda a que aumente el nivel de HDL. Por el contrario, el exceso de peso y el tabaco consiguen que ese nivel baje.

El «colesterol malo» es el LDL, la lipoproteína de baja densidad (del inglés *Low Density Lipoprotein*), una molécula pequeña que puede penetrar en las paredes arteriales y formar las llamadas «líneas de grasa».

Otra palabra muy empleada cuando se habla de problemas del corazón es «triglicéridos». Se trata de moléculas de grasa que se forman en el hígado y viajan por la sangre. Un nivel elevado de triglicéridos implica un riesgo de afección para el corazón. Para mantenerlo a raya, lo mejor es hacer ejercicio y seguir una dieta con poca grasa y pocos azúcares, ya que éstos también pueden elevarlo. Hoy día es muy fácil hacerse una prueba para saber el nivel de colesterol y de triglicéridos que hay en la sangre. Hay muchas farmacias que ofrecen este servicio.

LAS GRASAS «MALAS»

Hace un tiempo, cuando se conocieron los efectos que las grasas saturadas tenían sobre la salud, mucha gente se pasó de la mantequilla a la margarina porque, según decían, ésta es un producto vegetal y no aumenta el colesterol. Hace poco se constató que la margarina también es una grasa saturada. ¿Y cómo es posible, siendo de origen vegetal? El aceite vegetal de la que está hecha se manipula para que se mantenga sólido a temperatura ambiente. Para ello se le inyecta hidrógeno a alta presión y temperatura, proceso en el cual aproximadamente un 25 % de las grasas insa-

Repostería con menos grasas

Si hay que hornear bizcochos, galletas o pasteles, conviene sustituir la mantequilla o la margarina que requiera la receta por puré de ciruelas pasas. Para obtenerlo hay que pasar por la trituradora 140 g de ciruelas sin hueso con seis cucharadas de agua.

turadas se convierten en semisaturadas hidrogenadas. Además, la hidrogenación transforma otro 25 % más de las grasas en unas sustancias llamadas «ácidos transgrasos», los famosos «ácidos trans». Estudios recientes han determinado que este tipo de grasas son tan dañinas o más que las saturadas. Hace unos siete años un grupo de investigadores de Dinamarca descubrió que dosis elevadas de grasas trans aumentaban aún más el nivel de LDL en la sangre y reducía el de HDL. Pero no todas son malas noticias: hay margarinas cuyo aceite no ha sido hidrogenado, como las de procedencia biológica.

SUPERALIMENTOS PARA EL CORAZÓN

Los siguientes alimentos ayudan a reducir el nivel de colesterol o protegen el corazón del desgaste y los trastornos que pueda sufrir con el paso del tiempo. El espino albar *(Crataegus oxicanta)* y la pimienta de cayena también ayudan a mantenerlo en óptimas condiciones.

• **Aguacate.** Aunque es una fruta muy rica en grasas, éstas son monoinsaturadas y pueden aumentar el nivel de colesterol HDL y reducir el de LDL. De todas maneras, siempre es mejor no abusar, ya que tiene muchas calorías.

• **Ajo.** Hace miles de años Dioscórides afirmó que el ajo curaba las arterias. Las revistas de medicina publican continuamente pruebas científicas que así lo certifican. En la década de 1970 R. C. Jain, de la Universidad de Bengazi, en Libia, demostró que el ajo previene la formación de placas en las arterias y ayuda a prevenir la aterosclerosis y las enfermedades cardíacas. Otros estudios certifican que actúa contra la hipertensión, ayuda a reducir el colesterol LDL y aumenta el HDL. Basta con tomar un ajo crudo al día.

• **Alubias.** La ingestión diaria de un vaso de alubias cocinadas puede reducir la tasa de colesterol un diez por ciento. Además son muy ricas en ácido fólico, que regula la concentración del aminoácido homocisteína del organismo. Un nivel elevado de esta sustancia en la sangre puede ser tan malo para el corazón como fumar.

• **Alimentos con antioxidantes.** Los alimentos ricos en betacarotenos y vitaminas C y E cumplen una misión especial: proteger las partículas de colesterol de cualquier posible daño mientras viajan por la sangre. ¿Y por qué hacen eso? Porque las partículas de colesterol lesionadas (por la acción de los radicales libres) acaban siendo absorbidas por la pared arterial, y así comienzan a formarse las placas que obstaculizan el flujo sanguíneo.

• **Apio.** Hay un compuesto en el tallo del apio (el 3-n-butyl phthalide) que además de darle su aroma característico puede ayudar a controlar la presión arterial. El consumo de cuatro tallos de apio diarios llega a reducir el nivel de colesterol un catorce por ciento.

• **Aceite de oliva.** Es uno de los reyes de la dieta mediterránea y para nuestra suerte, además de delicioso pertenece al grupo de grasas monoinsaturadas. El aceite de oliva virgen es el mejor proveedor de ácidos grasos esenciales que disminuyen el LDL y aumentan el HDL. Para asegurarse de estar delante de un producto de gran calidad, hay que asegurarse de que sea extra virgen, de primera presión en frío y de cultivo biológico.

La pectina que se halla en la manzana forma una gelatina que absorbe el colesterol LDL y además ayuda a eliminar toxinas.

• **Fibra.** La fibra soluble que tienen muchos alimentos rebaja los niveles de colesterol. Entre los alimentos más recomendados por su fibra para prevenir la aterosclerosis están las legumbres, pero también tienen fibra soluble la avena, la cebada, las verduras y la fruta.

• **Té pu-erh.** Este té originario de China saltó a la fama cuando un grupo de médicos del Instituto de Medicina de Kunming dio pruebas de que reducía el nivel de colesterol en la sangre. Además, reduce el nivel de grasa en la sangre y el de triglicéridos. Con tres tazas al día se pueden lograr excelentes resultados siempre y cuando se vigilen los malos hábitos que son parte del problema.

• **Té verde.** La Universidad de Hardvard lo avala. Según estudios realizados por esa universidad norteamericana, un par de tazas al día puede llegar a reducir el riesgo de infarto en un 45 %. Su mérito radica en los bioflavonoides, la sustancia que le confiere poder antioxidante.

• **Limón.** Además de mejorar la elasticidad de las cubiertas arteriales, la ingestión de zumo de limón, con piel incluida, actúa favorablemente en el tratamiento de la hipercolesterolemia debido a los citroflavonoides que hay en su corteza y a la pectina contenida en el flavedo (la parte blanca que hay debajo de la piel). Las investigaciones cifran la reducción del colesterol LDL en un cuarenta por ciento.

• **Nueces.** Según datos publicados por la revista *British Medical Journal*, el consumo habitual de nueces está relacionado con una notable reducción de enfermedades cardiovasculares. También son una ayuda eficaz para bajar la tasa de colesterol al comerlas en sustitución de grasas animales. Además, posee antioxidantes (vitamina E y betacarotenos). Una ración diaria de cinco nueces es suficiente.

• **Uva.** El secreto para recomendar el consumo de este fruto está en su contenido de flavonoides, unos antioxidantes que evitan la formación de coágulos en la sangre y previenen la aterosclerosis.

• **Soja.** La soja proporciona uno de los mejores reemplazos de la proteína animal con la ventaja de que no tiene ni grasa ni colesterol. Uno de sus derivados, la lecitina, es el más recomendado para regular el nivel de colesterol. También ayuda a la digestión y absorción de las grasas y las vitaminas liposolubles.

Los alimentos antioxidantes refuerzan el corazón

• **Betacarotenos.** Las frutas y verduras de color amarillo-naranja (zanahoria, albaricoque, melocotón, melón) y también espinacas y perejil.

• **Vitamina C.** Cítricos, pimiento rojo, kiwi, fresas, frutos del bosque y brécol.

• **Vitamina E.** Germen de trigo, semillas de girasol y cereales integrales.

LOS COMPLEMENTOS DIETÉTICOS QUE AYUDAN

• **Ajo en perlas.** Quien no tolere al ajo crudo, que es como se obtienen sus beneficios, puede optar por el extracto de aceite de ajo que está envasado en cápsulas de gelatina vegetal. Además de regular los niveles de colesterol, tiene cualidades vasodilatadoras que favorecen el buen funcionamiento cardiovascular.

• **Vitaminas del grupo B.** Las vitaminas de este grupo (B_6, B_9 o ácido fólico, y B_{12}) ayudan a reducir el riesgo de ataques al corazón porque controlan el nivel de homocisteína en la sangre, un aminoácido que acelera el endurecimiento de las arterias (aterosclerosis).

• **Coenzima Q_{10}.** También llamada «vitamina Q», es una sustancia que fabrica nuestro cuerpo y que está presente en muchos alimentos como el brécol, las nueces y las espinacas. También es posible encontrarla como complemento; uno de los más espectaculares para las afecciones del corazón. Se ha utilizado con éxito en cardiomiopatías, insuficiencias cardíacas, enfermedades congestivas del corazón y aterosclerosis. En Dinamarca se han dado casos de pacientes que, estando en lista de espera para ser sometidos a un trasplante de corazón, no llegaron a necesitarlo porque se comprobó una notable mejoría de la contractilidad del miocardio gracias a la toma de este complemento. También suele ser muy efectiva en el caso de tomar medicación para bajar el colesterol LDL, ya que este tipo de fármacos inhiben la producción de Q_{10} que fabrica el propio organismo.

• **Té verde en cápsulas.** Si no se tiene tiempo para disfrutar de una taza de este té (cosa que debería procurarse), hay cápsulas que contienen sus principios activos.

• **Lecitina de soja.** Es muy recomendable por su acción hipocolesteromiante (es decir, que rebaja el nivel de LDL y aumenta el de HDL). Se encuentra en forma de gránulos y en cápsulas.

• **L-Carnitina.** Es un aminoácido que estimula el metabolismo de las grasas. Ayuda a reducir los niveles de triglicéridos y colesterol LDL y aumenta la energía. En general, mejora la función cardíaca.

• **Aceite de onagra y aceite de borraja.** Ambas son fuentes de GLA (ácido gammalinolénico), un ácido graso de los llamados «esenciales» porque el organismo no lo produce y debe obtenerlo de los alimentos. Son aliados del corazón porque reducen el nivel de colesterol LDL y evitan que las plaquetas sanguíneas se unan para formar coágulos. Se cree que al cabo de tres meses de tomar regularmente aceite de prímula o borraja se alcanzan los efectos máximos en cuanto al descenso del colesterol. Los porcentajes varían porque siempre se tiene en cuenta que la persona acompañe el proceso con un cambio de hábitos.

¡Atención con el exceso de hierro!

Un consumo excesivo de carnes rojas implica aumentar los niveles de hierro y de colesterol. En este caso el hierro puede aumentar el riesgo de enfermedades cardíacas, ya que actúa como catalizador de la producción de radicales libres que pueden dañar el colesterol, lo cual facilita la formación de placas.

Las combinaciones de los alimentos

4

Cómo combinan los alimentos
Tablas de compatibilidades alimentarias
Comer de todo... pero no todo junto
(alimentación disociada y control del peso)
Vivir sin acidez. El delicado equilibrio de los enzimas

Cómo combinan los alimentos

«¿Tomaría Ud. un vaso de leche con vinagre?» Claro que no, salta a la vista que no combinan bien, es decir, que no son compatibles entre sí. Existe una serie de alimentos que tampoco combinan bien entre ellos, como se expone en este capítulo.

La calidad de una dieta no depende solamente de escoger alimentos frescos y saludables, sino también de cómo combinamos estos productos. Las mezclas aleatorias pueden complicarnos la digestión y la salud, además de anular, en ocasiones, los beneficios de cada uno de los alimentos. Cuando sobrecargamos de trabajo el aparato digestivo, le estamos robando al organismo una energía que podría emplear en fines más provechosos. En ese sentido, hay que prestar especial atención a la compatibilidad entre los alimentos en los casos de deficiencia energética, ya que es cuando las **asociaciones de nutrientes** adquieren especial trascendencia. Veamos primero de qué manera se combina lo que comemos en el aparato digestivo. Nos fijaremos unos maravillosos fermentos naturales: las enzimas.

• **Ptialina.** Se segrega en la boca y transforma los almidones en disacáridos como la maltosa y la sacarosa. Actúa únicamente en un medio moderadamente alcalino, ya que una reacción demasiado alcalina o bien, en el otro extremo, ácida destruye esta enzima.

Combinaciones en el aparato digestivo

• En la digestión de los alimentos intervienen un grupo de agentes (o fermentos) orgánicos llamados «enzimas». Su función es desglosar los alimentos en nutrientes simples: lípidos en ácidos grasos, proteínas en aminoácidos, almidones en glucosa... Hecho esto, los nutrientes se incorporan al torrente sanguíneo para alimentar las células.

• Los diferentes tipos de enzimas tienen funciones diferenciadas. Cada enzima actúa sobre un tipo de sustancia alimentaria de una manera concreta.

• **Pepsina.** Se segrega en el estómago y el páncreas, donde transforma las grasas en ácidos grasos. Necesita un medio ácido para actuar, ya que un medio alcalino la destruiría de inmediato. También queda anulada por los alimentos demasiado fríos, como helados y bebidas.

• **Amilasa.** Esta enzima se produce en el páncreas, el estómago y el hígado. Su función es transformar los almidones y azúcares en glucosa y glicógeno, que se almacena en el hígado.

• **Lipasa.** La encontramos en el estómago y el hígado. Su cometido es transformar las grasas de los alimentos en ácidos grasos que pueden ser asimilados por el torrente sanguíneo.

• **Renina.** La segregan los niños en el estómago hasta los siete años aproximadamente. Actúa sobre la caseína, que es la responsable de coagular la leche.

COMBINACIONES INCOMPATIBLES

Los ácidos y los almidones no se deberían incluir en la misma comida, ya que los primeros destruyen la ptialina, una enzima necesaria para asimilar los almidones. Estos últimos, además, tardan más en ser digeridos, pongamos por caso, que la fruta, lo que entorpecería todo el proceso digestivo. En suma, es conveniente consumir los ácidos solos y separados de otro tipo de alimentos.

Asimismo, no hay que combinar las proteínas (en especial desgrasadas, como el yogur o el kéfir) con almidones concentrados (pan, arroz, féculas), ya que ambos siguen procesos digestivos diferentes. Esto desaconseja algu-

nos bocadillos clásicos, a no ser que se combine pan integral con proteínas grasas como queso, mayonesa o huevo duro.

Los azúcares (añadidos o los naturales de la fruta) fermentan en el estómago en presencia del almidón. Esto sucede porque ambos realizan diferentes tiempos de digestión. Por lo tanto, son especialmente incompatibles (indigestos) los pastelitos de frutas (en especial si contienen frutas muy ácidas) y el pan con mermelada endulzada. Si no podemos resistir la tentación de los pastelitos, tendremos que consumirlos fuera de las comidas principales para evitar dicha fermentación. Otra opción es comerlos al principio de las comidas, ya que son de rápida digestión.

Por su parte, la leche produce mal resultado en combinación con el resto de categorías alimentarias, excepto con frutas ácidas en forma de cuajada, yogur o kéfir. Por último, cabe resaltar que la leche está indicada, por naturaleza, para los lactantes y niños, ya que a partir de los siete años carecemos de la renina, la enzima que permite asimilar y aprovechar todos sus nutrientes.

COMBINACIONES MODERADAMENTE COMPATIBLES

Las grasas combinan medianamente bien con los almidones, ya que las primeras ralentizan la descomposición de los segundos. Este mayor tiempo del proceso digestivo permite que los jugos gástricos puedan asimilar las diferentes categorías alimentarias. Estas combinaciones son, en general, adecuadas a no ser que la persona presente un déficit energético:

Moderadamente compatibles

- Cereales + leguminosas: alubias con arroz, crepes de legumbres, etc.
- Cereales + huevo o queso: pan con queso, pan con mayonesa y huevo duro, etcétera.
- Féculas + huevo o queso o leguminosas: patatas y judías, calabaza y zanahoria con queso rallado, patatas con alioli, etc.
- Leguminosas + semillas: humus (paté de garbanzos con sésamo), sopa de legumbres con pipas de girasol, etc.

En cuanto a las proteínas, en principio no se aconseja combinar dos clases distintas, ya que probablemente seguirán procesos y tiempos digestivos diferentes. Tampoco es conveniente, en principio, conjugar las proteínas con las grasas, a no ser que las últimas representen una proporción pequeña del plato. La grasa reduce la secreción gástrica e inhibe la pepsina, la enzima responsable de transformar las proteínas en aminoácidos.

Por su parte, los azúcares y las proteínas deberían consumirse separadamente, ya que los primeros sólo se digieren en el intestino. Sin embargo, en algunos casos combinan medianamente bien:

Finalmente, la combinación de dos almidones diferentes (por ejemplo, arroz con patatas) no es óptima, pero tampoco presenta incompatibilidad grave, aunque para el organismo es más provechoso digerirlos separadamente. Los más compatibles entre sí son, lógicamente, aquellos más cercanos. En ese sentido, se asimilan muy bien las combinaciones de cereales o los purés que incluyen patata, calabaza y zanahoria.

Combinan medianamente bien

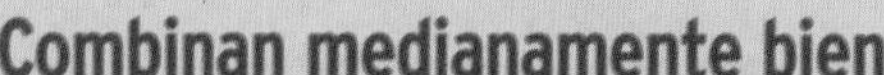

- Monoscárido + proteína grasa: tahín con manzana, manzana con queso de Burgos, etc.
- Monoscárido + proteína sin grasa: frutas + lacticinios, fruta desecada + lacticinios, etc.
- Disacárido + proteína: frutos secos (previamente remojados) con yogur, kéfir, cuajada, etc.

COMBINACIONES COMPATIBLES

Las frutas combinan muy bien entre sí siempre que no mezclemos variedades muy dulces con otras muy ácidas (por ejemplo, plátano + limón, higo + naranja).

Por su parte, las proteínas y las hortalizas combinan perfectamente bien, ya que presentan tiempos de digestión similares. Las hortalizas, además, aportan agua y sales minerales que facilitan la asimilación de las proteínas.

Otra combinación cinco estrellas es la de almidón con hortalizas, ya que estas últimas facilitan la digestión del primero. Esta feliz unión incluye platos como una paella vegetal de arroz junto con ensalada verde.

Asimismo, el almidón combina notablemente bien con las grasas, por lo que resultan interesantes combinaciones como patatas con aceite de oliva, ensalada con patata y aguacate, etcétera. Y las grasas también combinan bien con las hortalizas, ya que las primeras ralenti-

zan moderadamente las segundas, pero no impiden una buena digestión. Especialmente beneficiosa es la combinación de aceite de oliva de primera presión en frío con ensaladas o bien con verduras al vapor, que pueden coronarse con algún fruto seco como piñones o nueces.

Las mejores combinaciones

- Frutas dulces + frutas dulces (p.e. plátano y manzana)
- Frutas dulces + frutas semiácidas (p.e. cerezas y manzana)
- Frutas semiácidas + frutas semiácidas (p.e. melocotón y cerezas)

¿CUÁNTO HAY QUE COMER?

Aunque las cantidades pueden variar ligeramente entre una tendencia dietética y otra, se aconseja la ingestión diaria de 1.500 g de alimento (de los cuales 500 g serán en seco) para adultos inactivos, y hasta 2.400 g diarios de alimento (de los cuales 800 g serán en seco) para adultos activos.

La dietética integral prefiere repartir los alimentos en pequeñas tomas distribuidas a lo largo del día a los grandes «atracones». Para niños y adolescentes, lo ideal es organizar la dieta en torno a 4 ó 6 comidas diarias, que se reducirán a 3 ó 4 para adultos saludables, y a 2 ó 3 en personas de avanzada edad.

TABLA DE ASOCIACIONES ALIMENTARIAS

♥ **Asociación favorable**
Válida para todas las situaciones energéticas

■ **Asociación neutra**
A utilizar con prudencia en caso de debilidad energética

▲ **Asociación incompatible**
A evitar en toda ocasión

			Glúcidos						
			Azúcares simples						Azúcares dobles
			Ácidas	Semiácidas	Dulces	Desecadas	Neutras	Miel	
			Kiwi Naranja Limón Mandarina Clementina Pomelo Tomate Granada Piña tropical Toronja Grosella Mango Arándano	Cereza Albaricoques Ciruela Papaya Fresa Pera ácida Melocotón ácido Manzana ácida Nectarina	Dátil fresco Higos frescos Uva dulce Manzana golden o reineta Plátano Banana Cambur Membrillo Guinda Ruibarbo	Pasa Pasa de Corinto Ciruela pasa Dátil seco Higos secos Orejones	Melón Sandía	Miel de abeja de todas clases	Azúcar moreno de caña Azúcar candy Azúcar de remolacha Sirope de manzana Mermelada Confitura Jalea real Frutas almibaradas Fruta escarchada
Glúcidos	Azúcares simples	Ácidas	♥	♥	■	■	■	■	■
		Semi-ácidas	♥	♥	♥	♥	■	♥	■
		Dulces	■	♥	♥	♥	■	♥	■
		Descecadas	■	♥	♥	♥	■	■	■
		Neutras	■	■	■	■	♥	■	■
		Miel	■	♥	♥	■	■	♥	■
	Azúcares dobles		■	■	■	■	■	■	♥
	Almidones		▲	▲	▲	■	▲	■	■
Prótidos	Leguminosas		▲	▲	▲	▲	▲	▲	▲
	Proteínas magras		■	♥	♥	♥	■	■	■
	Proteínas grasas		■	■	▲	■	▲	■	▲
Leche			▲	▲	▲	▲	▲	▲	▲
Lípidos			▲	▲	■	■	▲	■	■
Hortalizas	Débilmente almidón		■	▲	■	■	▲	■	■
	Medianamente almidón		▲	▲	▲	▲	▲	▲	▲
Agua			■	■	■	▲	■	■	♥
Sal			▲	▲	▲	▲	▲	▲	▲

	Prótidos			Leche	Lípidos	Hortalizas		Agua	Sal
Almidones	**Leguminosas**	**Proteína magra**	**Proteína grasa**			**Débilmente almidón**	**Medianamente almidón**		
Cereales Avena Trigo Maíz Centeno Cebada Mijo Alforfón o trigo sarraceno Arroz integral Féculas Patata Boniato Tapioca Harinas, pastas y sémolas	Soja verde Soja roja o azukis Soja amarilla Lenteja Habas Habichuelas Judía Guisante Almorta Veza Garbanzos Alfalfa	Yogur Leche cortada Queso fresco Requesón Kéfir Nonó Levadura seca de cerveza Levadura de torula Queso blanco de cabra Queso ácido Germinados Pescado	Quesos grasos Emmental Gruyère Comté Manchego graso y con poca sal Carne Oleaginosos Almendra Avellana Nuez Piñón Pistacho Olivas Cacahuete Huevos		Aceites Oliva Girasol Soja Maíz desgrasado Granilla de uva Cacahuete Cártamo Nata Mantequilla Aguacate Margarina Mayonesa Alioli Coco	Espárrago Brécol cocido Berenjena cocida Pepino Calabazín Berro Endibia Espinaca cruda Lechuga Escarola Acedera Col lombarda Champiñón Acelgas Apio	Pimiento Remolacha Zanahoria Repollo Col de Bruselas Perejil Ajo Calabaza Colinabo Chirivía Cardo Cebolla Ajo Puerro Nabo Col cruda Diente de león		
▲	▲	■	■	▲	▲	■	▲	■	▲
▲	▲	♥	■	▲	▲	▲	▲	■	▲
▲	▲	♥	▲	▲	■	■	▲	■	▲
■	▲	♥	■	▲	■	■	▲	♥	▲
▲	▲	■	▲	▲	▲	■	▲	■	▲
■	▲	■	▲	▲	■	■	▲	■	▲
■	▲	■	■	▲	■	■	▲	♥	▲
♥	■	▲	■	■	■	♥	♥	■	■
■	♥	■	■	▲	■	♥	■	■	■
▲	■	♥	■	■	■	♥	■	■	■
■	■	■	■	▲	▲	♥	♥	■	■
■	▲	■	▲	♥	▲	▲	▲	♥	▲
■	■	■	■	▲	♥	♥	♥	■	■
♥	♥	♥	♥	▲	♥	♥	♥	♥	■
♥	■	■	♥	▲	♥	♥	♥	♥	■
♥	■	■	■	♥	■	♥	♥	♥	▲
■	■	■	■	▲	■	■	■	▲	♥

En todo caso, y de manera más o menos intuitiva, todos sabemos que algunos alimentos, combinados con otros, son más sabrosos, sanos o nutritivos. Un plato de ensalada es una buena muestra de ello: las verduras que lo componen, ingeridas por separado, pueden resultar en algunos casos bastante insípidas, pero mezcladas en una ensaladera y aderezadas con buen aceite y sal o *gomasio* (semillas de sésamo molidas con sal marina) y un poco de *tamari* (salsa de soja) o de vinagre pueden llegar a convertirse en todo un manjar. En cambio, otros alimentos, por muy sanos y nutritivos que sean por separado, si se combinan pueden resultar indigestos.

Desde finales del siglo XIX médicos y dietistas se han afanado en estudiar las causas que hacen que un alimento sea compatible con otros o que no lo sea. La investigación es compleja, ya que no es probable que se llegue

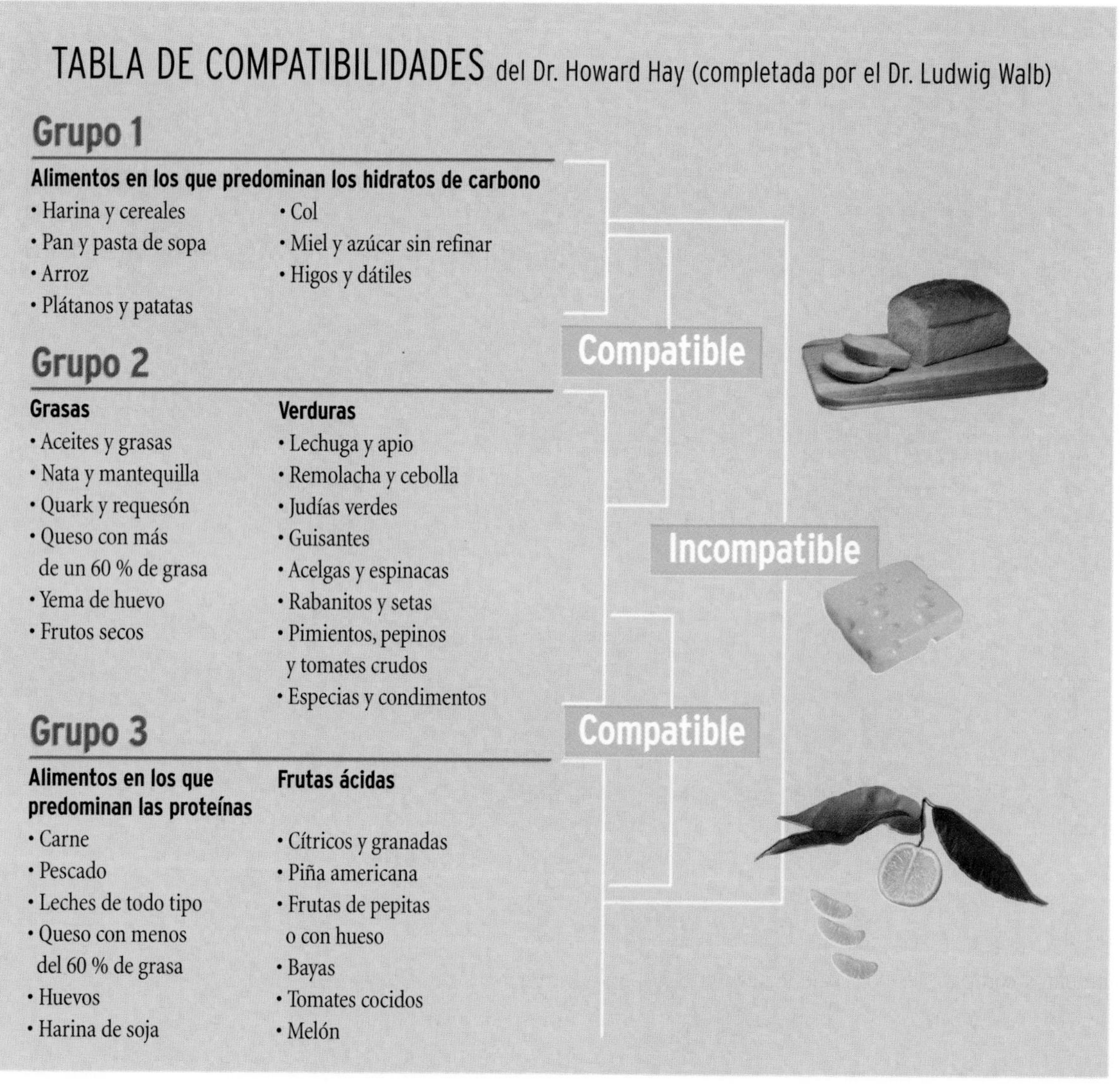

a establecer un criterio único de validez universal. En la alimentación influyen tanto los alimentos ingeridos como la **situación** en la que se toman y el estado de salud del comensal. Por muy sano que sea un plato, si se come con prisa, **nerviosismo** o ansiedad, es muy posible que acabe por sentarnos mal.

Por otra parte, la compatibilidad depende mucho de la **cantidad** que ponemos en el plato (casi tanto como de las sustancias que lo componen). «Según las cantidades, no hay incompatibilidades», solía decir el célebre médico naturista Dr. Eduardo Alfonso.

Como puede verse en las tablas de la página anterior, los huevos y las patatas son incompatibles, y sin embargo forman parte de muchos platos. ¿Hemos de renunciar a comer, por ejemplo, unos huevos fritos con patatas? En absoluto. Basta con reducir la cantidad de uno de los dos ingredientes y abstenerse de comerlos a menudo, ya que no son demasiado recomendables, sobre todo si se desea perder algunos kilos.

Otro de los elementos fundamentales para evitar incompatibilidades en la comida —y, por tanto, disfrutar de una mejor digestión y asimilación de los alimentos— es si se bebe durante la comida. Suele decirse que la mayoría de personas que empiezan la comida con ensaladas o alimentos crudos gozan de una mejor digestión y no sufren esa sed exagerada que se observa tan a menudo. Desde el punto de vista de no entorpecer la digestión, es una buena costumbre **evitar los líquidos** mientras se come.

Así pues, uno de los secretos de una buena dieta se basa en la selección de los grupos de alimentos compatibles. Hay que evitar en lo posible el exceso de las mezclas y los menús con demasiados ingredientes.

¿Es lo mismo «compatibilidad» que «combinación»?

No, aunque ambos conceptos suelen estar bastante relacionados desde un punto de vista dietético. La compatibilidad de unos alimentos con otros depende de la naturaleza de sus nutrientes y de la relación que establecen con nuestro organismo durante la digestión. La combinación se refiere más bien a las posibilidades que brindan ciertos alimentos para cumplir con un cometido determinado como puede ser la **pérdida de peso** o el aporte **suplementario** de **nutrientes** en caso de enfermedad.

¿Alguien quiere pruebas? Es muy fácil de comprobar: seguro que alguna vez habrá probado churros («porras») con chocolate para desayunar o como merienda. Y seguro también que, al cabo de unos cuantos bocados, habrá tenido una sensación de atiborramiento. La explicación es muy sencilla: además del aceite refrito, en un churro aparece un montón de incompatibilidades: azúcar, aceite, patatas, harina de cereal...

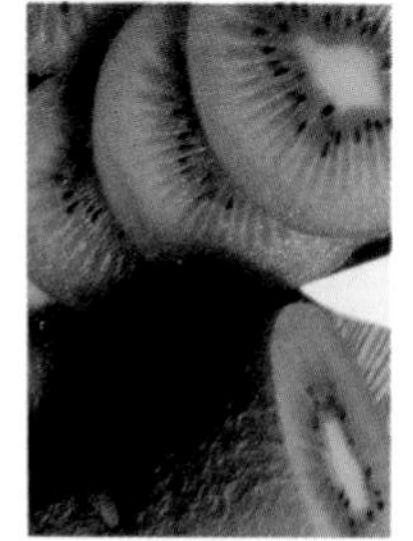

Los frutas ácidas, como el kiwi, suelen ser muy nutritivas, pero menos compatibles que el resto.

Recordemos que esa vaga sensación de sopor en la sobremesa que impide concentrarse y casi obliga a dormir una breve siesta no es señal de una buena digestión, sino que indica precisamente todo lo contrario: un esfuerzo adicional del estómago y del hígado. Estas malas digestiones son más o menos llevaderas, pero pueden provocar trastornos con el paso del tiempo. No es bueno mezclar sin ton ni son, por mucho que nos gusten ciertos ingredientes.

Los doctores Howard Hay y Ludwig Walb estudiaron con detenimiento la digestibilidad y compatibilidad de los alimentos. Sus conclusiones (que vemos en la tabla de la página anterior) se han convertido en el criterio más fiable y difundido hasta el momento a la hora de planificar una dieta.

Comer de todo... pero no todo junto

Más recientemente se ha dado a conocer la llamada «alimentación disociada» que ha cosechado, con algunas variantes, un éxito importante. El motivo es sencillo: ayuda a un buen **control natural del peso** y la obesidad.

Este tipo de dietas se basan en una hábil combinación de los alimentos, que vemos resumida en la tabla de la página siguiente. A nadie se le escapa la importancia de prevenir trastornos derivados de la alimentación, como la anorexia o la bulimia y, en general, todos los derivados del exceso de peso, ya que en las sociedades desarrolladas se suele comer demasiado, desordenadamente y alimentos desnaturalizados, excesivamente refinados y procesados o poco nutritivos. Uno de los primeros en darse cuenta de todo ello fue el francés Montignac, que por su profesión debía asistir a muchas comidas de negocios, sobrecargadas de grasas y sal, cuando no de sospechosos ingredientes reconservados una y otra vez o cocidos «a bofetones» en hornos microondas... Fue uno de los primeros en darse cuenta de que lo mejor es...

- Beber agua al despertar.
- Tomar un buen desayuno.
- Un tentempié a media mañana.
- Un vaso de agua antes de comer.
- Empezar el almuerzo por los postres... en forma de ensalada. Dejar la fruta (una pieza) para la merienda.
- Beber otro vaso de agua antes de cenar.
- Empezar la cena con un plato de alimentos crudos.
- Tomar una infusión relajante dos horas después de cenar.

Vivir sin acidez. El delicado equilibrio de las enzimas

Las enzimas actúan sobre un tipo distinto de alimento y, para poder actuar, necesitan un determinado entorno, en el que son importantes las buenas combinaciones de alimentos.

- **Ptialina.** Se segrega en las glándulas salivares y actúa sobre los almidones (predigestión). Sin embargo, es una enzima que se destruye con facilidad en caso de acidez (pH ácido o también muy alcalino). Por eso, no conviene comer cereales o almidones en general, con carne o con fruta ácida.
- **Amilasa.** Se segrega en las glándulas salivares y el páncreas, y actúa en almidones y carbohidratos en general.
- **Pepsina.** Se segrega en el estómago y actúa sobre almidones y carbohidratos. Sólo está activa en un medio ácido (se destruye inmediatamente en un medio alcalino). Se interrumpe con un brusco cambio de temperatura (por ejemplo, una bebida helada).
- **Lipasis.** Se segrega en el páncreas y metaboliza las grasas, convirtiéndolas en ácidos grasos.

LOS TRES GRUPOS ALIMENTICIOS

Gupo proteico	Grupo neutro	Grupo amidáceo

• Cualquier tipo de carne • Embutidos • Caldo de carne • Cualquier tipo de pescado • Crustáceos • Moluscos • Huevos • Leche, quesos y yogur • Leguminosas • Guisantes • Habas • Judías • Lentejas • Soja y derivados	• Todas las verduras excepto las leguminosas • Semioleaginosas • Nueces • Almendras • Avellanas • Semillas de sésamo • Aceite de oliva • Aceite de semillas • Sal • Plantas aromáticas y especias	• Todos los cereales y derivados • Avena • Escanda de Navarra • Trigo • Maíz • Mijo • Centeno • Arroz • Cebada • Harina • Pan • Pasta • Tortas de maíz • Patatas
Los alimentos de este grupo: • Pueden combinarse con alimentos del grupo neutro (color verde). • No pueden combinarse con los alimentos del grupo amidáceo (color azul). • No pueden combinarse enttre sí.	Los alimentos de este grupo: • Pueden combinarse con alimentos del grupo proteico (color naranja). • Pueden combinarse con los alimentos del grupo amidáceo (color azul). • Pueden combinarse entre sí.	Los alimentos de este grupo: • Pueden combinarse con alimentos del grupo neutro (color verde). • Pueden combinarse entre sí. • No pueden combinarse con los alimentos del grupo proteico (color naranja)

Utensilios y técnicas de cocción

Utensilios y técnicas de cocción

5

Higiene y conservación de los alimentos
La preparación de los alimentos. Ideas básicas
Técnicas y estilos de cocción
Los utensilios
Los materiales. Sugerencias culinarias

Se puede reeducar el paladar con nuevos, deliciosos y saludables sabores, y tanto nuevos como olvidados.

La buena cocina, rica en sabores, no tiene por qué estar reñida con la salud, como estamos viendo. Vamos a preparar menús sabrosos, y nutritivos, tanto clásicos como de la nueva cocina dietética.

Una vez repasadas las sustancias nutritivas necesarias y los alimentos y superalimentos preferibles, llega el momento de planificar los menús y ponernos manos a la obra en la cocina. En este capítulo recordamos una serie de consejos básicos, pero esenciales, para conservar y preparar los alimentos sin que se nos estropeen ni nos perjudiquen. Como se sabe, cualquier producto, desde la naturaleza hasta que llega a la mesa, atraviesa un proceso de recogida, distribución, comercialización y preparación con una serie de medidas de higiene y conservación; pero, por desgracia, y debido a los cambios en el mercado y en la sociedad, frutas –al recolectarlas poco maduras, por ejemplo–, verduras y legumbres están perdiendo una parte sustancial de su sabor y riqueza nutritiva. De todas formas, no está de más recordar las diez reglas de la Organización Mundial de la Salud (OMS), sobre manipulación de los alimentos y que nos conciernen a todos:

1. Escoger siempre alimentos tratados de la manera menos agresiva posible. Las frutas, verduras y legumbres no requieren un tratamiento especial en casa antes de su consumo. Pero, por ejemplo, las naranjas se lavan con sustancias químicas y se enceran para que aparezcan más relucientes; las legumbres se tratan para evitar el enmohecimiento... y así un sinfín de alimentos «naturales», que dejan de serlo para convertirse en potencialmente peligrosos. De ahí la importancia de los alimentos de cultivo biológico o ecológico (sin pesticidas, plaguicidas ni aditivos químicos de síntesis), que van directamente del huerto a la tienda. A veces son algo más caros y de aspecto menos atractivo, pero son sin duda más saludables. Se ha llegado a decir que los fertilizantes y la ingeniería genética logran maravillas... de plástico.

En cuanto a la leche, a pesar de que cruda es más nutritiva, es más seguro adquirirla pasteurizada para evitar gérmenes que podrían causar trastornos y enfermedades.

2. Cocer bien los alimentos que lo requieran. Todas las frutas y muchas verduras pueden comerse crudas, pero no son pocos los alimentos que requieren la ayuda del calor. La temperatura de seguridad equivale al escaldado (70 ºC), y debe aplicarse lo más uniforme posible en toda la masa del alimento.

3. Consumir los alimentos recién cocinados lo antes posible. Aunque la cocción acaba con buena parte de microorganismos —y, por desgracia, de muchos nutrientes—, los alimentos siguen siendo un campo abonado para el desarrollo de otros nuevos, por eso convine tanto consumirlos enseguida, a pesar de que la vida moderna no ayude en este punto.

Pasteurización y homogeneización

En los envases de leche suele leerse la indicación «leche pasteurizada y homogeneizada», que son dos tratamientos a los que se somete la leche cruda para garantizar su conservación en perfectas condiciones.
La pasteurización consiste en calentar la leche a 65 ºC y enfriarla bruscamente a 4 ºC varias veces para eliminar todas las bacterias.
La homogeneización consiste en la inyección de vapor a 130 o 140 ºC durante dos o tres segundos y en la reducción de temperatura hasta los 70 ºC. De este modo, los glóbulos grasos se fragmentan y se impide la coagulación de la leche.

4. Guardar los alimentos, crudos o cocinados, de la manera más adecuada. Expuesto a temperaturas comprendidas entre los 5 y los 70 ºC cualquier alimento comienza a degradarse, por eso hay que guardarlos en la nevera o frigorífico de inmediato.

5. Recalentar los alimentos cocinados a unos 70 ºC. De todas formas siempre es preferible evitar al máximo el recalentado (más de una vez) de los alimentos.

6. Evitar que estén en contacto los alimentos crudos y los cocinados. Todas esas medidas no tendrían ninguna eficacia si se deja un alimento cocinado junto a otro crudo (y aún menos si no está bien limpio).

7. Mantener las manos limpias en todo momento.

8. Mantener limpia la cocina. Antes y después de cocinar conviene lavar a conciencia todas las superficies de trabajo y utensilios que vayan a emplearse. No está de más echar unas gotas de lejía en el agua y aclarar luego abundantemente.

Las 10 normas de la OMS pueden resumirse así:
- Limpieza
- Cuidado del tiempo y de las temperaturas de cocción
- Conservación correcta

9. Evitar que los animales estén cerca de los alimentos. Se refiere tanto a los animales domésticos (hay que evitar que el bol de comida del perro o del gato esté demasiado cerca del resto de alimentos), como a los insectos que puedan presentarse al cocinar.

10. Utilizar siempre agua potable. La cocción con aguas no potables, a veces incluso hervidas, puede provocar intoxicaciones. Por otra parte, cada vez son más los consumidores que evitan el agua del grifo y pasan a cocinar con agua embotellada, sea mineral o de mesa.

La conservación de los alimentos

Ningún alimento se mantiene intacto con el paso del tiempo a causa de las reacciones enzimáticas o por el desarrollo de microorganismos. Para evitar su degradación existen varias formas de conservación con buenos resultados, pero de todas formas inisitimos en la importancia de elegir alimentos lo más **vitales** posible y, por tanto, de evitar las conservas (de entre las que descartaremos los ahumados (con humo) y el curado y en salazón (con sal).

• **Conservas al baño maría.** Las frutas, las verduras y las legumbres pueden conservarse dentro de envases cerrados herméticamente y calentados a una temperatura determinada para eliminar enzimas degradantes, gérmenes y toxinas. Se pueden preparar en casa siguiendo las reglas tradicionales.

• **Deshidratación.** Consiste en secar al aire los alimentos para que pierdan la mayor parte del agua que los componen. De este modo, los microorganismos carecen de un medio en el que desarrollarse. Es uno de los métodos de conservación más antiguos. En la actualidad se realiza en cámaras que se cierran al vacío. .

• **Refrigeración y congelación.** Los gérmenes se desarrollan a partir de una cierta temperatura. Para evitarlo hay que guardar los alimentos en frío. Para un uso más o menos inmediato, la temperatura debe estar entre los 2 y los 5 ºC. Si, por el contrario, desea congelarse, habrá que llegar a los –24 ºC. Los alimentos congelados se conservan mejor pero, entre otras cosas, suelen producir una mayor sensación de sed al digerirlos.

¡Cuidado con los alimentos irradiados!

Desarrollado a principios de la década de 1950, elimina los insectos y los microorganismos de las frutas, las verduras y los cereales y retrasa su maduración, lo que, en principio, podría considerarse como una ventaja, ya que permite dedicar más tiempo a su transporte y almacenamiento. Sin embargo, la presencia de isótopos radiactivos en la comida (aun estando por debajo de 1 Mrad, el máximo aceptado) no puede tener buenas consecuencias para la salud.

La preparación de los alimentos

El secreto de la buena cocina natural y de casi toda buena cocina se da en tres principios: una buena selección de los alimentos, una buena preparación y una buena presentación. En este libro comentamos los alimentos, la proporción más adecuada de cada uno de ellos en la dieta diaria y su aporte nutritivo. Es el momento de detenernos muy brevemente en algunas técnicas de cocina, que conviene dominar lo mejor posible.

Quien desee convertirse en un buen cocinero deberá aprender a pelar, cortar, triturar... Son técnicas básicas del arte culinario y de ellas derivan otras, algo más complejas y relacionadas con otros utensilios (colar, filtrar, cocer, freír...). Los interesados en profundizar en los modos de preparación y estilos de cocción de los alimentos encontrarán la respuesta exhaustiva en las páginas. finales de este libro.

CORTAR

El corte de los alimentos es uno de los pasos más importantes en la cocina, ya que según el sentido en que se haga y el grosor y la textura que se obtenga en las piezas cortadas, el sabor y la consistencia del plato pueden variar notablemente. Es indispensable disponer de un buen juego de cuchillos, en perfecto estado y muy bien afilados. Para cortar verduras y hortalizas es imprescindible disponer de un cuchillo con punta, muy útil a la hora de traspasar la corteza de ciertas hortalizas, como calabazas, sandías y melones.

Los cuchillos chinos, sin punta y rectangulares, permiten cortar vegetales con mayor rapidez y, aunque cada vez son más fáciles de encontrar, pueden sustituirse por cuchillos de pastelería o para cortar queso. Además de los cuchillos especiales para cortar ciertos alimentos, hay otros que permiten realizar ciertos cortes decorativos. Los más

Es necesario dominar las técnicas culinarias para sacar el máximo partido a los alimentos.

PELAR

Por lo general suele utilizarse un cuchillo pequeño, que pueda manejarse bien, con punta y un filo que corte lo suficiente como para separar la capa más externa del fruto o la verdura. Si no se dispone de mucho tiempo o si no se tiene demasiada maña, puede emplearse un pelador, un instrumento bastante similar a un cuchillo con una hoja curva y una hendidura afilada en su centro. Los nuevos peladores manuales ultrarápidos para patatas grandes resultan muy útiles también para pelar zanahorias con gran comodidad, sobre todo si no son de cultivo ecológico.

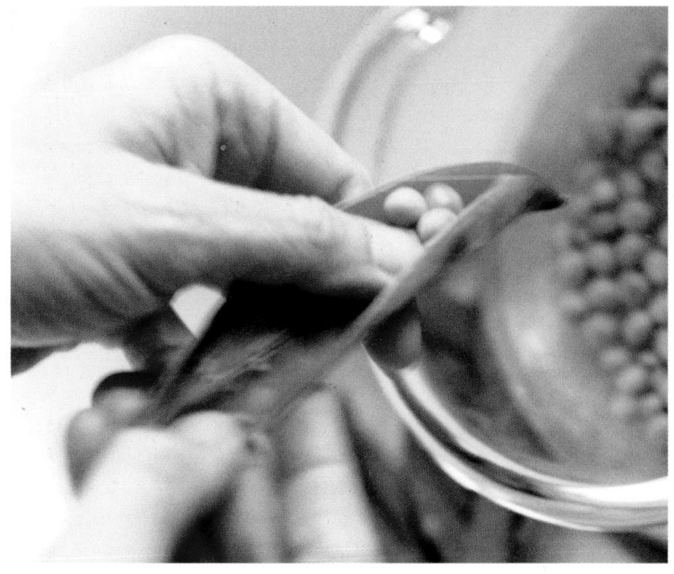

¿Es mejor cocinar con leña e instrumentos de barro?

A veces oímos grandes elogios del pan elaborado «como antes», es decir, cocido con leña, o bien nos ponemos alerta si hay que utilizar ollas de aluminio. Pero no sabemos si esta prevención es real o se sostiene científicamente. Por eso, para saber si es preferibe la cocción con fuego de leña y el empleo de materiales vidriados o de barro, repasaremos unas investigaciones que tratan de explicar científicamente estas preferencias. Ante todo, se demuestra sin lugar a dudas que la calidad del agua al cocinar también depende del tipo de calor empleado para calentarla, así como por el recipiente empleado.

El efecto de la fuente de calor sobre la calidad del agua

El experimento fue el siguiente: se hirvió agua destilada en un condensador de reflujo, empleando diversos combustibles: gas, electricidad, carbón, leña y paja.

Durante 20 minutos se mantuvo del agua en ebullición y luego fue enfriada a 17 ºC. Luego se utilizó dicha agua para germinar trigo: los granos se ponían a germinar en recipientes de porcelana que contenían el agua. Al cabo de 10 días se midió la longitud de las hojas y la medida de las raíces se utilizó para elaborar las gráficas sobre la calidad del combustible. El resultado fue muy elocuente: para la longitud de las hojas, la electricidad es la fuente de calor menos favorable, seguida por el gas, el carbón, la leña y por último la paja. La electricidad y el gas tienen un efecto inhibidor muy marcado con relación al testigo (agua destilada), mientras que la leña y la paja tienen por el contrario un efecto estimulante.

En este sentido, no deja de llamar la atención que sean los medios de calefacción más modernos los más desfavorables y que la paja (mezclada con tierra o boñiga de vaca) sea utilizada corrientemente en los países escasos de recursos.

Por más que afirmen los físicos que una caloría es siempre una caloría, cualquiera que sea su origen, esta experiencia demuestra claramente que hay diferentes calidades de calor y que los medios más tradicionales ofrecen una mayor fiabilidad en cuanto a dicha calidad. Y qué decir de los actuales hornos microondas, que calientan los alimentos «friccionándolos» a nivel molecular a partir de ondas electromagéticas capaces de atravesar los recipientes.

El efecto de los recipientes en la calidad del agua

Se hizo una prueba semejante a la anterior variando esta vez el material del que estaba hecho el recipiente en el cual se hacía hervir el agua. Se procedió de la misma manera: se hizo hervir durante 20 minutos el agua destilada en recipientes de aluminio, hierro, estaño, cobre, cristal, esmalte, porcelana, barro y oro.

El agua se enfrió a 17 ºC y se empleó para hacer germinar trigo. La medida de las hojas y de las raíces al cabo de 10 días también deparó unos claros resultados, ya que se observaron también considerables diferencias de crecimiento según los recipientes empleados. Nuevamente los materiales más modernos son los peores, (el aluminio es el más nocivo).

El oro va en cabeza, lo que puede extrañar, dado que los demás metales se sitúan al otro extremo de la escala. Hay que tener en cuenta el valor sagrado atribuido al oro en todas las civilizaciones que han conocido este metal. En las antiguas civilizaciones, el oro no era como hoy en día únicamente un metal precioso, debido a su rareza; el valor que se le atribuía era debido, sin duda, mucho más al hecho de que se le reconocían propiedades excepcionales, como confirma este experimento. E imediatamente después del oro viene el barro, uno de los materiales más simples y antiguos.

Una conclusión práctica sería que vale más utilizar, *en la medida de lo posible*, recipientes de barro (1) o esmaltados (2). En cuanto a cocinar con leña, sin duda no es muy cómodo, pero si surge la oportunidad de escoger la preferiremos al gas, el carbón o la electricidad.

Es cierto que «los seres humanos no somos granos de trigo», pero no es menos cierto que existe una universalidad de las leyes biológicas.

* Según las investigaciones de R. Hauschka.

Los utensilios de aluminio no son aconsejables, ya que mínimas (aunque nocivas) cantidades de aluminio se disuelven en las comidas, lo cual puede provocar desequilibrios metabólicos. Los ácidos pueden disolver el aluminio cuando éste se calienta. El vinagre con sal puede ser peligroso con el aluminio, también los zumos de frutas calientes y, en definitiva, cualquier alimento que contenga una combinación de sal y ácido. Así pues, hay que evitar cocinar en utensilios de aluminio frutos ácidos, tomate, leche, y nunca debe añadirse sal o bicarbonato a los alimentos que se estuvieran cocinando.

(1) No conocemos ningún fabricante de vajillas de oro, pero en todo caso la diferencia de calidad entre el oro y el barro no justifica la diferencia de precio.

(2) Algunos de los materiales usados en la preparación de barnices para cerámica son venenosos, especialmente los compuestos con plomo. Para evitarlo, las industrias cerámicas (según normas vigentes en toda Europa) realizan diferentes procesos. Por ejemplo, la cerámica vitrificada (tipo «Bisbal») lleva en la composición del barniz sulfuro de plomo, que una vez mezclado con el cuarzo se convierte en un silicato de plomo insoluble en los alimentos. En casi todos los países existen controles de seguridad respecto a la cuestión de los barnices cerámicos.

conocidos tal vez sean los que horadan, en forma de cilindro o semiesfera huecos; con ellos pueden vaciarse manzanas, patatas, etc. para rellenarlas. A pesar de que son muy útiles, siempre pueden sustituirse por un cuchillo y una cuchara afilada.

Para cortar con comodidad es imprescindible una buena tabla de madera, sin barnizar y de unos 30 cm de largo por 20 cm de alto y unos 3 ó 4 cm de grosor. Debe ser de buena calidad, ya que ha de sufrir golpes, cortes y lavados a diario. Las maderas de haya o pino, con pocas vetas, son las mejores.

RALLAR

Los ralladores permiten desmenuzar alimentos como las zanahorias, el pan, los huevos o el queso, por ejemplo. Los más adecuados son los rectangulares de un solo uso (es decir, los que presentan las estrías en una de sus caras y dispuestas en un sentido). Los de acero inoxidable pueden conservarse durante mucho tiempo. Lo idóneo sería disponer de dos: uno de estrías medianas para verduras, frutas, huevos, etc., y otro de estrías pequeñas para nuez moscada, queso, pan, almendras y otros alimentos de dureza y textura similares. Hay otros ralladores más complejos, compuestos por discos intercambiables, eléctricos o de manivela. Pueden manejarse con mucha más facilidad que los otros, pero algunos no resisten demasiado la presión y tienden a romperse. Además, suelen dar un rallado poco fino.

Una tabla de madera de haya o de pino será muy útil en la cocina.

TRITURAR / BATIR

A veces, para elaborar purés, pastas, cremas o sopas, conviene triturarlos para que se amalgamen y formen un producto de consistencia y fluidez variables. Para ello se dispone de varios utensilios, como el pasapuré, el mortero, o la batidora de brazo (tipo «pimer») o de vaso (tipo «turmix»). También existe una amplia gama de trituradoras eléctricas, algunas con múltiples funciones, como los conocidos como «robots» de cocina.

El mortero requiere un esfuerzo y un tiempo mayores, pero sirve para triturar alimentos en poca cantidad. Debe ser lo más pesado posible (de piedra o de mármol) para que no se mueva mientras se trabaja con él. Los morteros metálicos son más adecuados en herboristerías y farmacias, donde trabajan en seco. Y los de madera absorben jugos, lo que da pie a la generación de bacterias perjudiciales.

El tradicional pasapuré resulta útil para elaborar purés o masas de consistencia algo más blanda, si bien en la cocina las batidoras eléctricas lo han ido arrinconando estas últimas décadas. Para preparar una crema o una sopa se puede preparar un puré con las verduras hervidas y luego disolverlo en el caldo de cocción batiéndolo a mano y mezclándolo con aceite. Si no se tiene demasiado tiempo, puede triturarse directamente con la batidora eléctrica.

No sólo para preparar sopas y cremas, sino para un sinfín de platos y recetas, calientes y frías, existen los aparatos semiprofesionales tipo *Thermomix*. Son caros, pero su utilidad es indiscutible.

Las batidoras permiten un sinfín de trabajos (preparar salsas, montar nata y claras de huevo, etc.) Los molinillos de mesa, similares a los de café, permiten triturar todo tipo de especias y queso. Aunque aún pueden encontrarse, los han sustituido las trituradoras eléctricas.

Existe un sinfín de instrumentos para facilitar la tarea del cocinero, desde un prensaajos hasta los molinillos de semillas y cereales, muy populares en Alemania. De todas formas, el sentido común y la práctica serán en cada caso los mejores consejeros antes de elegir. Recordad que no por disponer de más utensilios se cocina mejor...

MOLER

Hoy en día se puede encontrar todo tipo de harinas integrales de calidad, sobre todo en las tiendas de dietética y alimentos naturales, pero para los que prefieran comprar cereales ecológicos a granel y molerlos en casa poco a poco, existen molinillos (eléctricos o de manivela). Incluso los hay que permiten obtener, por laminación, copos de cereal. Es un utensilio un poco caro, de todas formas.

LA COCCION DE LOS ALIMENTOS

La mayor parte de los alimentos que consumimos han sido pelados, cortados, triturados, molidos y calentados al fuego. Aun existiendo dietas crudívoras en las que se recomiendan alimentos apenas cocinados –y que son perfectamente aceptables–, ciertos alimentos (las patatas, semillas de soja, algunas variedades de alubias, los huevos...) requieren una cocción, ya que poseen ciertas sustancias tóxicas que se destruyen por acción del calor.

• **Hervir.** Se trata de uno de los métodos de cocción más universales: sumergir determinados alimentos en agua hirviendo. Tened en cuenta dos premisas: se debe utilizar siempre la cantidad justa de agua y respetar un tiempo de cocción determinado. Los alimentos, al hervir, desprenden minerales, oligoelementos y otros nutrientes que forman con el agua el caldo de cocción. ¿Tapar o no la olla? Para evitar que alguno de esos elementos desaparezca con el calor es conveniente taparla, pero es inevitable que determinados ingredientes se pierdan o se transformen al hervirlos.

Los hervidos mejoran la digestibilidad de los cereales y son muy adecuados para preparar alimentos como legumbres, verduras, pastas y huevos.

El caldo puede tomarse con el alimento hervido o bien conservarse, si bien debe ser consumido cuanto antes para que no pierda sus propiedades nutritivas por el proceso de oxidación.

• **Cocinar al vapor.** Es una de las técnicas de cocción más saludables que existen y mucho más recomendable que el hervido. Evita que se pierda una gran cantidad de minerales y oligoelementos.

Podemos triturar pequeñas cantidades de alimentos con un mortero de piedra o mármol.

El secreto de un buen corte: el cuchillo

Los cuchillos de acero inoxidable se han impuesto en el mercado, pero aún aparece alguno de acero corriente, a veces más como recuerdo nostálgico que otra cosa. Aunque pueden afilarse mejor, este tipo de cuchillos tiende a oxidarse y ennegrecer con rapidez, por lo que no son recomendables. Pero en el caso de que se tenga alguno en casa que se desee conservar, hay que limpiarlo, secarlo cuidadosamente y luego untarlo con aceite.

No está de más disponer de una piedra de afilar (una arenisca de grano fino) para tener los cuchillos siempre a punto. En el caso de que el filo esté muy mellado o la punta de la hoja se rompa, habrá que prescindir del cuchillo y comprar otro.

• **Estofados.** Resulta muy adecuado para preparar platos en los que deban consumirse alimentos acompañados de caldo. Su preparación es idéntica a la del hervido, si bien suelen incorporar aceite y algunos condimentos.

• **Fritos y rebozados.** El aceite, al calentarse, altera el estado de las cadenas de ácidos grasos que lo componen y se crean sustancias tóxicas que provocan trastornos con el paso del tiempo. Hay que evitar que se caliente demasiado o comience a humear, y no puede reutilizarse. Los aceites más adecuados para freír son los de oliva y, en segundo término, los de girasol y soja.

Los rebozados son peores, si cabe, que los fritos, ya que la masa con la que se recubren los alimentos absorbe una mayor cantidad de grasas. Los platos de este tipo sólo son recomendables en invierno o cuando se debe realizar un esfuerzo que suponga una pérdida notable de energía.

• **Asado a la plancha.** Es una de las mejores alternativas a los fritos, ya que apenas se consume aceite y los alimentos mantienen todos sus nutrientes.

• **Asados al horno.** Junto con el hervido y la cocción al vapor, es una de las técnicas de cocción más recomendables. A temperatura media y con un tiempo de cocción prolongado, los alimentos se asarán de manera uniforme y apenas perderán nutrientes.
La fuente debe untarse con un poco de aceite sin encharcarla (sólo se conseguiría que el alimento estuviese más frito que asado)

• **Asar a la brasa.** Es uno de los métodos más antiguos. En la actualidad, este tipo de cocción sólo puede realizarse en barbacoas, chimeneas u hornos rústicos. Antes de colocar los alimentos sobre brasa hay que asegurarse de que no llameen, pues los quemarían de inmediato.

Los tiempos de cocción demasiado prolongados destruyen casi por completo la vitamina C y buena parte de las que forman el grupo B.

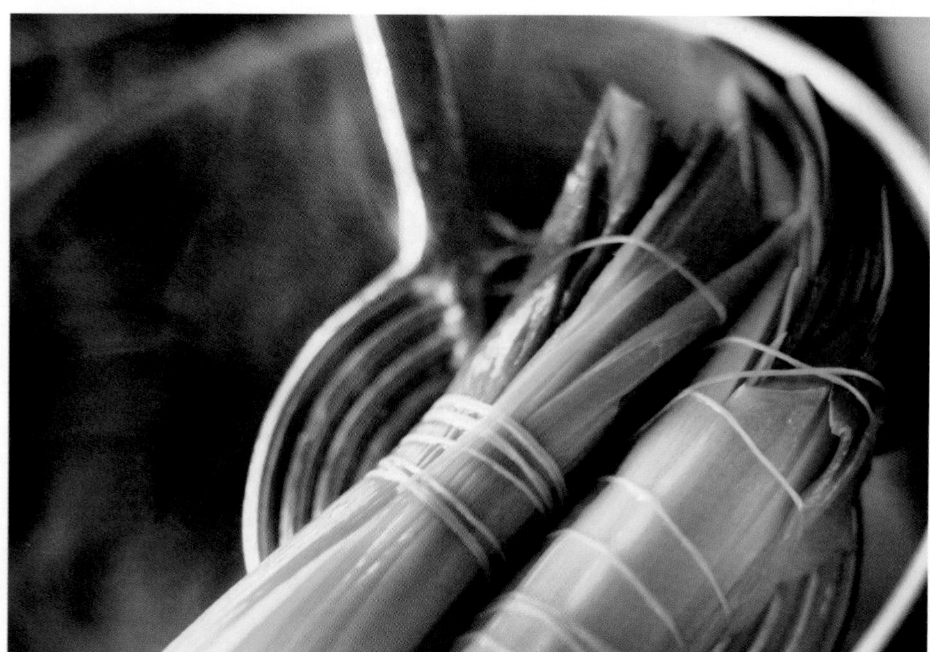

Los utensilios de cocción

Las técnicas de cocción no han variado apenas, pero la inquietud por los temas de salud, vida en forma y longevidad está propiciando una serie de mejoras que facilitan la cocción y preparación de los platos. Así por ejemplo, los hallazgos que facilitan la cocción al vapor en las modernas cocinas: ya es posible saber, con precisión de centésimas de grado, a qué temperatura se está cocinando una verdura al vapor.

En este apartado haremos un pequeño repaso de utensilios y materiales para cocer. Ya hemos visto antes que es preferible la cocción con utensilios de barro, pero existe otro tipo de materiales:

- Utensilios de **vidrio fortificado**. Son convenientes, y sólo tienen la desventaja de que al dejar pasar la luz ayudan a perder algunas vitaminas.
- El **acero inoxidable** será bueno a condición de que en su limpieza no se usen productos abrasivos (por ejemplo con cloro), ni estropajos que rallen. Cuando para limpiarlos sea imprescindible el uso de éstos, se hace hervir después en su interior un poco de vinagre con raíz de ruibarbo durante unos minutos para que desaparezca cualquier resto de metal.
- Mucho más aceptables son los de **hierro fundido**, que vuelven a distribuirse en Europa. También resulan válidos los de hierro bien cubierto de **cerámica vitrificada**. No deben escogerse colores muy brillantes, pues pueden contener cadmio (nocivo) en los esmaltes. Nunca deben ser usados una vez que se desconchen, porque presentan el peligro de contaminación por óxido de hierro y además destruyen la vitamina C.
- Referente a las **sartenes** que no se pegan (con recubrimientos tipo *teflon*), su seguridad es dudosa, pues la capa que las recubre está hecha de una sustancia que si se calienta mucho despide humos venenosos. El proceso para la obtención de tal recubrimiento estuvo envuelto de polémica debido a su potencial cancerígeno, lo cual no ha sido suficientemente explicado a los consumidores. Además, por parte del fabricante se ha optado por una solución, cuanto menos, discutible: cambiar ligeramente la formulación y, sobre todo, el nombre del recubrimiento (con marcas como «Silverstone» y otras).

Dichas sartenes sólo pueden ser válidas para cocer si al ser estrenadas se siguen las instrucciones de untarlas con aceite y calentarlas ligeramente para sellar poros al máximo. Y luego se cuidan extraordinariamente al limpiarlas (muy suavemente y con una esponja suave).

Consejos prácticos

- Los alimentos no deben estar **demasiado cocidos**, pues de lo contrario pierden buena parte de sus propiedades nutritivas.
- Aunque se tarda menos con una temperatura alta, es mejor cocer los alimentos a **temperatura moderada**.

- No conviene **recalentar** los alimentos, ya que pierden sus nutrientes.
- Los alimentos quemados o muy tostados son potencialmente **cancerígenos**, sobre todo si se consumen asiduamente.
- Convienen aprovechar los **caldos de cocción**, puesto que poseen una cantidad importante de nutrientes.

No está de más recordar de vez en cuando el viejo refrán de la salud: «La sartén tiene un agujero para tenerla *siempre* colgada».

• **Las ollas.** Aunque la olla convencional no desaparecerá nunca, han aparecido nuevos modelos que permiten cocinar en menos tiempo.

La olla a presión permite aumentar, gracias a su cierre hermético y su válvula de escape, la presión del interior y la temperatura del agua (en lugar de hervir a 100 ºC, lo hace a 110-120 ºC), lo que permite cocer los alimentos en casi la mitad del tiempo habitual.

Las ollas de presión controlada son similares a las anteriores. Tan sólo se diferencian en su válvula, que indica el grado de presión en el interior. Aunque permiten controlar con más precisión la temperatura y el tiempo de cocción, son más caras que una olla a presión convencional.

Las ollas herméticas con fondo difusor evitan el escape de vapores durante la cocción, por lo que requieren una cantidad de agua o aceite sensiblemente menor. Su fondo, mucho más grueso de lo habitual, permite que el calor se difunda de manera uniforme. Al igual que las ollas de presión controlada, su calidad está fuera de duda, pero su precio es elevado y vale la pena pensarlo bien antes de comprarlas.

• **Las cocinas.** Atrás han quedado las antiguas cocinas de leña o carbón, que sólo pueden encontrarse en ciertos restaurantes de comida tradicional. En la actualidad, todo se

Materiales apropiados para cocinar

• **Barro.** Es el mejor material para cocinar. A la hora de escoger las ollas, habrá que procurar que no estén esmaltadas, ya que suelen desprender pequeñas cantidades de plomo al calentarlas que a la larga pueden ser muy perjudiciales. Los enseres de barro son frágiles, pesados y abultan mucho. Sin embargo, permiten una cocción suave y uniforme que mantiene el sabor y los nutrientes de los alimentos prácticamente inalterados.
No puede ponerse una olla de barro directamente sobre el fuego, pues se agrietaría y acabaría por romperse. Para evitarlo, habrá que calentarla paulatinamente. En el caso de utilizar un fogón de gas, conviene colocarla sobre una placa difusora.

• **Acero inoxidable.** Es el material más utilizado por su resistencia y facilidad de limpieza (hay que lavarlo con agua y jabón procurando no rayar la superficie con el estropajo). Es un buen conductor del calor y permite cocinar los alimentos de manera homogénea.

• **Hierro fundido o esmaltado.** Vuelven los utensilios de hierro fundido, que son interesantes como alternativa al riesgo que ofrecen las sartenes de teflon para la salud (cuando se inicia el desgaste de las capas que las recubren).
Los esmaltados son una alternativa al acero inoxidable. Si el esmalte se conserva y no salta, es un material excelente para cocinar.

cocina con fogones eléctricos o de gas. Los primeros consumen mucha más energía que los segundos. Los fogones de gas queman butano, propano o gas natural y no dejan residuos importantes. No obstante, exigen ciertas precauciones, ya que si el fuego se mantiene demasiado alto, los gases de combustión pueden mezclarse con los alimentos.

• **Los hornos.** Los hornos eléctricos y de gas presentan las mismas ventajas e inconvenientes que los fogones. Gracias a los termostatos, el reloj y los reguladores manuales, pueden seleccionarse diversas modalidades de asado (calentando por arriba, por abajo o bien por los dos lados) y aumentar la variedad y características de los platos que pueden cocinarse.

Ya se han comentado los inconvenientes de los hornos de **microondas** para la salud, por lo que no insistiremos en ello, excepto recordar que son desaconsejables.

• **El wok.** La gracia de este sencillo utensilio tradicional de la cocina china es que permite saltear, rehogar, freír o cocer al vapor (con un cestito adicional). La «paella» wok (en realidad no es exactamente una paella) es el secreto de la cocina que nos llega de Oriente con unas hortalizas vivas, crujientes y multicolores, o con arroces muy aromáticos... en realidad casi todo puede cocinarse en un wok. Lo ideal es elegir uno tradicional, de hierro o acero y de unos 35-40 cm de diámetro, con tapa y un cepillo para limpiarlo. Y para cocinar, mejor con llama de gas.

• **El vidrio resistente al calor.** Muy utilizado para cocinar en hornos de microondas, su calidad es equiparable a la del acero inoxidable.

• **La madera.** Por su baja conductividad es un material típico de cucharas y removedores de cocina. Los utensilios exigen un cierto cuidado: no pueden lavarse con jabón y deben impermeabilizarse con aceite con frecuencia para que no es estropeen.

• **El aluminio.** No es recomendable porque el calor, la sal y los ácidos de los alimentos lo corroen y hacen que se disuelva en los alimentos.

• **El cobre.** Aun estando aleado con estaño, también tiende a disolverse, por lo que no debe utilizarse.

• **El teflón.** Es un buen antiadherente, por lo que suele emplearse para revestir todo tipo de planchas y sartenes. Conviene vigilar, no obstante, el riesgo de que con el uso se desprenda la capa del material porque se considera nocivo, incluso muy nocivo. Por eso es poco recomendable, a no ser que sea nueva.

Recetas

6
Ensaladas variadas
Sopas frías y calientes
Arroces
Patatas
Pasta
Verduras y hortalizas
Pizzas y quiches
Crêpes y croquetas
Platos orientales
Setas y especialidades
Postres
Zumos y bebidas
Guía para comer bien cuando se tiene poco tiempo
La mejor y peor dieta
Glosario

Ensalada de todos los verdes

Ingredientes (para 4 personas)

- 4 hojas de col tiernas
- 1 manojo de berros
- 1 cogollo de achicoria roja (Radichio)
- 12 hojas tiernas de espinaca
- 4 alcachofas
- 4 cebollitas nuevas
- 1 diente de ajo
- Aceite de oliva de primera presión en frío
- Cebollino
- 1 limón de cultivo biológico
- Sal marina

Quitamos las hojas externas de las alcachofas y cortamos las puntas, dejando sólo los fondos. Partimos las alcachofas por la mitad para extraer con una cucharilla la pelusa, si la hubiera. En un mortero machacamos el diente de ajo y hacemos una salsa agregando el aceite, el zumo del limón, el cebollino cortado finamente y la sal. Cortamos las alcachofas en rodajas finas y las dejamos macerar en la salsa, mientras preparamos el resto de ingredientes. Usamos las hojas de col a modo de cuencos comestibles sobre los que colocaremos artísticamente las hojas de espinaca y la achicoria roja cortada en tiras, junto con las cebolletas en cuartos a lo largo, las rodajas de alcachofa y los berros. Sazonamos con la misma salsa y decoramos con tiras finas de corteza de limón.

Ensalada de cuscús

Ingredientes (para 4 personas)

- 500 g de cuscús
- 2 zanahorias
- 1 l de agua
- 6 tomates
- 2 naranjas en zumo
- 1 pimiento rojo o verde
- 2 cebolletas tiernas
- 2 pencas de apio
- 8 hojas de lechuga
- 2 ramitas de menta fresca
- 2 dientes de ajo
- 2 ramitas de perejil
- Aceite de oliva, tamari, levadura y sésamo, para condimentar

Ponemos el cuscús en remojo con el agua y el zumo de naranja durante media hora. Añadimos dos tomates rallados. Pelamos y picamos la cebolleta y las ponemos en agua. Rallamos la zanahoria y picamos bien pequeño el apio, el pimiento, el otro tomate y la lechuga. Trinchamos el diente de ajo, el perejil y la menta. Añadimos todo al cuscús y condimentamos al gusto. El sésamo es conveniente tostarlo y triturarlo primero, con un poco de sal marina, para convertirlo en gomasio.

Ensalada de col roja

Lavamos ambas coles, quitándoles el troncho duro y cortándolas a tiras. Limpiamos la remolacha bajo el grifo para sacar los restos de piel y cortarla a dados. Limpiamos el apio y lo cortamos también a dados. Pelamos y rallamos la manzana. Decoramos la ensalada combinando los colores de las coles y añadiendo las olivas.

Para aliñar, majamos los cominos en el mortero, y agregamos a continuación el aceite y la salsa de soja.

Mezclamos bien y vertimos sobre la ensalada.

Ingredientes (para 4 personas)

- 1/4 de col blanca
- 1/4 de col roja
- 1 manzana
- 1 remolacha cocida
- 1 granada
- 2 pencas de apio
- 20 olivas negras
- 2 cl de salsa de soja
- 1 limón
- 6 cl de aceite de oliva
- 5 g de cominos

Ensalada de maíz y granada

Cortamos los rabanitos en forma de flor y los dejamos un rato con agua helada y vinagre, para que se abran. Disponemos la escarola o la lechuga en trozos pequeños. Echamos por encima los granos de maíz y de granada en forma de lluvia. Bordeamos con las flores de rabanito y la zanahoria rallada. A continuación, picamos en un mortero el ajo y los pistachos, añadimos el aceite y hacemos una pasta. Incorporamos las hierbas, el zumo de limón y el tamari. Mezclamos y rociamos con el aliño la ensalada.

Ingredientes (para 4 personas)

- 100 g de maíz tierno desgranado
- 1 granada
- 1 escarola o lechuga rizada
- 1 zanahoria o remolacha
- 6 rabanitos

Para el aliño:

- 10 pistachos pelados
- 1 diente de ajo
- 1 pellizco de finas hierbas
- 5 ml de zumo de limón
- 4 cl de aceite de oliva
- 2 cl de tamari

Ensalada al estilo hilo

Ingredientes (para 4 personas)

- 4 hojas de col blanca
- 4 hojas de col lombarda
- 4 zanahorias
- 2 remolachas crudas
- 2 manzanas verdes peladas
- 80 g de germinados variados (fenogreco, berro, alfalfa)

Esta ensalada destaca por su verdura cortada en juliana (es decir, a tiras muy finas). Para ello, enrollamos las hojas de col blanca y col lombarda y las cortamos bien finas. Rallamos las zanahorias, la remolacha y la manzana con la parte más gruesa del rallador. Añadimos los germinados, mezclamos bien los ingredientes y los ponemos en un cuenco. Unas cucharadas de mayonesa verde (ver página 804) son ideales para esta ensalada.

Sugerencia: Si sirves la ensalada al estilo hilo en un cuenco transparente, su presentación resultará realmente atractiva y apetitosa.

Ensalada mexicana

Ingredientes (para 4 personas)

- 1 lechuga y 1 tomate
- 1 aguacate maduro
- Unos granos de maíz
- Unos nachos de maíz
- Cilantro fresco
- Aceite y sal

Lavamos y cortamos la lechuga, reservando unas hojas para colocarlas en la base de una ensaladera ancha. Sobre este fondo de lechuga, alternamos lonchas de tomate (sin piel y sin semillas) y lonchas de aguacate. A continuación, diseminamos los granos de maíz y repartimos las hojitas de cilantro.

Aliñamos la ensalada con el aceite y la sal, y la acompañamos con los nachos.

Ensalada de arroz con brécol crocante

Para empezar tostamos el arroz en seco, removiendo sin cesar. Cuando comience a oler a tostado, vertemos una taza de agua en la sartén, la tapamos y dejamos hervir a fuego lento hasta que se consuma todo el agua.

Mientras se enfría, preparamos el resto de los ingredientes: cortamos los dientes de ajo a láminas y los ponemos, junto con la guindilla, en una sartén a fuego lento durante unos tres o cuatro minutos. Pasado este tiempo, retiramos de la sartén y reservamos. A continuación, subimos el fuego y en ese mismo aceite salteamos el brécol cortado a láminas. Al cabo de unos cinco minutos apagamos el fuego. Cortamos la zanahoria con un pelapatatas para obtener unas «cintas» y mezclamos en un bol el arroz, el brécol, la zanahoria, las láminas de ajo y las semillas de calabaza. Aliñamos con tamari y un hilo de aceite de oliva.

Ingredientes (para 4 personas)

- 1 kg de arroz integral
- 2 l de agua
- 1 brécol
- 2 dientes de ajo
- 1 guindilla
- 1 zanahoria
- 20 g de semillas de calabaza
- Aceite de oliva de primera presión en frío
- Tamari

Crudités de verduras con guacamole

Trituramos el aguacate y la cebolla, y cortamos los tomates a dados. A continuación, mezclamos el aguacate con el zumo de limón y le añadimos los tomates cortados, el ajo, la sal, el cilantro y la guindilla. Ponemos en un cuenco el guacamole y en una bandeja, las verduras cortadas, acompañándolo todo con tostadas de pan integral o tortitas de maíz integrales.

Ingredientes (para 4 personas)

Para el guacamole:

- 3 aguacates maduros
- 3 cucharadas de zumo de limón recién exprimido
- 2 tomates sin piel y sin semillas
- 1/2 cebolla
- 1 diente de ajo
- 1 pizca de sal
- 5 g de cilantro fresco picado
- 1 pizca de guindilla en polvo

Para la crudité:

Verduras frescas de la estación (apio, pimientos, zanahorias, coliflor, pepinos) que puedan cortarse a tiras o bastones

Cuscús de verduras salteadas

Ingredientes (para 4 personas)
- 1/4 kg de cuscús precocido
- 200 g de garbanzos
- 100 g de judías verdes
- 12 orejones
- 1 cebolleta
- 3 dientes de ajo
- Perejil
- Aceite de oliva extra virgen
- Nuez moscada
- Canela
- Sal

Cuscús

Ponemos la sémola en un bol con sal.
Se hierve el agua con una cucharada de aceite de oliva.
Agregamos la sémola hasta que cubra aproximadamente 1 cm del cazo.
Dejar cocer hasta que se agote el agua.

Verduras

Lavar, cocer y escurrir las judías verdes.
Se corta cada uno de los orejones en 4 trozos y el pimiento a tiras cortas y finas.
Lavamos y escurrimos los garbanzos.
Freír en aceite caliente la cebolla, los ajos, las judías verdes, los garbanzos y el pimiento.
Mezclamos todos los ingredientes y servimos.

Verduritas salteadas

Ingredientes (para 4 personas)
- 2 alcachofas
- 3 patatas
- 1/2 coliflor
- 1 manojo de espárragos verdes
- 200 g de champiñones
- 150 g de berros
- 100 g de parmesano
- Aceite de oliva extra virgen
- Perejil
- Sal
- Pimienta

Trocear las alcachofas a cuartos, cortar la coliflor en pequeños ramilletes y desechar el tallo duro de los espárragos.
Cocinamos las verduras al vapor y las reservamos.
Se hierven las patatas sin demasiada agua y se filtran por el pasapuré con un poco de su propio caldo.
Salpimentamos y aliñamos con el aceite de oliva. Para un sabor más intenso, emplear aceite macerado en ajo.
Limpiar los champiñones y saltear en la sartén junto con las verduras.
Se sirven en los platos sobre un lecho de berros y puré de patatas.
Agregamos las verduras y las espolvoreamos con el parmesano y el perejil.
Aliñar con aceite de ajo.

Macedonia al almíbar de té verde

Almíbar

Se corta 1 cm de raíz de jengibre. Pelar, rayar y reservar.

Preparamos el té verde, agregamos 5 cucharadas de azúcar moreno y lo llevamos a ebullición. Debe cocer a fuego lento durante unos 10 minutos.

Un minuto antes de sacarlo del fuego, agregar una pizca de canela y el zumo de jengibre, que se obtiene exprimiendo la pulpa rallada.

Macedonia

Pelamos y cortamos las frutas en trozos uniformes.

Poner en copas transparentes y regar con el almíbar.

Se guarda en la nevera hasta el momento de servir.

Ingredientes
(para 4 personas)
- 1/4 kg de sandía
- 1/4 kg de melón
- 1/4 kg de higos
- 1/4 kg de melocotones
- 350 ml de té verde
- Raíz de jengibre
- Canela
- Azúcar moreno

Ensalada de aguacate

Troceamos el tomate a gajos y cortamos la cebolla a tiras muy finas.

Se pone la guindilla a macerar en aceite tibio hasta que adquiera un sabor picante.

Picar el cilantro en un mortero con aceite de oliva y salar al gusto.

Cortamos a láminas el aguacate.

Una vez montados los platos, aliñar con el aceite de cilantro y unas gotas del aceite de guindilla.

Ingredientes
- 4 hojas de col tiernas
- 1 manojo de berros
- 1 cogollo de achicoria roja (Radichio)
- 12 hojas tiernas de espinaca
- 4 alcachofas
- 4 cebollitas nuevas
- 1 diente de ajo
- Aceite de oliva de primera presión en frío
- Cebollino
- 1 limón de cultivo biológico
- Sal marina

Escalibada catalana

Ingredientes (para 4 personas)

- 4 cebollas
- 8 tomates maduros
- 4 berenjenas
- 6 patatas
- 2 pimientos maduros
- 2 dientes de ajo
- Aceite de oliva extra virgen
- Sal
- Pimienta

Lavar las verduras sin pelar.

Hacemos una incisión alrededor de las patatas y en la corona de los tomates. Practicamos un corte de cruz en la base de las cebollas y pinchamos las berenjenas con un tenedor.

Precalentamos el horno a 200 °C, con fuego superior e inferior (o el grill), e introducimos los ingredientes con una bandeja de horno recubierta con papel de aluminio.

Damos la vuelta a las verduras cada 10 minutos.

Al cabo de 30 minutos, retirar los tomates, los pimientos y las berenjenas. Dejar las cebollas y las patatas 15 minutos más.

Se deja enfriar un poco las verduras. A continuación, se pelan y cortan en tiras largas.

Condimentar con ajo picado, aceite, sal y pimienta.

Ensalada de fusilli

Ingredientes (para 4 personas)

- 1/4 kg de fusilli
- 1/4 kg de macarrones
- 1 berenjena
- 2 pimientos rojos
- 100 g de corazones de alcachofa
- 10 aceitunas verdes deshuesadas
- 10 aceitunas negras deshuesadas
- Alcaparras
- Aceite de oliva extra virgen
- Vinagre de manzana

Asamos la berenjena al horno y los pimientos al grill.

Pelar, retirar las semillas y trocear a dados.

Se hierve la pasta en abundante agua salada y un chorrito de aceite hasta que esté al dente.

Escurrir y aderezar con dos cucharadas de aceite de oliva.

Se añaden las alcachofas cortadas a cuartos, la berenjena, los pimientos y las alcaparras.

Condimentar con abundante aceite y una cucharada de vinagre de manzana. Mezclar y dejar enfriar.

Ensalada verdísima

Retiramos las hojas externas de las alcachofas y cortamos las puntas, dejando solamente la base. Ésta se parte por la mitad y se extrae la pelusa.

Triturar el diente de ajo y agregarle aceite, el cebollino cortado muy fino, el zumo de limón y la sal hasta obtener una salsa.

Se corta las alcachofas en rodajas finas y se ponen a macerar en la salsa anterior durante media hora aproximadamente.

Emplear las hojas de col como recipientes comestibles para albergar la espinaca, las cebolletas cortadas a cuartos, las tiras de achicoria, los berros y las alcachofas en rodajas.

La aderezaremos con la misma salsa y servimos inmediatamente.

Ingredientes (para 4 personas)
- 12 hojas de espinaca
- 4 hojas de col
- 1 cogollo de achicoria
- 1 manojo de berros
- 4 alcachofas
- 4 cebollitas nuevas
- 1 cebollino
- 1 diente de ajo
- 1 limón
- Aceite de oliva extra virgen
- Sal

Lechuga variada con tofu marinado

Cortamos el tofu a pequeños dados en un bol. Se añade el aceite y la salsa de soja.

Tapar el bol y dejar marinar durante una hora.

Lavamos la lechuga y la cortamos a trozos grandes.

Pasar el tofu marinado por un grill ya caliente. Dejar cocer unos tres minutos hasta que los dados estén crujientes.

Se montan los platos con la lechuga, el tofu y la soja germinada.

Ingredientes (para 4 personas)
- 1/2 kg de lechuga variada
- 350 g de tofu
- 100 g de soja germinada
- 1/2 cl de salsa de soja
- 1/4 l de aceite de oliva extra virgen

El caldo vegetal: un alimento medicinal

Las propiedades nutritivas y curativas del caldo vegetal lo convierten en uno de los pocos alimentos cocidos que, según la medicina naturista, se puede tomar en cualquier ocasión: en caso de enfermedad o de fiebre ligera e incluso para ayunos.

Ingredientes
- Apio, zanahoria, cebolla, nabo, lechuga, escarola, tomate y ajo
- 1 cucharada de arroz integral
- Aceite de oliva extra virgen
- Sal

EL CALDO VEGETAL SUAVE

Es ideal tanto para las personas sanas como para las que sufren algún trastorno, como por ejemplo una gripe o una afección hepática. También está indicado para iniciar a los lactantes a la alimentación suave, a base de sopas y papillas. En resumen, lo puede tomar cualquier persona.

Además, permite variaciones para adaptarlo a determinados enfermos, simplemente añadiendo o sustituyendo algún ingrediente.

La receta de caldo vegetal no puede ser más simple: hortalizas y verduras hervidas en agua. Se seleccionan bien, se trocean a mano, se ponen en una olla y se cubren con agua.

LA RECETA BASE

Hay muchas verduras con las que podemos preparar nuestros caldos. Cada uno posee unas determinadas propiedades curativas y se pueden combinar extraordinariamente bien.

Se hierven todas las verduras juntas durante una hora y se cuelan.

Conviene que la cocción sea a fuego lento. Esto significa que, después del primer hervor, sólo deben aflorar a la superficie algunas burbujas. Las hortalizas, al poco rato de hervir, hacen emerger sus aromas y sabores más ásperos. Por eso el caldo debe hervir a fuego lento y tapado: para que el sabor sea más concentrado.

Cuando el caldo se ha cocido a fuego lento durante unos 45-60 minutos, colamos las hortalizas y las estrujamos para que desprendan los últimos jugos.

Lo que sobre debe dejarse destapado hasta que se enfríe. Luego se guarda en la nevera bien cubierto. Así, en cualquier momento lo tendremos a mano para hacer una sopa.

CÓMO AROMATIZAR EL CALDO

Para acentuar el sabor de un caldo vegetal se puede agregar un chorrito de aceite de oliva y hierbas aromáticas: tomillo, mejorana, laurel, perejil, etcétera.

Si sabe demasiado dulce, no hay que añadir necesariamente más sal; es mejor darle un ligero toque picante o ácido con pimienta, ajo prensado o zumo de limón. Unas gotas de tamari (salsa de soja) también realzarán el sabor del caldo.

En caso de ayuno o fiebre, debemos olvidarnos de la sal y el aceite.

Las variantes

Los caldos que presentamos a continuación son variaciones sencillas del caldo base. Resultan especialmente indicados en caso de enfermedad o durante el ayuno, aunque también son excelentes para degustar en cualquier ocasión.

Caldo para diabéticos

Esta receta es un auténtico placer del que también puede disfrutar cualquier persona. Se prepara con los mismos ingredientes del caldo base, pero sustituyendo el arroz por unos granos de soja o copos de avena. Hervir todo durante una hora (10 minutos en olla a presión).

Los caldos para diabéticos llevan muy poca sal, y no deben contener azúcar, legumbres secas, arroz, pan o especias.

Caldo vegetal para el ayuno

Antes se creía que en los ayunos sólo era conveniente tomar agua, pero cada vez son más los que incluyen caldo vegetal, tal y como muchos especialistas recomiendan. De todas formas, para practicar un ayuno es recomendable documentarse bien y seguir un control médico, sobre todo si es largo.

Ésta es una de las recetas:

Ingredientes

- 1 l de agua
- 1/2 kg de zanahorias
- 1/2 de puerro
- Unas ramas de apio y un poco de perejil

Se hierve todo entre 10 y 20 minutos. Lo escurrimos y condimentamos con una pizca de sal marina y levadura de cerveza. Para un sabor más intenso, podemos añadirle eneldo, albahaca o perejil.

Caldo de transición hacia una dieta sin carne

Para los que quieran ir eliminando la carne de su dieta paulatinamente, proponemos un caldo vegetal especialmente denso, con más sabor y más nutritivo que el caldo vegetal base.

Se prepara con los mismos ingredientes que los anteriores, pero añadiéndole unas lentejas, guisantes pelados y también un sofrito de tomate, cebolla y ajo. Una vez colado, se pueden pasar los vegetales por la batidora para obtener un sabroso puré de verduras.

Es muy nutritivo, pero cuesta más de digerir que el caldo vegetal sencillo, por lo que no está indicado para personas que tengan problemas de salud o el estómago delicado.

Sopas y purés

Introduciendo modificaciones en la receta base podemos lograr resultados más sabrosos: si se cortan las verduras muy finas y se comen junto al caldo –es decir, sin colarlas– obtendremos una sopa juliana. Si, una vez finalizada la cocción, no colamos los vegetales y los pasamos por la batidora, estaremos hablando del puré de verduras ya mencionado. Y si colamos el caldo y le añadimos sémola o copos de avena –o de cualquier otro cereal– obtendremos una sopa de cereales.

Consejos prácticos

• En un caldo se pueden aprovechar aquellas partes de los vegetales que, por ser más duras o secas, no se emplean para las ensaladas.

• Asegúrate de que las verduras sean de cultivo biológico (sin pesticidas) y no los dejes en remojo mucho tiempo antes de cocerlos, pues perderían parte de su riqueza vitamínica y de sus sales minerales.

• ¡No tires nada! Al comprar verdura estamos acostumbrados a descartar de entrada una serie de elementos «periféricos» (las hojas más externas de las berzas, las hojas de los nabos y de las zanahorias, la parte verde de los puerros...), que contienen precisamente mucha clorofila.

• Los minerales de la tierra se concentran en la parte más oscura de las hojas verdes, por lo tanto no deben desecharse. Las hojas y los tronchos del nabo, la zanahoria y el rábano son deliciosos y están llenos de esas sustancias nutritivas.

• Déjate guiar por tu intuición. Según los ingredientes que utilices predominará un sabor u otro. El número de combinaciones es infinito.

Gazpacho

Ingredientes (para 4 personas)

Para el gazpacho:

- 2 pimientos
- 250 g de tomates maduros
- 1 pepino
- 1 cebolla
- 3 dientes de ajo
- 100 g de miga de pan
- 1 l de agua
- 6 cl de vinagre
- 8 cl de aceite de oliva
- Sal

Para los costrones al ajo:

- 6 rebanadas de pan blanco
- 6 cl de aceite de oliva extra virgen
- 1 diente de ajo majado

Lavamos, pelamos y eliminamos las pepitas de todas las verduras. A continuación, echamos todos los ingredientes en un recipiente más alto que ancho y los trituramos con la batidora eléctrica. Dejamos enfriar en la nevera y mientras preparamos los costrones al ajo; para ello precalentamos el horno a 180 ºC. Eliminamos la corteza del pan y cortamos la miga en dados de 1 cm. Machacamos el ajo y lo mezclamos con el aceite. Colocamos los dados en una fuente preparada para ir al horno, los rociamos con la mezcla de aceite y ajo, y los horneamos de diez a quince minutos, dándoles la vuelta hasta que queden dorados por las dos caras.

Servimos el gazpacho frío, acompañado de un cuenco con costrones al ajo. También podemos preparar otros cuencos con cebolla, pimiento y pepino cortados a cubitos.

Sugerencia: Si añadimos al gazpacho langostinos troceados obtendremos un plato delicioso y refrescante.

Sopa de cebolla

Ingredientes (para 4 personas)

- 2 kg de cebollas
- 1 1/2 l de caldo de verduras
- Mantequilla
- Copos de avena
- Orégano
- Queso emmental rallado

Pelamos y trituramos las cebollas y las doramos en un poco de mantequilla y aceite, a fuego lento.

Añadimos el caldo de verduras, una cucharada de copos de avena y una pizca de orégano. Condimentamos al gusto.

Al servir podemos agregar queso emmental rallado.

Vichyssoise

Derretimos la mantequilla en una sartén y freímos a fuego lento las cebolletas (peladas y cortadas a rodajas) hasta que estén blandas, pero sin que lleguen a tomar color.
A continuación, pelamos las patatas y las cortamos a dados. Eliminamos la parte verde de los puerros, los limpiamos y los cortamos a rodajas.
Ponemos a hervir un litro y medio de agua con sal y añadimos las patatas, los puerros y las cebolletas fritas. Dejamos cocer durante veinte minutos.
Trituramos con la batidora eléctrica hasta obtener una crema fina. Añadimos la crema de leche, removemos bien y dejamos enfriar en la nevera. Servimos frío.

Ingredientes (para 4 personas)

- 1 l de agua
- 600 g de puerros
- 300 g de patatas
- 250 g de cebolletas tiernas
- 150 g de crema de leche
- 75 g de mantequilla
- Sal

Crema de calabacín

Pelamos y cortamos los calabacines, las patatas y la coliflor. A continuación, los hervimos con las hierbas aromáticas en un litro de agua salada durante cuarenta minutos.
Colamos las verduras (guardando el líquido de cocción) y las reducimos a puré, añadiendo el caldo necesario para obtener una crema.
Cortamos el pan integral a dados y lo freímos en abundante aceite.
Devolvemos la crema al fuego y le damos un par de hervores, la retiramos del fuego y le añadimos la crema de leche.
Servimos caliente, acompañada de los tropezones de pan integral.

Ingredientes (para 4 personas)

- 4 rebanadas de pan integral
- 1/2 l de agua
- 1 coliflor
- 2 patatas grandes
- 150 g de crema de leche
- Sal, pimienta, laurel y nuez moscada
- 3 calabacines

Arroz al curry

Ingredientes (para 4 personas)

- 200 g de arroz integral
- 3 cebollas cortadas a tacos grandes
- 100 g de queso emmental
- 100 g de guisantes
- 2 dientes de ajo cortado a láminas finas
- 1 pimiento rojo
- 1 cucharadita de curry
- Aceite y sal

Ponemos a cocer el arroz en agua con sal. Mientras, en otra cazuela salteamos la cebolla y los ajos en 6 cl de aceite, y añadimos el pimiento troceado y los guisantes. Sofreímos los ingredientes a fuego lento durante unos cinco minutos.

Cuando se haya consumido casi todo el agua del arroz, la incorporamos junto con el arroz a la cebolla y agregamos el curry, el queso rallado y un poco de sal si fuera necesario. Mezclamos bien los ingredientes removiendo con una espátula.

Por último, tapamos la cazuela y la dejamos a fuego lento hasta que se consuma todo el agua y el arroz esté tierno.

Incorporamos el arroz a una fuente y servimos bien caliente.

Guisadito de arroz

Ingredientes (para 4 personas)

- 300 g de arroz integral
- 500 g de acelgas
- 2 cebollas cortadas a dados
- 1/2 pimiento rojo troceado
- 1 diente de ajo
- 1 puñado de pasas de corinto
- 1 puñado de avellanas tostadas
- 1 manojo de perejil
- Jengibre fresco
- Sal
- 6 cl de aceite de oliva
- Laurel y tomillo

Ponemos a cocer el arroz y, mientras tanto, calentamos el aceite en una cazuela grande. Cuando esté bien caliente salteamos la cebolla, y cuando esté dorada añadimos el pimiento rojo y el diente de ajo trinchado.

Seguidamente agregamos las acelgas, limpias y cortadas en trozos pequeños. Le damos unas vueltas y tapamos la cazuela para que se haga en su propio jugo.

Cuando las acelgas estén blandas agregamos el arroz (junto con el agua que quede de la cocción), una cucharada del jugo del jengibre (se ralla un poco y se estruja con la mano), la sal, las pasas, las avellanas, el tomillo y el perejil picado.

Removemos un poco y lo dejamos tapado a fuego lento hasta que se acabe de consumir todo el agua.

Arroz indio

Ponemos a cocer el arroz y, mientras tanto, calentamos el aceite en una cazuela. Cuando esté bien caliente incorporamos la cebolla y la salteamos hasta que quede tierna. Añadimos la zanahoria y removemos de vez en cuando; si vemos que se puede quemar, le echamos un poco de agua.

Apartamos medio vaso de agua de la cocción del arroz y disolvemos en él el curry, un poco de sal, la canela en polvo y una cucharada de jugo de jengibre (se obtiene rallando el jengibre y estrujándolo con la mano). A continuación, agregamos a la cebolla y la zanahoria el arroz (junto con el agua que todavía le quede de la cocción), el agua en el que hemos disuelto las especias y la manzana cortada a láminas.

Mezclamos bien, tapamos y lo dejamos a fuego lento hasta que se consuma todo el agua.

Como en los casos anteriores, es importante que el arroz pueda reposar unos quince minutos.

Ingredientes (para 4 personas)

- 300 g de arroz integral
- 2 zanahorias cortadas a tacos
- 2 manzanas golden
- 3 cebollas cortadas a tacos
- 6 cl de aceite de oliva
- Jengibre fresco
- 5 g de canela en polvo
- 5 g de curry

Arroz con calabacín

Ingredientes (para 4 personas)

- 1 kg de arroz integral
- 100 g de queso rallado
- 3 calabacines
- 20 g de mantequilla
- 1 cebolla
- Aceite de oliva
- 1 diente de ajo
- Sal marina

Cocemos el arroz de la siguiente forma: untamos una olla con aceite y salteamos en ella el arroz durante un minuto. Añadimos tres partes de agua y una cucharadita rasa de sal marina. Llevamos a ebullición y dejamos hervir cuarenta minutos.

Lavamos los calabacines y los rallamos sin quitarles la piel; los dejamos media hora en un colador. Seguidamente, pelamos y picamos la cebolla y la sofreímos con el ajo en una sartén. Añadimos los calabacines escurridos y rehogamos todo durante quince minutos, a fuego lento. Mezclamos el arroz con los calabacines, espolvoreamos queso rallado, untamos mantequilla y gratinamos.

Arroz tailandés

Ingredientes (para 4 personas)

- 400 g de arroz basmati
- 2 l de agua
- 2 dientes de ajo
- 2 cebollas
- 5 g de Garam Masala, cúrcuma o curry
- 5 g de azúcar integral de caña
- 5 g de guindilla en polvo
- Aceite de oliva
- 60 g de salsa de soja
- 1/2 zanahoria

Ponemos el arroz junto con el agua en una cacerola y lo llevamos a ebullición; tapamos la cacerola, bajamos el fuego al mínimo y lo dejamos hasta que el agua se haya consumido. Mientras el arroz se cuece, rehogamos el ajo, la cebolla y la zanahoria picados en 4 cl de aceite. Por otro lado, mezclamos en un cuenco la salsa de soja, las especias, el azúcar y la guindilla. Finalmente, agregamos el arroz al rehogado de las verduras y le incorporamos la salsa. Lo pasamos a una fuente y decoramos con cebollino picado.

Paella vegetariana

Ponemos a cocer el arroz y, mientras tanto, calentamos el aceite en una cazuela grande; cuando esté bien caliente salteamos la cebolla hasta que quede dorada.

Agregamos el resto de ingredientes en este orden: pimiento, zanahoria, berenjena y calabacín (en verano), alcachofas y coliflor (en invierno), guisantes, judías verdes y champiñones. Cada vez que añadamos un nuevo ingrediente le daremos unas vueltas y taparemos la cazuela para que se ablande un poco. Si está muy seco y corre el peligro de quemarse, añadiremos un poco de agua.

Agregamos la salsa de soja y las hierbas aromáticas (las cantidades dependen de los gustos de los comensales).

Agregamos el arroz y, si es necesario, le añadimos un poco de agua para que se acabe de hacer con las verduras y quede más sabroso.

Removemos y probamos de sal (ahora es el momento de rectificar de sal; más adelante quedaría hecho una pasta si lo removiéramos).

Tapamos la cazuela y lo dejamos cocer a fuego lento hasta que se consuma todo el agua (unos quince minutos).

Ponemos el diente de ajo y el manojito de perejil en el vaso de la batidora y lo trituramos con un poco de agua. A continuación añadimos este triturado por encima del arroz sin removerlo.

Introducimos la paella en el horno a 180 ºC y la dejamos hasta que se consuma el agua. Una vez terminada la paella debe reposar quince minutos más fuera del horno y con la tapa puesta.

Sugerencias: Si deseamos darle color al arroz, podemos añadirle unas hebras de azafrán.

Los champiñones pueden sustituirse por setas silvestres (el plato ganará en sabor).

Ingredientes (para 4 personas)

- 1 kg de arroz integral
- 2 zanahorias
- 2 cebollas
- 1 pimiento rojo
- 1 pimiento verde
- 1 calabacín
- 1 berenjena
- 4 alcachofas
- 1 trozo de coliflor
- 100 g de judías verdes
- 200 g champiñones
- 6 cl de aceite
- Pimienta, orégano, tomillo, albahaca, laurel, ajo y perejil
- Salsa de soja
- Sal

Pastel festivo de patatas

Ingredientes
(para 4 personas)
- 1/2 kg de patatas
- 1 zanahoria
- 1 cebolla
- 2 huevos
- 100 g de guisantes
- 150 g de aceitunas verdes deshuesadas
- 1 lata de pimiento rojo
- 50 g de mantequilla
- 300 g de champiñones
- 3 cucharadas de salsa de tomate

Pelamos las patatas, la zanahoria y media cebolla, y las hervimos juntas en agua salada. Cuando están cocidas escurrimos el agua y las pasamos por el pasapurés. Hervimos aparte los guisantes y los reservamos. Cocemos y pelamos los huevos. Limpiamos los champiñones, los cortamos a trozos pequeños y los doramos en la sartén junto con la mantequilla y la cebolla picada. Mezclamos los champiñones ya hechos con un huevo chafado, los guisantes, la salsa de tomate y casi todo el pimiento picado y las aceitunas verdes troceadas. En un molde hondo, bien forrado con papel vegetal, extendemos una capa de puré, encima el relleno preparado y cubrimos con otra capa de puré. Dejamos reposar una hora y al desmoldarlo sobre una fuente adornamos con los ingredientes que nos han sobrado: el huevo duro a rodajas, tiras de pimiento y aceitunas.

Podemos acompañar con ensalada, salsa de tomate o mayonesa.

Cuscús con pasas y garbanzos

Ponemos la sémola en un colador fino y la lavamos bajo el grifo. Forramos el cesto de la olla a vapor con un paño y disponemos encima la sémola, ligeramente salada.
Llenamos la parte inferior de la olla a vapor con agua caliente (hasta media altura) y colocamos encima el cesto. Ponemos la olla al fuego y cocemos durante cinco minutos.
Mientras, lavamos las pasas, eliminamos los rabos y las secamos.
Terminada la primera cocción de la sémola, separamos los granos con un tenedor, agregamos las pasas al cesto y cocemos durante cinco minutos más.
Trabajamos de nuevo la sémola con el tenedor, añadiendo la mantequilla en porciones pequeñas. Agregamos los garbanzos escurridos. Cocemos durante otros cinco minutos.
Servimos en una fuente honda.

Ingredientes (para 4 personas)
- 100 g de mantequilla
- 40 g de pasas
- Sal
- 300 g de garbanzos cocidos
- 400 g de sémola para cuscús

Copa chezal

Cocemos el huevo, y pelamos y cortamos el pepino y los rábanos a rodajas. Lavamos y secamos los champiñones para luego cortarlos a láminas y rociarlos con limón. Cortamos el perifollo, las nueces (a trozos grandes) y el aguacate (en unas láminas largas que luego partiremos por la mitad y rociaremos con limón). Disolvemos la pimienta de cayena con el resto de limón, añadimos la nata y sazonamos con pimienta. Sacamos la yema del huevo y picamos la clara.
En una copa de cristal disponemos el aguacate, la clara, los champiñones, los rábanos, las nueces, el pepino y el perifollo; cubrimos con la salsa y mezclamos todos los ingredientes.

Ingredientes (para 2 personas)
- 1 huevo
- 1 aguacate
- 150 g de champiñones
- 1/2 manojo de rábanos
- 4 cl de nata líquida
- 20 nueces
- 1/2 pepino
- 1 manojo de perifollo
- 1 cucharada de zumo limón
- 1 pizca de pimienta de cayena
- Pimienta mezclada

Espiral de espárragos y hierbas al gruyère

Ingredientes
(para 4 personas)
- 400 g de espárragos trigueros
- 200 g de gruyère rallado
- 175 g de requesón
- 25 g de parmesano rallado
- 150 gr de crema de leche
- 25 g de mantequilla
- 4 huevos
- 3 cucharadas de perifollo y perejil
- Sal marina y pimienta

Precalentamos el horno a 200 ºC.
Forramos un molde alargado, lo untamos de mantequilla y lo espolvoreamos con parmesano rallado.
En un recipiente mezclamos 60 g de requesón, con la crema de leche, las yemas y las hierbas. Sazonamos y agregamos las claras ya montadas. Vertemos en el molde, extendemos y horneamos durante quince minutos. Desmoldamos boca abajo sobre el papel antiadherente para desprender el papel que queda en la superficie y lo volvemos a girar.

Para preparar los espárragos:
Si están crudos, los cocemos cinco minutos al vapor; si son de lata, no es necesario.
Ablandamos el resto del requesón con dos cucharadas de agua y lo extendemos sobre el rollo; colocamos los espárragos en fila y enrollamos.
Servimos inmediatamente cortado en rodajas, o bien lo calentamos envuelto en papel de aluminio durante otros quince minutos más.

Cake a las finas hierbas

Batimos la mantequilla con el azúcar y añadimos los huevos uno a uno. Mezclamos la harina con la levadura, que echamos poco a poco, hasta hacer una masa homogénea. Añadimos a la mezcla la ralladura del limón, los piñones y el queso, todas las hierbas picadas, la sal y la pimienta. Mezclamos todo y lo colocamos en un molde hondo y alargado. Horneamos aproximadamente durante una hora a fuego medio. Servimos con salsa de tomate.

Para preparar la salsa:
Ponemos en una sartén aceite de oliva y cuando esté caliente añadimos el tomate rallado. Añadimos sal y, si es necesario, corregimos la acidez del tomate con azúcar. Cuando la salsa esté espesa, retiramos del fuego.

Ingredientes (para 4 personas)
- 150 g de mantequilla
- 6 huevos
- 300 g de harina integral
- 100 g de queso emmental rallado
- 40 g de azúcar
- 1 manojo de perejil
- 12 tiras de cebollino
- Ramitas de menta y albahaca fresca
- Sal y pimienta
- 1 sobre de levadura en polvo
- 500 g de tomates
- 50 g de piñones
- 1 limón

Gratín de calabaza rellena

Abrimos la calabaza por la mitad y retiramos las pepitas. Si la pulpa es muy gruesa, extraemos un poco y la cocemos junto a los puerros. Ponemos las dos mitades de calabaza al vapor durante cinco minutos y, mientras tanto, limpiamos y cortamos los puerros en aros finos, y los retales de calabaza en pedazos pequeños. Hervimos ambas cosas con poca agua, hasta que queden tiernas. Escurrimos y en un recipiente añadimos el huevo batido y la crema de leche. Condimentamos al gusto con la sal, la pimienta y la nuez moscada, mezclando bien. Colocamos esta mezcla en el interior de las dos mitades de calabaza y esparcimos por encima el queso rallado. Gratinamos al horno hasta que queden doradas.

Ingredientes (para 2 personas)
- 1 calabaza pequeña
- 1 manojo de puerros
- 1 huevo
- 2 cucharadas de crema de leche
- 50 g de queso rallado
- Sal marina
- Pimienta
- Nuez moscada

Sopa al pesto

Ingredientes (para 4 personas)
- 100 g de alubias
- 1 calabacín
- 500 g de judías verdes
- 3 patatas medianas
- 2 tomates
- 100 g de fideos gordos
- 1 ramillete de hierbas: tomillo, laurel, orégano y ajedrea

Ponemos las alubias en remojo la noche anterior; al día siguiente, las hervimos durante una hora. Mientras hierven, limpiamos y cortamos a dados las hortalizas y las incorporamos junto al ramillete de hierbas. Dejamos cocer durante veinte minutos e incorporamos los fideos gordos. Lo dejamos diez minutos más.

Para preparar la salsa:
Picamos los ajos y la albahaca, añadimos los piñones e incorporamos el aceite poco a poco, junto con la sal. En el momento de servir, aclaramos el pesto con un poco de caldo y acompañamos con parmesano rallado.

Salsa pesto:
- 40 g de piñones pelados
- 20 g de albahaca fresca
- 3 dientes de ajo
- 75 ml de aceite de oliva
- 40 g de queso parmesano rallado
- Sal marina

Mayonesa verde

Ingredientes
- 1/2 kg de judías verdes
- Zumo de 1/2 limón
- 60 g de aceite de oliva
- 1 cucharadita de perejil picado
- Sal marina

Cortamos las judías y las cocemos a fuego lento en una cacerola tapada y con poca agua.

Una vez cocidas, las trituramos en el túrmix con el zumo de limón, el perejil, la sal y un poco del agua de la cocción (en cantidad suficiente como para obtener una crema ligera). Esta salsa combina muy bien con una ensalada de arroz.

Salsa brava

Ponemos todos los ingredientes en el vaso del túrmix y los trituramos.
Si queda una salsa espesa, le agregamos un poquito de agua hasta que quede una consistencia más fluida.

Ingredientes
- 5 cl de aceite de oliva
- Sal marina
- 1/2 pimiento rojo asado
- 1 cucharada de vinagre de manzana
- 1/2 guindilla
- 1 cucharadita de tabasco

Romesco

Ponemos en remojo las ñoras durante unas horas o las escaldamos en el mismo momento para poderles raspar la pulpa interior. Asamos los ajos, los tomates y las cebollas, y les retiramos la piel y las pepitas. Hacemos una picada con las almendras, las avellanas (tostadas y peladas) y el resto de los ingredientes en el mortero o en la batidora, procurando que quede todo muy bien ligado, formando una pasta. Pelamos los ajos, los troceamos y los picamos en un mortero, junto con la pulpa de membrillo, previamente asada o hervida. Vamos añadiendo aceite y dando vueltas con el brazo de mortero hasta ligar una salsa como si se tratara de una mayonesa.
Servimos la salsa untada en tostaditas de pan integral.

Ingredientes
- 1 cebolla
- 2 ajos
- 2 tomates
- 2 ñoras
- 30 g de almendras
- 30 g de avellanas
- Aceite de oliva de primera presión en frío
- 1 chorro de vinagre de manzana
- Pimienta negra molida
- Sal

Crema de requesón y frutos secos

Pelamos y rallamos la manzana. A continuación, la mezclamos con el requesón ligeramente batido, y el apio y los frutos secos picados. Podemos agregar una cucharadita de miel, y servir como desayuno o como tentempié a media mañana.

Ingredientes
- 200 g de requesón
- 1 ramita de apio
- 1 manzana
- 4 nueces
- 4 almendras

Maceración de hortalizas al curry

Ingredientes
- 6 zanahorias medianas
- 4 nabos medianos
- 500 g de judías verdes
- 1 apio
- 2 limones
- Sal marina

Para la salsa:
- 1/2 l de aceite
- 2 cucharadas de mostaza
- 3 cucharadas de curry en polvo
- 1 cucharadita de jengibre en polvo
- Pimienta de cayena
- Clavo en polvo
- 1 vasito de vinagre o zumo de 2 limones

El día anterior preparamos las hortalizas: cortamos los ramitos de la coliflor; pelamos las zanahorias y los nabos, y los cortamos en juliana (en bastoncitos); limpiamos el apio aprovechando sólo la parte más carnosa de los tallos y cortándola a rodajitas; limpiamos las judías y las cortamos a trozos pequeños; y cortamos los limones a rodajas finas.
Lavamos y escurrimos todas las hortalizas, y las disponemos en un recipiente hondo. Las espolvoreamos con un buen puñado de sal marina y las dejamos marinar toda la noche en un lugar fresco fuera de la nevera.
Al día siguiente, ponemos al fuego la olla a vapor con 1 l de agua. Disponemos las hortalizas en los cestillos y las cocemos durante tres minutos con la olla tapada; destapamos y cocemos durante otros tres minutos.
Dejamos enfriar las hortalizas durante veinte minutos como mínimo, escurrimos y colocamos en una ensaladera.

Para preparar la salsa:
Trabajamos la mostaza con el curry y una pizquitas de pimienta de cayena, jengibre y clavo. Agregamos el vinagre (o el zumo de limón) y le añadimos poco a poco el aceite, removiendo con la batidora.
Aliñamos las hortalizas con la salsa, mezclando bien. Llenamos el recipiente con las hortalizas y antes de consumirlas las dejamos marinar una semana en el compartimento para frutas del frigorífico.

Nota: Estas hortalizas se conservan hasta tres semanas en el frigorífico.

Bechamel de tofu

Ingredientes (para 2 personas)
- 50 g de tofu
- 1 l de agua
- 5 g de pimentón dulce
- 5 g de salsa de soja
- 2 cl de aceite de oliva

Cortamos el tofu y lo ponemos a hervir en un poco de agua durante unos cinco minutos.
A continuación, lo ponemos en el vaso del túrmix junto al resto de ingredientes y lo trituramos.
Esta bechamel es muy adecuada para gratinar unas crêpes de verduras.

Tallarines con tofu y brécol

Cortamos el tofu a dados y lo dejamos macerar unas horas en la salsa de soja, girando los dados de vez en cuando

Cocemos los tallarines con abundante agua salada y los escurrimos.

Seguidamente, tostamos un poco las nueces y cocemos el brécol al vapor durante unos diez minutos.

Picamos la cebolla muy fina, la salteamos con un poco de aceite y la retiramos del fuego. Seguidamente, hacemos lo mismo con el tofu. Mezclamos todos los ingredientes y los servimos inmediatamente.

Ingredientes (para 4 personas)

- 400 g de tofu
- 150 g de brécol
- 1 cebolla
- 40 g de salsa de soja
- 400 g de tallarines integrales
- 100 g de nueces peladas
- 4 cl de aceite
- Sal marina

Lasaña mediterránea

Cortamos la cebolla, la berenjena y el calabacín en rodajas, y los salteamos en una sartén con el aceite durante diez minutos, removiendo de vez en cuando. Mientras tanto, cocinamos las láminas de lasaña según las indicaciones del envase (aunque algunas no necesitan cocción).

En una fuente para horno, colocamos una capa de masa de lasaña en el fondo; luego, un poco de salsa boloñesa de seitán y, finalmente, las verduras. Continuamos alternando capas de masa, salsa y verduras hasta finalizar con una capa de masa. Cubrimos con la salsa bechamel y horneamos la lasaña a fuego moderado hasta que se gratine.

Preparamos la salsa boloñesa de seitán del modo siguiente: cocemos un poco de cebolla, apio y zanahoria en una sartén con mantequilla (o margarina biológica) a fuego lento. Cuando estén dorados, agregamos el seitán, un poco de sal, pimienta, nuez moscada y orégano. Después agregamos caldo base de verduras y un poco de tomate triturado; hervimos durante cuarenta minutos, sin tapar y a fuego lento, removiendo con frecuencia.

Ingredientes (para 4 personas)

- Unas láminas de lasaña integral
- 1 berenjena
- 1 calabacín
- 1 cebolla
- Salsa boloñesa de seitán
- Salsa bechamel
- 6 cl de aceite de oliva
- Sal marina

Para la salsa:

- 1 cebolla y 1 apio
- 2 zanahorias
- Mantequilla y Seitán
- Sal, pimienta, nuez moscada y orégano
- Caldo de verduras
- Tomate triturado

Pizza

Base de pizza:
- 300 g de harina integral
- 25 g de levadura de panadería
- 5 cl de leche tibia
- 1 huevo
- 2 cl de aceite de oliva
- 5 g de sal

Deshacemos la levadura en la leche tibia. Después, batimos aparte el huevo con el aceite de oliva y lo mezclamos con la preparación de la leche y la levadura, y ésta con la harina tamizada con la sal.

Trabajamos la masa con las manos un momento y la dejamos reposar tapada en un lugar cálido. Mientras tanto, encendemos el horno para que se vaya calentando y preparamos el relleno de la pizza según la receta escogida o nuestra propia imaginación.

Pasado el tiempo de reposo de la masa, la estiramos con la mano y con la ayuda de un rodillo o una botella limpia. Esta masa deberá quedar de un centímetro de espesor aproximadamente. La colocamos en una bandeja aceitada y enharinada, repartimos la guarnición escogida, tapamos con un paño de algodón limpio y dejamos reposar diez minutos.

Si observamos que los ingredientes que hemos puesto en la guarnición, pasados esos diez minutos de reposo, han quedado muy secos, los rociamos con un poco de aceite de oliva antes de introducirlos en el horno.

Por último, introducimos la bandeja en el horno caliente durante veinte minutos.

Guarniciones para pizzas variadas:

Los ingredientes para la guarnición de las pizzas deben estar cortados en trozos pequeños. Primero esparciremos una capa de tomate, sobre la que añadiremos los ingredientes escogidos (aceitunas, piña, atún, pimiento verde y pimiento rojo, maíz, alcaparras, zanahoria, etc.). Después, taparemos con queso.

Es importante que el queso que vayamos a utilizar funda bien; el más recomendado es la mozzarella.

Masa para tartas y quiches

Mezclamos la harina, la sal y el aceite, y añadimos poco a poco el agua; hasta que podamos formar un bollo que no se pegue a las manos. Dejamos reposar la masa mientras preparamos el relleno.

Sugerencia: Podemos preparar más masa doblando o triplicando la receta. Después, la separamos en algunos bollos y los congelamos. Así, habremos ahorrado tiempo para la próxima vez y tendremos masa fresca disponible.

Ingredientes

- 200 g de harina integral fina
- 2 cl de aceite de oliva
- 5 g de levadura de panadería
- Agua tibia
- 5 g de sal marina

Quiche de queso

Cortamos la cebolla y la rehogamos en 4 cl de aceite. Mientras tanto, deshacemos el queso con un tenedor y lo mezclamos con la cebolla, añadiendo los huevos, las hierbas y la sal. Forramos el molde para tartas o quiches, y lo rellenamos.

Cortamos los tomates a dados y lo esparcimos sobre la superficie, junto con un poco de orégano y pimienta negra. Calentamos a horno moderado hasta que la masa esté cocida; unos 35 ó 40 minutos aproximadamente.

Si queremos una base crujiente, primero horneamos la masa sola unos minutos poniéndole previamente una hoja de papel antiadherente en el fondo y luego unos granos de legumbres secas para evitar que la masa se eleve. Luego, quitamos el papel y los granos, y rellenamos como indicamos. Volvemos a poner en el horno unos veinte minutos más. También podemos reemplazar el queso por tofu triturado.

Ingredientes (para 4 personas)

- 500 g de requesón o ricotta
- 2 cebollas
- 4 huevos
- 3 tomates pelados y sin semillas
- Hierbas frescas picadas
- Aceite de oliva
- Sal marina

Quiche de puerros

Seleccionamos la parte blanca de los puerros (guardaremos las verdes para un buen caldo) y las cocemos al vapor. A continuación, las picamos y las mezclamos con los demás ingredientes, rellenamos la masa y horneamos.

Ingredientes (para 4 personas)

- 1 kg de puerros
- 4 cl de aceite
- 5 g de estragón picado
- 2 huevos
- Sal marina

Crêpes

Ingredientes
- 100 g de harina integral fina
- 2 cl de aceite de oliva
- 5 g de sal marina
- 1 pizca de bicarbonato
- 15 cl de agua

Ponemos todos los ingredientes en el vaso de la batidora y los batimos hasta lograr una preparación homogénea. Dejamos reposar la pasta mientras preparamos el relleno.

Para cocinar las crêpes, ponemos unas gotas de aceite en una sartén antiadherente de tamaño mediano o pequeño; volcamos un poco de pasta en la sartén (algo menos de un cucharón), la extendemos y dejamos que se cocine un momento por un lado. Luego, le damos la vuelta con una espátula para que se termine de cocinar por el otro lado. El grosor de la crêpe tendrá que ver con la cantidad de masa que pongamos, de modo que si la primera nos sale un poco gruesa, echaremos menos cantidad para hacer la próxima.

Para preparar el relleno:
Podemos rellenar las crêpes con ricotta, requesón, o tofu; con espinacas con piñones y pasas; con tofu salteado con cebolla y salsa de soja; o con champiñones con ajo y perejil. Lo mejor es utilizar lo que tengamos en casa o aprovechar los alimentos de temporada.

Tortitas de patatas

Ingredientes
- 2 patatas
- 1/2 cebolla
- 1/2 cucharada de harina integral
- 2 manzanas granny smith peladas y troceadas
- 1 huevo
- Aceite de oliva
- Nuez moscada
- Sal marina

Hervimos las patatas con su piel durante cinco minutos y, mientras tanto, ponemos a cocinar las manzanas al vapor con 6 cl de agua.

A continuación, pelamos y rallamos las patatas y la cebolla, y las mezclamos con el huevo batido, la harina y los condimentos.

Con esta pasta forma pequeñas tortillas y las freímos por ambos lados. Hacemos un puré con las manzanas cocidas y dejamos que se enfríe en la nevera.

Servimos a cada comensal un par de tortitas calientes con una cucharada generosa de puré de manzanas frío.

Maki sushi

Rehogamos la cebolla en 4 cl de aceite y, cuando esté dorada, le agregamos el arroz y el azafrán. Incorporamos el caldo o el agua en ebullición, tapamos y dejamos que se cocine a fuego lento. Cuando el agua se haya consumido el arroz estará listo, pero es mejor probarlo. Si aún le falta, podemos agregarle un poco más de agua bien caliente hasta que se termine de cocinar. Mientras tanto, ponemos en un cuenco los ingredientes del preparado para sushi y removemos bien.

Cuando el arroz esté a punto, agregamos el preparado al cuenco y mezclamos bien con la salsa. Después, esperamos que se entibie un poco para cogerlo con las manos.

A continuación, ponemos el alga sobre la esterilla con la parte lisa hacia arriba (el alga tiene una parte lisa y otra rugosa) y, sobre ella, extendemos un poco de arroz con las manos.

Debemos tener cerca un vaso de agua caliente con unas gotas de vinagre de arroz para humedecernos los dedos. Este truco tan sencillo permite que el arroz no se pegue a las manos al preparar los rollitos. Dejaremos un margen a los lados (de 1,5 cm aproximadamente) y en la parte superior de la hoja del alga (de unos 2 cm). Luego, colocamos sobre el arroz (en el centro y a lo ancho) el relleno escogido.

Preparar el relleno:

El maki sushi es el rollo de sushi más conocido. Se rellena con un sinfín de ingredientes posibles, como las tiras de salmón o de atún, pepino, daikon en conserva, setas secas (que se remojan durante media hora), calabaza seca o kampyo, jengibre en conserva, tortilla o semillas de sésamo. Podemos utilizar lo que tengamos en casa: pepino, aguacate, lechuga, zanahoria, pimiento o incluso podemos hacer una tortilla francesa. Eso sí, todo debe estar cortado a lo largo en tiras finas. Así pues, colocamos el relleno sobre el arroz; por ejemplo, podríamos extender un poco de lechuga cortada, luego un par de tiritas de pimiento y aguacate, y agregar por encima un poquito de mayonesa de tofu.

Enrollar el sushi:

Para enrollarlo nos ayudaremos con la esterilla, pero sólo para el principio; para hacer la primera vuelta con un poco de presión. Luego, terminamos de enrollar, y para finalizar presionamos el mantelito de bambú y metemos el arroz que se escape por los bordes.

Repetimos el proceso con la otra alga y mantenemos los rollos así hasta el momento de servir. Entonces, mojamos un cuchillo afilado y cortamos los rollos en rodajas, empezando por el medio hacia los extremos.

Los servimos junto a un cuenco pequeño con salsa de soja y unos palillos chinos.

Ingredientes

- 2 hojas de alga nori
- 100 g de arroz integral
- 20 g de cebolla picada
- 3 hebras de azafrán
- Agua caliente o caldo (1,5 medidas más que la cantidad de arroz)
- Aceite de oliva

Preparado para sushi:

- 50 ml de vinagre de arroz
- 5 ml de mirin (vino de arroz)
- 20 g de azúcar integral de caña
- 5 g de sal

Volovanes de brécol al roquefort

Ponemos el pan en remojo y luego lo desmenuzamos. Trituramos junto con el ajo y el perejil, las olivas y las alcaparras. Mezclamos con el huevo batido, la crema de leche y el aceite, y aderezamos.

Cocemos los ramitos de brécol al vapor, colocándolos sobre los volovanes y cubriéndolos con una cucharada de la mezcla. Colocamos el queso roquefort por encima y dejamos hornear media hora, dorándolos.

Ingredientes (para cuatro personas)

- 8 ramitos de brécol
- 8 volovanes de hojaldre
- 75 g de queso roquefort
- 24 olivas negras deshuesadas
- 40 g de alcaparras
- 1 diente de ajo
- 1 manojito de perejil
- 4 cl de aceite de oliva
- 1 huevo
- 5 cl de crema de leche
- 1 rebanada de pan
- Sal marina
- Pimienta

Ñoqui con tapenabe

Ingredientes (para 4 personas)

- 400 g de pasta corta (del tipo ñoquis o macarrones)
- 6 tomates maduros, pelados y sin semillas
- 4 dientes de ajo
- 40 g de pasta de olivas negras
- 10 g de alcaparras
- Queso parmesano
- 12 cl de aceite de oliva
- Sal marina
- Azúcar integral de caña

Ponemos a hervir la pasta y, mientras, preparamos la salsa: cortamos los ajos en láminas finas y los ponemos en una sartén con el aceite a fuego muy bajo. Cortamos los tomates en trozos pequeños y los agregamos. Añadimos sal, una pizca de azúcar integral y lo cocinamos con la sartén tapada durante quince minutos. Incorporamos la pasta de olivas y las alcaparras. Ponemos la pasta cocida en una fuente honda y le agregamos la salsa mezclándola bien. Servimos con láminas de queso parmesano esparcidas sobre la pasta.

Cómo preparar el Tapenabe

Paté de aceitunas negras

Mezclamos en un mortero las aceitunas, el ajo, las alcaparras, el aceite y el zumo de limón, hasta obtener una pasta homogénea. Podemos prepararlo con unos días de antelación y guardarlo en el frigorífico.

Ingredientes

- 250 g de aceitunas negras deshuesadas
- 2 dientes de ajo
- 2 cucharaditas de alcaparras
- 8 cl de aceite de oliva
- El zumo de 1 limón

Croquetas de champiñones

Picamos finamente la cebolla y la rehogamos con aceite en una sartén grande; antes de que esté dorada incorporamos los champiñones y hacemos la misma operación.
Añadimos la harina y damos un par de vueltas con una espátula de madera.
Incorporamos la leche fría, la mantequilla y los condimentos.
Removemos durante quince o veinte minutos, a fuego medio, hasta que espese y se despegue la masa de las paredes de la sartén. Dejamos reposar la masa unas horas extendida en una bandeja plana.
Damos forma alargada a la masa con las palmas de las manos, rebozamos con huevo y pan rallado, y freímos en aceite caliente.

Ingredientes
- 300 g de champiñones
- 3 cebollas
- 30 cl de leche
- 40 g de harina
- 30 g de mantequilla
- 1 huevo
- Pan rallado
- Sal y pimienta
- Nuez moscada

Champiñones rellenos

Eliminamos la parte inferior de los champiñones, separamos las cabezuelas de los tronchos y los lavamos rápidamente en agua con vinagre. Si estuvieran muy limpios, bastará con pasarles un paño de cocina húmedo.
Picamos los tronchos de los champiñones junto con las escalonias, el ajo y las ramitas de perejil. Sofreímos este picadillo en el aceite a fuego muy lento, hasta que comience a tomar color. Retiramos la sartén del fuego.
Añadimos el seitán picado, la miga de pan remojada en un poco de leche y bien escurrida, el huevo, sal, pimienta y nuez moscada rallada. Mezclamos bien este picadillo.
A continuación, rellenamos las cabezas de los champiñones con el picadillo, presionándolo bien. Las vamos colocando en el cestillo de la olla a vapor, que se habrá tapizado previamente con el perejil sobrante.
Llenamos hasta la mitad el compartimento inferior con agua caliente y colocamos encima los champiñones, tapamos la olla y cocemos durante quince minutos.
Para servir el plato, retiramos los champiñones rellenos con ayuda de la espumadera y los colocamos en una fuente.

Ingredientes
- 500 g de champiñones de tamaño grande
- Vinagre
- 4 escalonias
- 1 diente de ajo
- 1 ramito de perejil
- 6 cl de aceite de oliva
- 250 g de seitán picado
- 50 g de miga de pan rallado
- 1/4 l de leche
- 1 huevo
- Sal
- Pimienta
- Nuez moscada

Hamburguesa de quinoa

Ingredientes
- 50 g de quinoa
- 1 l de agua
- 30 g de tofu
- 1/2 pimiento asado
- 20 g de perejil picado
- 1/2 diente de ajo
- Harina integral
- Aceite de oliva
- Sal marina

Ponemos a hervir la quinoa a fuego lento durante quince minutos. Mientras tanto, ponemos en el vaso del túrmix el tofu, el pimiento asado, el perejil y el ajo, y lo trituramos bien. Unimos la quinoa cocida con el triturado de tofu y le incorporamos harina integral en cantidad suficiente para que podamos armar las hamburguesas (nos saldrán dos grandes o cuatro pequeñas).

La quinoa

Cultivada desde hace más de 5000 años por las culturas indígenas de América, la quinoa tiene una cantidad inusual de proteínas, así como un gran número de aminoácidos esenciales. Además de ser muy fácil de preparar, podemos emplearla para ensaladas o incluso pastelería.

Hamburguesa de soja

Ingredientes
- 250 g de soja texturizada
- 200 g de arroz integral cocido
- 20 g de tofu picado
- 20 g de conserva provenzal
- 20 g de cebolla picada
- Harina integral
- Pan rallado
- Sal marina
- 4 cl de aceite

Ponemos la soja en agua caliente para que se hidrate y, mientras tanto, rehogamos rápidamente la cebolla picada en una sartén con el aceite. Cuando la soja se haya ablandado, la ponemos en el vaso del túrmix junto con el tofu, el arroz y la sal al gusto, para después triturarlo todo. Con la pasta resultante, formamos las hamburguesas.

Si la pasta ha quedado muy seca le agregamos un poquito de agua. Podemos cocinarlas a la plancha, al horno o fritas. En este último caso, las rebozaremos previamente con pan rallado.

Como guarnición podemos preparar unos bastoncitos de tofu o tempeh fritos, o bien unas patatas fritas.

La soja texturizada es soja deshidratada que podemos conseguir en las tiendas de productos naturales o de dietética. Pero además, existe una amplia gama de productos elaborados con soja: pasta de sopa, granulados, etc., que podemos incorporar a nuestra dieta diaria.

La soja

Si hay un protagonista estrella en la lista de fitoestrógenos, es la soja gracias a unas sustancias, las isoflavonas, que reducen los sofocos típicos de la menopausia, inhiben el crecimiento de células cancerígenas, ayudan a combatir la osteoporosis y disminuyen el nivel de colesterol. En el comercio es posible adquirir comprimidos de isoflavonas, pero hay tantas formas de comer soja que bien puede echarse mano de alguna receta para que también disfrute el paladar. Con una taza de bebida de soja o medio plato de germinados o tofu se cubren las necesidades diarias requeridas. Según los expertos, la prueba viviente de tantos beneficios son las mujeres asiáticas, cuya salud durante y después de la menopausia es notablemente mejor que la de las occidentales.

Huevos jaspeados

Si queremos dar a los huevos duros una apariencia atípica y original, podemos darles aspecto de mármol.

Tras perforarlos para que no se reviente la cáscara, los cocemos durante diez minutos en una infusión de té bien concentrada. Los sacamos de la infusión y los golpeamos para agrietar la cáscara, sin desprenderla.

Terminamos de endurecerlos cociéndolos cinco minutos más. Después, los enfriamos con agua y al pelarlos nos llevaremos una agradable sorpresa.

Bolas de requesón

En un plato hondo batimos el huevo; chafamos el requesón sobre él, y agregamos el pan rallado hasta formar una masa que se pueda moldear en bolas como pelotas de ping-pong. Cocemos las bolas cinco minutos en agua hirviendo y, mientras tanto, rallamos los tomates y los rehogamos, sazonándolos con un poco de sal marina y orégano o albahaca.

Mezclamos con la crema de leche, formando una salsa suave, con la que cubrimos una bandeja. Colocamos las bolas encima y rociamos con el queso rallado. Finalmente, gratinamos.

Ingredientes
- 300 g de requesón
- Pan rallado
- 1 huevo
- 3 tomates
- 4 cl de crema de leche
- 50 g de queso rallado
- Orégano o albahaca
- Sal marina

Tortilla provenzal

Cortamos el puerro y el pimiento en juliana y los salteamos en una sartén con el aceite. Le agregamos el tomate cortado, la sal y el tempeh.

Para hacer las tortillas, batimos los huevos con una pizca de sal y volcamos la mitad en una sartén con un poquito de aceite. Cuando el huevo cuaje, le damos la vuelta para que se cocine también por el otro lado. Las rellenamos con la verdura y las presentamos dobladas acompañadas con alguna salsa.

Ingredientes
- 3 huevos
- 1/2 puerro
- 1/2 pimiento verde
- 1 tomate pelado y sin semillas
- 1 trocito de tempeh cortado
- 6 cl de aceite de oliva
- Sal

Budín de setas

Ingredientes (para 4 personas)

- 1 kg de setas variadas
- 4 huevos
- 1 l de nata
- 2 cebollas
- 2 ajos
- 1 zanahoria, 1 puerro y 1 tomate
- 1 ramita pequeña y tierna de apio
- 20 g de harina integral
- Sal y nuez moscada rallada
- Margarina
- Pan rallado
- Aceite de oliva

Lavamos las setas y las cortamos. Troceamos también la zanahoria, la cebolla, el apio, el puerro, los ajos y el tomate en dados bien pequeños.

Sofreímos una cuarta parte de las setas y todas las verduras picadas.

En un cuenco, batimos los huevos y agregamos la nata, la harina, el resto de las setas (que estarán crudas), la sal y la nuez moscada.

Mezclamos ambas preparaciones y llenamos con la preparación cuatro moldes pincelados con margarina y espolvoreados con pan rallado.

Los cocemos al baño maría, a una temperatura de 140 ºC durante treinta minutos aproximadamente.

Bocadillo redondo

Partimos el panecillo y lo vaciamos un poco de miga. En un recipiente mezclamos la mayonesa, el yogur y el zumo de limón, y untamos la mezcla en los dos trozos de pan. Colocamos los trozos de pomelo, las rodajas de huevo duro y el hinojo. Cubrimos.

Ingredientes

- 1 panecillo redondo con sésamo
- 2 cucharadas de mayonesa
- 1 cucharada de yogur
- 2 gajos de pomelo a trozos
- Zumo de limón
- 1 huevo duro cortado en rodajas
- Unas briznas de hinojo

Pita multicolor

Cortamos las verduras a daditos y salteamos en un poco de aceite. Condimentamos con la sal y el curry. Cuando estén tiernas calentamos la pita, para que se hinche, la abrimos y la rellenamos con las verduras.

Ingredientes

- 1 pan de pita
- 1/ 2 cebolla
- 1/ 4 berenjena
- 1 tomate
- 1/ 4 calabacín
- Aceite de oliva de primera presión en frío
- Sal marina
- Curry
- 1/ 2 pimiento rojo

Mantequilla de jazmín

Envolvemos una pastilla de mantequilla en una muselina o gasa y la disponemos en un cuenco lleno de flores de jazmín, dejándola toda la noche en un lugar fresco para que absorba el aroma. Al día siguiente podemos tomarla con pan tostado.

Al jazmín se le atribuyen propiedades relajantes y tonificantes. Las pequeñas flores blancas, muy perfumadas y frescas, son excelentes para perfumar el té, frutas, sorbetes, ensaladas de frutas, en cremas dulces o en asociación con distintas frutas para preparar helados y gelatinas.

Ingredientes

- 1 pastilla de mantequilla
- 1 cuenco de flores de jazmín

Angelitos

Ingredientes (para 4 personas)
- 1 lechuga escarola
- 1 huevo batido
- Harina
- Aceite de oliva
- Miel

Sacamos las hojas más externas de la escarola y las lavamos con detenimiento. Las escurrimos bien para que pierdan la mayor cantidad de agua.
Pasamos las hojas por huevo batido y harina. Una vez rebozadas las freímos en abundante aceite de oliva bien caliente, procurando que no se quemen por la gran cantidad de agua que contienen.
Una vez fritas y escurridas con papel de cocina añadimos miel al gusto. Las servimos calientes como postre.

Rollitos de primavera

Ingredientes
- 20 g de harina de maíz
- 2 cl de agua
- 20 g de salsa de soja
- 125 g de champiñones
- 1 huevo
- 4 cl de aceite de girasol
- 1 diente de ajo
- 1 cm de raíz de jenjibre fresco, picado fino
- 90 g de brotes de soja
- 1 pimiento verde
- 60 g de zanahorias
- 8 hojas de masa laminada de 45 x 30 cm
- Pimienta blanca
- Sal

En un recipiente poco profundo mezclamos la harina de maíz con el agua, la salsa de soja, la sal y un poco de pimienta blanca. Cubrimos los champiñones con esta mezcla y dejamos reposar diez minutos. Mientras, batimos el huevo y lo vertemos en una sartén pequeña para hacer una tortilla fina. Dejamos enfriar y cortamos en tiras finas.
Ponemos el wok a fuego vivo hasta que esté muy caliente, añadimos el aceite y sofreímos el ajo y el jenjibre, los brotes de soja, el pimiento y las zanahorias durante tres minutos. Sacamos y reservamos. Retiramos el wok del fuego, dejamos enfriar y agregamos las tiras de tortilla y los champiñones.
Precalentamos el horno a 200 °C y dividimos el relleno en 32 partes. Con las ocho hojas de masa una encima de la otra, cortamos cuatro tiras de 11 x 30 cm, y con un pincel untamos una tira de masa con aceite y extendemos una porción de relleno sobre uno de los extremos más cortos, dejando 1 cm sin cubrir por ambos lados. Envolvemos el relleno con la masa, doblamos hacia dentro los extremos no cubiertos y continuamos enrollando hasta llegar al extremo opuesto. Horneamos los rollitos, dándoles la vuelta una vez, hasta que estén dorados, durante quince o veinte minutos. Los servimos calientes, acompañados de salsa de soja.

Patatas suflés al queso

Cocemos las patatas con su piel en el horno durante veinte minutos aproximadamente. Antes de retirarlas, comprobamos si están cocidas introduciendo un palillo en su interior: si puede perforar sin dificultad hasta el centro, es que ya están cocidas.

Cuando estén cocidas, las partimos por la mitad, vaciamos los centros y los ponemos en un cuenco. Chafamos la patata extraída con un tenedor y la dejamos enfriar cinco minutos.

Agregamos el queso rallado y las yemas de huevo, luego salpimentamos y añadimos la mostaza y la pimienta de cayena.

En otro cuenco, batimos las claras a punto de nieve y las incorporamos poco a poco a la mezcla de patatas. Distribuimos esta mezcla en las patatas vaciadas.

Ponemos las patatas en una placa de horno y las cocemos durante quince minutos, hasta que adquieran un color dorado.

Espolvoreamos con nueces picadas y servimos enseguida.

Sugerencia:

- Con tomate, queso, aceitunas y perejil picado
- Con tomate, maíz y huevo duro
- Con queso fresco, pimiento y cebollino

Ingredientes (para 4 personas)

- 4 patatas
- 150 g de queso Cheddar rallado
- 3 huevos, separada la clara de la yema
- Sal y pimienta negra recién molida
- 5 g de mostaza
- Una pizca de pimienta de cayena
- Nueces para adornar

Albóndigas con base de falafel

Reducimos a puré los garbanzos hervidos, sazonándolos con una pizca de sal, pimienta y comino. Añadimos a la preparación las yemas, los ajos y el perejil picado. Cuando la mezcla esté bien unida, tomamos pequeñas porciones para darles forma de bolita.

Freímos en aceite abundante y, justo antes de servir, los espolvoreamos con perejil picado.

Ingredientes

- 500 g de garbanzos cocidos
- 4 dientes de ajo
- 2 yemas de huevo
- 5 g de cominos picados
- Perejil picado
- Sal y pimienta al gusto
- Aceite de oliva virgen

Cremoso de plátano

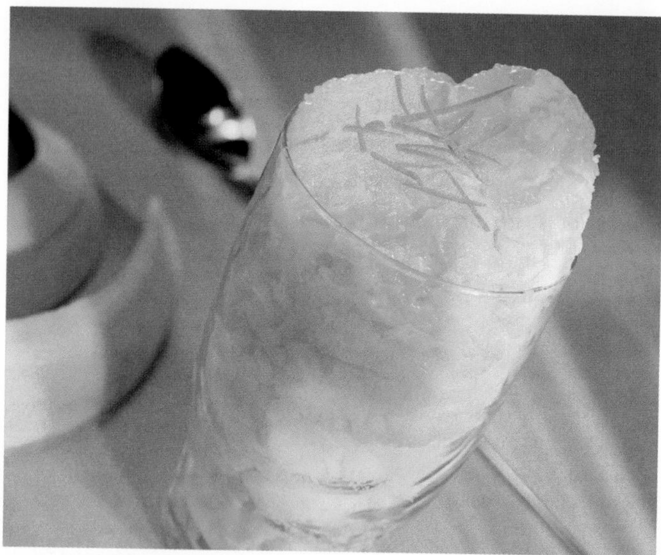

Pelamos y cortamos la fruta; rociamos los trozos con el zumo de limón y los ponemos en el congelador hasta que se endurezcan. Los retiramos y los trituramos junto con la miel en el robot de cocina. Servimos en copas esta crema helada espolvoreada con ralladura de naranja.

Ingredientes
- 2 plátanos
- 1 pera
- 2 cl de zumo de limón
- 1 cucharada de miel
- Ralladura de naranja

Tartitas de manzana

Ingredientes
- 2 manzanas grandes
- 30 g de mantequilla
- 2 yemas y 1 huevo entero
- 10 cl de crema de leche
- 70 g de azúcar moreno
- Canela en polvo
- 2 l de agua

Ponemos a hervir el agua en la olla de vapor y, mientras tanto, pelamos las manzanas, les retiramos el corazón, las cortamos a rodajas finas y las distribuirmos en cuatro moldes pequeños resistentes al calor y previamente untados con mantequilla.

Batimos las yemas y el huevo entero junto con el azúcar, y a continuación le agregamos la crema de leche y batimos un poco más. Vertemos esta crema en los moldecitos sobre las manzanas; cubrimos los moldes con papel de estraza y los ponemos a cocer al vapor durante treinta minutos.

Al retirarlos, espolvorearemos cada moldecito con la canela en polvo.

Sorpresas de chirimoya

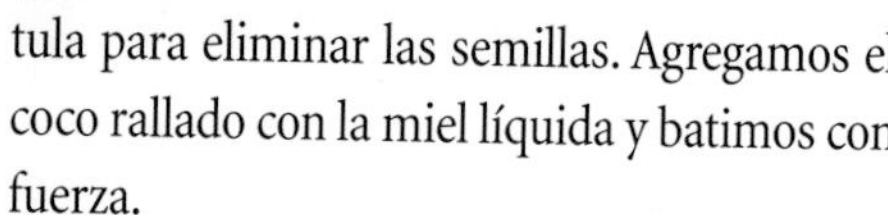

Ingredientes
- 4 chirimoyas
- 2 naranjas
- 50 g de coco rallado
- 40 g de miel líquida
- 2 nueces
- 4 hojas de menta fresca

Cortamos las chirimoyas por el casquete superior y las vaciamos con una cucharilla. Partimos las naranjas por el centro y antes de exprimirlas cortamos una rodaja de cada una de las cuatro partes. Mezclamos el zumo de naranja con la pulpa de la chirimoya y tamizamos por el chino con la ayuda de una espátula para eliminar las semillas. Agregamos el coco rallado con la miel líquida y batimos con fuerza.

Servimos bien frío en la propia cáscara, sostenida sobre su base, con la rodaja de naranja flotando, media nuez encima y una hoja de menta. Bebemos con caña.

Chutney de melocotón y dátiles

Escaldamos los melocotones con agua hirviendo, los deshuesamos y los cortamos a rodajas. Ponemos todos los ingredientes en una cazuela y calentamos lentamente hasta disolver el azúcar. Cuando rompa a hervir cocemos a fuego lento durante una hora y media, removiendo de vez en cuando, hasta que la mezcla esté espesa. Los dejamos enfriar antes de llenar los tarros, que guardaremos un mes antes de servirlos.

Ingredientes

- 6 melocotones
- 125 g de dátiles, deshuesados y troceados
- 125 g de uvas
- 2 cebollas picadas
- 350 gr de azúcar moreno
- 2 dientes de ajo, picados
- 20 g de mostaza en grano

- 40 g de jengibre fresco, picado
- 6 semillas de cardamomo sin cáscara
- 30 cl de vinagre de estragón (o en su defecto, de sidra)
- 10 g de sal

Macedonia de frutas de primavera

Pelamos los nísperos y los deshuesamos. También quitamos la semilla a las cerezas y los albaricoques.

Partimos los albaricoques y los nísperos en dados, los mezclamos y colocamos una porción en una copa; después, otra porción de cerezas, y por último otra de albaricoques y nísperos.

Desleímos la crema de almendras en el zumo de dos naranjas, y le agregamos la menta fresca bien picada. Repartimos el líquido entre las cuatro copas.

Ingredientes

- 250 g de nísperos
- 250 g de albaricoques
- 250 g de cerezas picotas
- 2 naranjas
- 2 ramitas de menta fresca
- 40 g de crema de almendras

Macedonia de frutas y helado

Para preparar el helado, primero trituramos el queso con la miel y la vainilla en el túrmix. Incorporamos a la crema obtenida las claras montadas a punto de nieve y la llevamos al congelador. Mientras tanto, preparamos la macedonia mezclando la fruta cortada con el azúcar y los zumos. Dejamos que se enfríe. Por último, retiramos el helado del congelador, lo batimos bien antes de servirlo y lo llevamos a la mesa junto con la macedonia.

Ingredientes

Para el helado:

- 200 g de queso fresco
- 2 claras de huevo
- 20 g de miel
- Vainilla natural

Para la macedonia:

- 1/2 vaso de zumo de naranja
- Zumo de 1/2 limón
- 200 g de frutas del tiempo cortadas
- 5 g de azúcar de caña

Mousse de limón

Ingredientes (para 4 personas)

- 1 l de limonada casera
- 1 limón
- 20 g de copos de agar-agar
- 60 g de miel
- 300 g de tofu natural
- Unas fresas o kiwis para decorar

Mezclamos media taza de limonada con el agar-agar y removemos hasta que se disuelva. A continuación ponemos a hervir el resto de la limonada con el limón cortado a rodajas, a fuego lento y removiendo constantemente durante diez minutos. Endulzamos con la miel, añadimos el agar-agar disuelto y dejamos que se enfríe un poco. Ponemos la mezcla en la batidora, la trituramos y le incorporamos el tofu desmenuzado poco a poco hasta que se forme una masa suave. Servimos en tazones individuales y dejamos enfriar en la nevera. Antes de servir adornamos con la fruta fresca.

Barquitas

Ingredientes

- 4 chirimoyas
- 200 g de mermelada de moras
- 50 g de moras
- 40 g de polen

Partimos las chirimoyas a lo largo, las vaciamos con cuidado de no dañar las cáscaras y le quitamos las pepitas. Mezclamos la pulpa con la mermelada y batimos todo junto. Rellenamos las barquitas y decoramos con algunas moras por encima. Espolvoreamos con polen y las servimos frías.

Tarta de cerezas

Lavamos, secamos y deshuesamos las cerezas. Batimos la mantequilla con el azúcar y agregamos los huevos uno a uno. La harina se incorpora tamizada, junto con la levadura y la sal. Lo trabajamos todo. Precalentamos el horno a 180 ºC, unos diez minutos antes. Untamos un molde de tartas de 22 cm de diámetro, vertimos la mitad de la masa, distribuimos todas las cerezas en una capa y cubrimos con el resto de la masa.

Ingredientes
(para 4 personas)
- 800 g de cerezas
- 300 g de harina
- 20 g de mantequilla
- 200 g de azúcar
- 4 huevos
- 5 g de levadura en polvo
- 1 pizca de sal

Galletas de cereales

Pasamos los copos de alforfón por el molinillo para desmenuzarlos un poco. Mezclamos con el sésamo, la almendra picada y el bicarbonato. Trabajamos la mantequilla templada con el azúcar y mezclamos con los demás ingredientes. Añadimos por último las pasas y amasamos. Podemos dejar enfriar un poco la masa, si es costosa de trabajar. Encendemos el horno a 180 ºC y preparamos una bandeja engrasada. Formamos pequeñas bolitas que aplastaremos con una cuchara. Las colocamos algo separadas, porque se ensanchan al cocer. Se hornean durante quince o veinte minutos.

Ingredientes
- 100 g de copos de alforfón
- 80 g de mantequilla
- 50 g de sésamo
- 50 g de azúcar de caña
- 30 g de almendras
- 1 g de bicarbonato
- 25 g de pasas

Mousse de azafrán

Ingredientes (para 4 personas)
- 300 g de leche
- 120 g de azúcar
- 200 g de nata líquida
- 40 g de harina de maíz
- 15 hebras de azafrán
- 50 g de agar-agar
- 4 huevos

Ponemos a hervir 150 g de nata líquida con la leche y el azafrán. Aparte batimos las yemas con el azúcar, hasta lograr una mezcla espumosa. Añadimos la harina de maíz y mezclamos. Juntamos con lo que hierve y lo mezclamos bien, dejándolo un par de minutos a fuego lento, sin parar de remover, hasta que espese. Mientras, cortamos el agar-agar en trozos muy menudos, que cocemos con el resto de la nata líquida; lo agregamos a las claras montadas y procedemos a incorporar con mucho cuidado a la crema de azafrán, removiendo lo justo para que la espuma quede uniforme.

Decoramos con hebras de azafrán, raspadura de naranja y chocolate rallado.

Peras al caramelo

Pelamos las peras, las cortamos en dos y les quitamos el corazón. En una olla de fondo grueso caramelizamos un poco el azúcar y añadimos el agua ya caliente, para formar un almíbar. Ponemos las peras y la canela, y lo dejamos hervir diez minutos. Al retirarlas las colocamos sobre la bandeja de servir, con unas pasas en el agujero del corazón. Mezclamos la nata con el almíbar que quede y esparcimos sobre las peras. Espolvoreamos por encima un poco de canela en polvo.

Ingredientes (para 4 personas)
- 8 peras
- 75 g de azúcar moreno
- 15 cl de nata
- 15 cl de agua
- 1 rama de canela
- 50 g de pasas de Corinto
- Canela en polvo

Postre de boniatos

Ingredientes (para 4 personas)
- 2 boniatos
- 4 melocotones
- 40 g de almendras

Cocinamos los boniatos en el horno con su piel hasta que queden muy blandos. Los dejamos enfriar y los triruramos con los melocotones pelados y troceados. Vertemos el puré en recipientes individuales y reservamos en la nevera. Antes de servirlos, espolvoreamos con almendras picadas.

Bebida de almendras y pera

En primer lugar, escaldamos las almendras con agua hirviendo y las frotamos con un paño seco para pelarlas bien. A continuación, ponemos en el vaso de la batidora las almendras, la mitad del agua, la miel y las peras peladas y troceadas. Se bate todo hasta que quede bien molido. A continuación, se agrega el resto del agua y se continúa batiendo.

Ingredientes (para 4 personas)
- 1 l de agua
- 200 g de almendras
- 80 g de miel sin refinar
- 2 peras maduras

Dulce de dátiles

Llevamos los ingredientes al punto de ebullición y los cocinamos a fuego lento hasta que los dátiles estén tiernos. Retiramos la rama de canela y la trituramos hasta obtener una crema.

El dulce debe conservarse en la nevera, a ser posible dentro de un frasco de cristal. Podemos servir como acompañamiento de manzanas cocidas, cereales para el desayuno... o bien untarlo sobre tostaditas de pan.

Ingredientes (para 4 personas)
- 1/4 l de agua
- 250 g de dátiles sin hueso
- 1 rama de canela

Granizado granate

Ingredientes (para 4 personas)
- 1/2 l de zumo de uva negra
- 250 g de arándanos (o frutas del bosque)
- 1/2 remolacha cocida
- 1/4 l de agua
- 20 g de azúcar integral de caña
- 2 cl de zumo de limón

Trituramos la fruta y la remolacha, y reservamos. Por otro lado, ponemos a calentar el zumo de uva, el agua y el azúcar, y los dejamos hervir durante cinco minutos a fuego lento. A continuación, mezclamos las dos preparaciones y añadimos el zumo de limón. Lo dejamos enfriar y lo pasamos a un recipiente para introducirlo en el congelador. Antes de que esté totalmente congelado, lo retiramos y con un tenedor rompemos los cristales que se hayan formado. Batimos un poco y servimos en copas previamente enfriadas.

Té verde con especias

Ingredientes (para 2 personas)
- 40 g de té verde
- Piel de 1 naranja y de 1 limón
- Nuez moscada
- 2 ramas de vainilla
- Azúcar integral
- Hielo picado (opcional)
- Zumo de 2 naranjas
- Zumo de 1 limón

Ponemos el té en el fondo de la tetera y le agregamos las mondaduras de naranja y de limón, un poco de nuez moscada y una ramita de vainilla. Añadimos azúcar integral al gusto y vertemos encima el agua hirviendo. Cubrimos para que se haga la infusión y dejamos enfriar.

En el momento de servirlo le añadimos un poco de hielo picado, el zumo de una naranja y unas gotas de zumo de limón.

Zumo con germinados

Las semillas germinadas son uno de los nuevos superalimentos más completos que existen, y en estos momentos es fácil encontrarlas en tiendas de dietética o incluso prepararlas en casa. Los más populares son los de soja y de alfalfa (en la foto), que es mucho más fácil de digerir, tanto si es dulce como picante (mezclada con germinado de granos de mostaza o de rabanitos). Al preparar el zumo es muy sencillo añadir al final un puñadito de germinados en la licuadora, aunque conviene no abusar porque algunos dejan un sabor algo fuerte. También son aconsejables los germinados frescos de cebolla y de puerros.
El jugo de tomate con germinados se prepara de igual forma pero en la batidora.

Bebida Norte-Sur

Lavamos las peras y las manzanas, y las dividimos en cuartos.
Pelamos el cuarto de limón y licuamos las frutas.
Añadimos unas fresas y decoramos con algunas flores comestibles.

Ingredientes (para 2 personas)
- 2 peras
- 1 manzana
- 1/4 de limón
- Flores comestibles (rosas, crisantemos, etc).

Cóctel de naranja

Pelamos las naranjas y las dividimos en cuatro partes. Seguidamente, pelamos la piña y la cortamos a trozos.
Lavamos las uvas y las separamos de los tallos (salvo si son de cultivo biológico).
Finalmente, pasamos las frutas por la licuadora y servimos en copas decoradas con una rodaja de naranja.

Ingredientes (para 2 personas)
- 2 naranjas
- 2 rodajas gruesas de piña
- 200 g de uvas negras

Guía para comer bien cuando se tiene poco tiempo

Muchas personas piensan que comer sano —con el poco tiempo del que se dispone en el trabajo— es casi tarea imposible, y así todo se resuelve a fuerza de bocadillos un día tras otro. Sin embargo, es muy importante hallar una solución, ya que en nuestro cuerpo se «fabrica» la energía, la salud y también las enfermedades. Por eso es necesario que cuidemos de nuestra alimentación, independientemente del tiempo que tengamos.

No se trata simplemente de aplacar los quejidos del estómago comiendo cualquier cosa para luego seguir trabajando. Hay que tomar conciencia de que es una de las comidas más importantes del día. De hecho, no resulta tan difícil planear platos combinados saludables.

Para ello sólo hay que organizarse mejor, hacer buenas elecciones y, sobre todo, tratar de que la dieta sea equilibrada.

En los puntos siguientes se sugieren algunas ideas para hacer de las comidas en el trabajo una sana costumbre:

LO IMPORTANTE ES PLANIFICAR

Una de las primeras medidas es preparar el menú tratando de compaginar nuestros gustos personales con nuestras necesidades nutricionales. En ese sentido, es muy útil hacer una planificación semanal procurando variar los ingredientes cada día. Hecho esto, lo siguiente será hacer la compra de lo que necesitemos para los menús de la semana. Así se evita repetir comidas y alimentarse inadecuadamente.

Resulta muy sencillo elaborar platos combinados sabrosos y equilibrados.

La despensa saludable

Al hacer la lista de la compra ya empezamos a elaborar nuestra dieta. Dependiendo de lo que compremos, ésta será sana y benéfica o perjudicial. Nuestra recomendación es que no falten estos productos:

- **Legumbres y cereales integrales:** mejor aún si son de procedencia biológica; si tenemos tiempo, podemos comprarlos crudos para cocinar en casa. Si los adquirimos ya cocidos, tenemos que comprobar que no lleven conservantes químicos.
- **Pan de cereales integrales elaborados con levadura madre:** se puede ir cortando; en la nevera dura varios días.
- **Algas marinas:** son excelentes nutrientes que aportan mucho con una pequeña ración diaria. Las más recomendables —si no se dispone de mucho tiempo— son la arame y la wakame (entre 3 y 5 minutos de remojo) que se pueden añadir prácticamente a cualquier plato. La nori se puede tostar ligeramente sobre la llama antes de incorporarla a la ensalada o a otro plato. La noche anterior también podemos dejar un postre preparado: cocemos agar-agar y lo mezclamos con fruta triturada para obtener una nutritiva gelatina.
- **Frutos secos y semillas:** suponen un buen aporte proteínico y se pueden comer crudos o ligeramente tostados. La combinación de semillas y legumbres aumenta el valor proteínico del plato.
- **Germen de trigo y levadura de cerveza:** para espolvorear ensaladas, guisos o platos de cereales y verduras.
- **Proteínas vegetales:** en las tiendas de productos naturales podemos encontrar un buen surtido de alimentos vegetales que remplazan perfectamente las carnes y otras proteínas de origen animal, como por ejemplo: tempeh, tofu, seitán y otros elaborados a base de soja como hamburguesas, salchichas y embutidos.
- **Col fermentada:** ideal para regenerar la flora intestinal y alcalinizar la sangre. Acompaña muy bien unas salchichas de soja o unas hamburguesas vegetales.
- **Purés de legumbres** o de frutos secos: a partir de garbanzos, semillas de sésamo, pipas de girasol, nueces, almendras, con algas... Las podemos utilizar para enriquecer una sopa, una salsa o para mezclar con el aliño de una ensalada.
- **Aceite de oliva de buena calidad:** si es posible de primera presión en frío o, al menos, que sea virgen con baja acidez.
- **Miso, sal marina, salsa de soja o tamari:** es el componente salado y natural que necesitan nuestros platos.

UN MENÚ EQUILIBRADO

Afortunadamente, vivimos en un país mediterráneo donde tenemos excelentes productos para elaborar dietas equilibradas. Deberíamos asegurarnos de que no falten hidratos de carbono, proteínas, fibra, vitaminas, minerales y algo de grasa de buena calidad. Por ejemplo:

- Comenzar con una pequeña ensalada de vegetales crudos.
- Escoger una proteína, un tipo de hidrato de carbono y algo de verdura cocida. Esto puede ser un plato único —en el caso de un estofado (por ejemplo lentejas, arroz y verduras)— o bien combinar una loncha de tofu a la plancha con un poco de cereal cocido y unas verduras cocidas.
- Otra opción, si tenemos sopa preparada, es tomarla de primero y luego seguir, por ejemplo, con un filete de seitán a la plancha con ensalada o con cereal.
- De postre podemos tomar una pieza de fruta fresca, un poco de compota ya preparada, unos cuantos frutos secos (que dejaremos en remojo al inicio de la comida) o una gelatina de frutas elaborada con agar-agar.

Tenemos a nuestra disposición excelentes productos con los que elaborar dietas sanas.

¿CUÁNDO PREPARAR LA COMIDA?

Tomemos como ejemplo una jornada de trabajo diurna en la que hay un descanso al mediodía para comer, ya sea en el mismo centro de trabajo o bien fuera de él. Hay ciertos alimentos que podríamos dejar preparados el día anterior para hacer un plato combinado.

Por ejemplo:

- Cereales integrales cocidos como arroz, mijo, trigo bulgur, quinoa o cuscús
- Pasta, fideos integrales
- Legumbres como lentejas, garbanzos o alubias
- Huevos duros
- Verdura cocida al vapor como judías verdes, calabaza, chirivía y otras hortalizas
- Salsa de tomate casera
- Tortilla de verduras (no de patatas)
- Mazorcas de maíz (biológico)
- Sopas de verduras que no contengan patata
- Verduras de hoja lavadas, secadas y guardadas enteras en un recipiente hermético

DEPENDE DE DÓNDE COMAMOS

Si volvemos a casa porque estamos a un paso del trabajo, podemos calentar en el fuego lo que será el plato caliente mientras troceamos las verduras ya limpias para la ensalada. Un truco para reducir aún más el tiempo es tener un par de aderezos listos en botellines donde ya esté mezclado el aceite, el vinagre, la sal o la salsa de soja; sólo necesitaremos agitarlo un poco y verterlo sobre la ensalada.

Si nuestro lugar de trabajo dispone de una cocina o un comedor, podemos adecuar los menús según el equipamiento (nevera, cocina de gas, etcétera)

ADAPTAR LAS COMIDAS A NUESTRAS NECESIDADES

La actividad que desarrollamos tiene —o debería tener— mucho que ver con la confección de nuestros menús. Por lo tanto, la dieta debe estar en función del gasto de energía, si desempeñamos una labor física o más bien intelectual, etcétera.

Sobre las verduras y las frutas

• Es recomendable dejar las verduras para ensalada limpias, pero no cortadas ni puestas en remojo porque pierden vitaminas. Las podemos trocear rápidamente en el momento, bien con un cuchillo o con la mandolina, un aparato que corta en juliana o a finas láminas toda clase de verduras con mucha rapidez.

• Las hortalizas se pueden dejar cocidas la noche anterior para comerlas al mediodía siguiente, excepto las patatas, que fermentan al cabo de pocas horas.

• Otra opción es hacer un salteado de verduras, en cuyo caso sólo necesitamos cortarlas en finas rodajas o en juliana y echarlas en una sartén con un poco de aceite y moverlas hasta que queden «al dente», es decir, a medio camino entre crudas y cocidas. Esto no lleva más de unos 10 minutos aproximadamente entre cortar y saltear. Al final de la cocción podemos agregar pasta o el cereal cocido del día anterior y unas cuantas semillas.

• Los que tengan problemas digestivos deben procurar evitar las frutas en el postre, aunque al parecer la excepción son las manzanas y las peras, ya que están consideradas frutas neutras que no interfieren en el proceso digestivo.

• Si las frutas son de cultivo biológico, es preferible comerlas con su piel (donde están la mayor parte de las vitaminas y minerales) una vez lavadas, pero si proceden de la agricultura convencional, es preferible pelarlas, ya que los productos químicos que se utilizan quedan en la parte externa.

CONGELADOS ¿SÍ O NO?

Nuestra recomendación siempre es comer alimentos frescos, caseros y naturales, es decir, sin conservantes químicos, sin preelaborar ni refinar. No obstante, si nos gusta cocinar podemos preparar unas cuantas hamburguesas caseras a base de habas de soja, arroz y verduras (u otras combinaciones) y conservarlas en el congelador.

Si comemos en casa, podemos sacarlas por la mañana antes de salir a trabajar. De esta manera, cuando volvamos al mediodía sólo tendremos que calentar la plancha y cocerlas unos minutos por ambos lados. Si disponemos de cocina en el trabajo, las podemos llevar congeladas en un recipiente hermético y a la hora de comer ya estarán listas para calentar. Lo mismo se aplica en el caso del seitán (elaborar seitán lleva un poco de tiempo, pero es fácil) o de estofados vegetales.

MEJOR LA LLAMA QUE EL MICROONDAS

Una de las soluciones más recurridas suele ser el uso del microondas para calentar rápidamente los alimentos. Sin embargo, no es la más aconsejable, ya que los alimentos sufren alteraciones en su estructura celular o proteica. Todas las opciones que aquí presentamos se pueden calentar en una sartén con un poco de aceite en unos minutos.

ACOMPAÑAR LAS ESTACIONES DEL AÑO

Es de importancia vital procurar estar en armonía con la naturaleza y sus cambios estacionales. En tiempo frío necesitaremos más comidas cocidas y que reconforten; en tiempo cálido, más preparados que refresquen. Además, en primavera-verano —si es posible y tenemos cerca un espacio verde como un parque— es ideal llevar un menú para comer

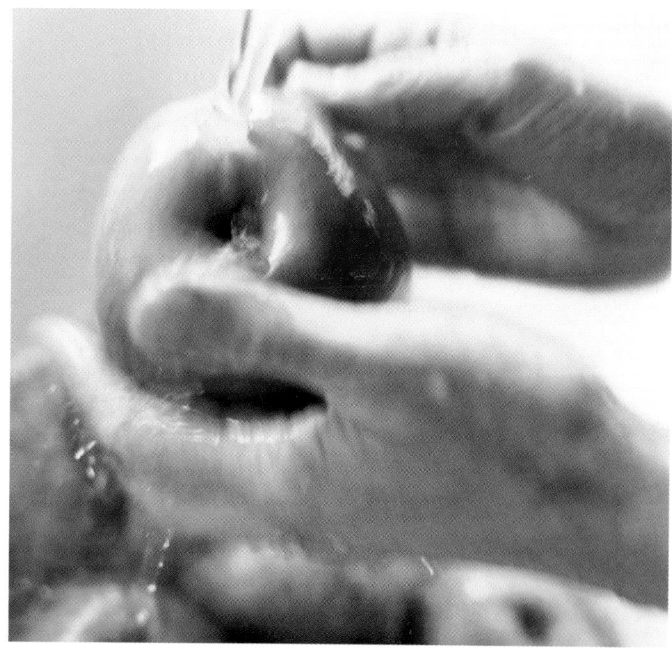

fuera, como por ejemplo una ensalada de pasta, una ensalada de arroz u otro cereal, una ración de tortilla de verduras, algas y tofu, un poco de fruta fresca o bien un yogur natural o kéfir y unos cuantos frutos secos.

Lo más recomendable es consumir siempre alimentos frescos y naturales.

LAS BEBIDAS

Para los que tienen la costumbre de beber infusiones o café después de comer, lo más recomendable es optar por alternativas más saludables como el té verde, el café de achicoria o cereales, el rooibos o el té rojo chino.

Nota final

Todas estas recomendaciones generarán, de una manera u otra, cambios positivos en nuestro organismo que a su vez redundarán en un mayor rendimiento. No hay nada como comer mal, rápida o inadecuadamente para pasar una tarde con las pilas al mínimo.

Lo importante es adoptar buenos hábitos alimentarios, aun cuando no se disponga de mucho tiempo para comer. El secreto está en la elección de los alimentos y en cómo los consumimos.

La mejor dieta del mundo

- Alimentación eminentemente vegetal, para evitar las toxinas de carnes y pescados
- Frutas, verduras, semillas y frutos secos de origen biológico, naturalmente ricos en micronutrientes
- Alimentos no procesados ricos en fibra
- Productos proteínicos pero bajos en proteínas, como el tofu y el tempeh
- Legumbres cocidas y arroz integral, para un mejor aprovechamiento de los nutrientes
- Leche de origen vegetal (de soja, almendra, arroz)
- Zumos de frutas recién exprimidos
- Té verde de origen biológico, de poderosa acción antioxidante
- Alimentos silvestres (verduras, frutos del bosque, algas y setas)
- Sólo frutas y verduras de temporada
- Arroz y trigo integrales de cultivo biológico; también todos los cereales, incluso los menos comunes en Occidente, como la quinoa y el mijo
- Semillas de sésamo, pipas de calabaza y girasol para el cerebro y la vitalidad
- Germinados de cebolla, lenteja y otras semillas
- Avena y otros cereales para el desayuno
- Levadura de cerveza y germen de trigo con ensalada fresca y variada
- Aceite de oliva extra virgen de primera presión en frío
- Agua mineral de alta calidad

La peor dieta del mundo

- Alimentos ricos en calorías (más de las que el organismo es capaz de quemar) que promueven la obesidad
- Grasas de origen animal (vacuno, pollo con piel) que disparan el colesterol
- Carne de animales engordados artificialmente con hormonas y fármacos
- Hidratos de carbono y azúcares simples (harina y azúcar refinados, repostería, dulces, patatas y refrescos con edulcorantes)
- Grasas saturadas de lácteos (nata, mantequilla, quesos grasos)

y grasa hidrogenada (margarina y manteca vegetales)

• Azúcar blanco refinado, presente en muchísima comida preparada
• Aceites vegetales poliinsaturados que promueven el cáncer y aceleran el envejecimiento celular
• Aceites transgrasos (grasas y aceites vegetales para freír)
• Leche de vaca para promover las alergias y los trastornos autoinmunes
• Escasez de micronutrientes, en especial poco consumo de fruta y verdura fresca
• Patatas prefritas y harinas refinadas
• Frutas enlatadas en almíbar
• Fresas y lechugas iceberg cultivadas con pesticidas
• Ketchup, rico en azúcar y sodio
• Bajo consumo de fibra, minerales y vitaminas frescas
• Agua del grifo sin purificar, rica en plomo y otros metales pesados
• Tres o cuatro cafés diarios, preferiblemente de grano torrefacto
• Ingesta diaria de alcohol (en especial bebida blanca con azúcar añadido) acompañada de cigarrillos
• Menús de restaurantes de comida rápida

GLOSARIO

ALIMENTO	FUENTE DE...	BUENO PARA...
Achicoria	Ácido fólico, potasio, hierro, vitaminas A y C	Antes y después del embarazo. Desintoxicante y purificativa, suavemente diurética y estimulante del hígado.
Aguacate	Potasio, vitaminas E y A, ácidos grados esenciales	El corazón, la circulación y la piel. Alivia los síntomas del SPM y protege contra el cáncer.
Ajo	Compuestos sulfatosos, antibacterianos y fungicidas	Protege contra las enfermedades cardíacas, reduce el colesterol y la hipertensión. Combate los hongos y las bacterias.
Albaricoque	Beta-carotenos, potasio, hierro, fibra soluble	La piel y los trastornos circulatorios. Protege contra el cáncer. Seco, sirve para tratar constipados y la presión alta.
Alcachofa	Fósforo, hierro	La digestión, ya que estimula el hígado y la vesícula biliar. Adecuada para tratar la gota, la artritis y el reuma.
Alubias	Proteínas, carbohidratos, fibra, vitaminas B, minerales, ácido fólico, selenio, hierro, zinc	Cuidan del corazón y del sistema circulatorio. Mitigan la hipertensión y reducen el colesterol. Previenen el cáncer y regulan la función intestinal.
Arándano	Vitamina C	El tratamiento y prevención de la cistitis. Previene el cáncer y potencia el sistema inmunitario.
Arroz integral	Vitaminas B, proteínas	Celíacos, ya que no contiene gluten. Indicado para combatir la diarrea. Energético.
Avena	Calcio, potasio, magnesio, vitaminas B y E	Reduce el nivel de colesterol y la hipertensión. Previene el cáncer y las enfermedades cardiovasculares.
Boniato	Vitaminas C y E, beta-carotenos y otros carotenoides, proteínas	Problemas oculares. Cuida de la piel y previene el cáncer.

ALIMENTO	FUENTE DE...	BUENO PARA...
Brécol	Vitaminas A y C, ácido fólico. riboflavina, potasio, hierro	La anemia, fatiga crónica, antes y durante el embarazo, problemas cutáneos. Protege contra el cáncer.
Brotes de alfalfa	Vitaminas A, B, C, E y K, calcio	El sistema nervioso, los huesos y la piel.
Calabaza	Vitaminas A, B y C, ácido fólico, potasio	Protege contra el cáncer y mitiga las afecciones respiratorias. Cuida de la piel.
Cardo	Vitaminas A y C, hierro, calcio, fósforo, carotenos	Previene las afecciones oculares como la degeneración macular. También protege contra el cáncer y está indicado contra la anemia.
Castaña	Fibra, vitaminas E y B_6, potasio	Es de fácil digestión. Adecuada para elaborar harina en caso de intolerancia al gluten. Energético.
Castaña de Pará	Proteína, selenio, vitaminas E y B	Una de las fuentes más ricas de selenio, mineral esencial que protege contra las enfermedades cardiovasculares y el cáncer de próstata.
Cebolla	Vitamina C, compuestos sulfatosos	Previene los coágulos sanguíneos, reduce el colesterol, combate la bronquitis, el asma, las infecciones pectorales, la gota y la artritis.
Cereza	Vitamina C, potasio, magnesio, flavonoides	Eleva las defensas y mitiga la artritis y el reuma. Protege contra el cáncer y mitiga la gota.
Champiñón	Vitamina B_{12} y E, zinc, proteínas	Cuadros de depresión, ansiedad y fatiga.
Chili	Vitamina C, carotenoides, capsaicina	La circulación y la digestión. Combate las enfermedades pectorales y las infecciones estomacales.

GLOSARIO

ALIMENTO	FUENTE DE...	BUENO PARA...
Chirivía	Vitaminas B y E, potasio, ácido fólico	El embarazo y contra la fatiga, los resfriados y la diabetes.
Ciruela	Vitaminas C y E, beta-carotenos, ácido málico	El corazón, la circulación y la digestión. Alivia la retención de líquidos.
Col	Vitaminas A, C y E, ácido fólico	Previene el cáncer, la úlcera de estómago, las infecciones pectorales, las enfermedades cutáneas y la anemia.
Col rizada	Beta-carotenos, vitamina C, fósforo, azufre, hierro, potasio, calcio, ácido fólico	Eleva las defensas y previene el cáncer. Cuida de la piel y la vista.
Coles de Bruselas	Vitamina C y beta-carotenos	Protegen contra el cáncer y las afecciones cutáneas.
Coliflor	Vitamina C, ácido fólico, azufre	Previene el cáncer y eleva las defensas.
Coriandro	Flavonoides, linalol	La digestión. Mitiga las flatulencias y los trastornos intestinales. Indicado contra el estrés.
Espárrago	Vitamina C, riboflavina, ácido fólico, potasio, fósforo	Diurético, indicado contra la cistitis y la retención de líquidos. Adecuado contra el reuma y la artritis, pero no para la gota.
Espinacas	Clorofila, ácido fólico, beta-carotenos, hierro	La piel y la vista, y durante el embarazo. Protegen contra el cáncer.
Frambuesa	Vitamina C, calcio, potasio, magnesio, hierro, fibra soluble	El sistema inmunitario. Previene el cáncer y mitiga las úlceras bucales.
Fresa	Vitaminas C y E, beta-carotenos, fibra soluble	Combate la artritis, la gota, los trastornos hepáticos y la anemia. Previene el cáncer.
Guisante	Beta-carotenos, ácido fólico, tiamina, vitamina C, proteínas	Combate los problemas digestivos, el estrés y la tensión.
Higo	Beta-carotenos, hierro, potasio, fibra	Energético. Alivia el constipado y los trastornos digestivos. Combate la anemia y previene el cáncer.

ALIMENTO	FUENTE DE...	BUENO PARA...
Hojas de dandelión	Beta-carotenos, carotenoides, hierro	Alivia la retención de fluidos, los trastornos hepáticos y el SPM.
Huevos	Proteínas, vitaminas A, B_{12}, D y E, hierro, lecitina, zinc	Previenen el cáncer y las enfermedades cardiovasculares. Indicados contra la anemia y la artritis reumatoide. Potencian el vigor sexual en los hombres.
Jengibre	Compuestos estimulantes de la circulación	Estados postoperatorios, circulación, fiebre y tos.
Judías verdes	Vitamina A y C, potasio, ácido fólico	La piel, el cabello y los problemas digestivos.
Kiwi	Vitamina C, beta-carotenos, potasio, bioflavonoides, fibra	El sistema inmunitario y la piel. Alivia los resfriados y los trastornos digestivos.
Leche	Calcio, zinc, riboflavinas, proteínas	Estimula el crecimiento y fortalece los huesos. Indicado para estados de convalecencia.
Lechuga	Vitaminas A y C, ácido fólico, potasio, calcio, fósforo	Combate el insomnio y el estrés. Indicado contra la bronquitis.
Lima	Vitamina C, bioflavonoides, potasio	El sistema inmunitario. Alivia la gripe, la tos y los resfriados. Protege contra el cáncer.
Limón	Vitamina C, bioflavonoides, potasio	El sistema inmunitario y para la digestión. Mitiga las úlceras bucales y las afecciones de las encías.
Maíz dulce	Fibra, proteínas, ácido fólico, vitaminas A y E	Proporciona fibra. Muy energético.
Mango	Vitamina C, beta-carotenos, potasio, flavonoides	Afecciones cutáneas y estados de convalecencia. Eleva las defensas y previene el cáncer.
Manzana	Carotenos, pectina, vitamina C, potasio	El sistema inmunitario, digestión, corazón y circulación. Indicado contra los constipados, la diarrea y el colesterol.

GLOSARIO

ALIMENTO	FUENTE DE...	BUENO PARA...
Melocotón	Beta-carotenos, vitamina C, potasio, flavonoides	El embarazo y como laxante. Indicado para reducir el colesterol y dietas bajas en sal.
Melón	Vitaminas A, B y C, potasio, ácido fólico	La artritis, la gota, resfriados suaves y problemas urinarios.
Menta	Flavonoides, mentol, aceites esenciales antiespasmódicos	Casos de indigestión, gastritis, inflamaciones y flatulencias. Aplicado en las sienes, alivia la migraña.
Mirtilo	Vitamina C, carotenoides	Ver Mora
Mora	Vitaminas E y C, potasio, fibra	El corazón, la circulación y la piel. También es buena como protección contra el cáncer.
Nabo	Vitaminas A y C, minerales	Combate las afecciones cutáneas y previene el cáncer.
Naranja y mandarina	Vitaminas C y B_6, potasio, tiamina, ácido fólico, calcio, hierro, bioflavonoides	Las defensas y el corazón. Mitigan las infecciones y la hipertensión.
Oliva	Aceite monoinsaturado, antioxidantes, vitamina E	La piel y el sistema cardiovascular.
Pan	Fibra, hierro, vitaminas B y E, proteínas	Todas las personas, excepto las que tienen intolerancia al gluten. Combate el estrés y previene el constipado. Mitiga las almorranas.
Pasas	Vitamina B_6, niacina, beta-carotenos, potasio, hierro, fibra	Combaten la hipertensión, la fatiga y los resfriados. Previenen el cáncer.
Patata	Vitaminas B y C, fibra y minerales	El crecimiento y las defensas. Ayuda a mitigar la anemia, la fatiga y los problemas digestivos.
Pepino	Beta-carotenos (en la piel), silicio, potasio, ácido fólico	La piel y la vista. En forma de zumo, mitiga la fiebre.

ALIMENTO	FUENTE DE...	BUENO PARA...
Pera	Vitamina C, fibra soluble	Convalecencias y constipados. Reduce el colesterol. Energética.
Perejil	Vitaminas A y C, hierro, calcio, potasio	Alivia la retención de líquidos, el SPM, la gota, el reuma y la anemia. Diurético y antiinflamatorio.
Pimienta	Vitamina C, ácido fólico, beta-carotenos, potasio	Afecciones cutáneas y de las membranas mucosas. Eleva el sistema inmunitario. Mejora la visión nocturna y de los colores.
Piña	Vitamina C, enzimas	Alivia anginas, artritis, fiebre, resfriados, dolor de garganta.
Plátano	Potasio, fibra, magnesio, vitamina A, ácido fólico	Previene las rampas. Excelente para la digestión y contra el síndrome de fatiga crónica.
Pomelo	Vitamina C, beta-carotenos, potasio, bioflavonoides	Eleva las defensas, mitiga los problemas circulatorios, el dolor de garganta y las encías sangrantes.
Puerro	Vitaminas A y C, ácido fólico, hierro, potasio	Afecciones pectorales y de la voz, en especial el dolor de garganta. Combate la hipertensión y el exceso de colesterol.
Queso	Proteínas, calcio y vitamina B_{12}, zinc	Los huesos, los dientes y la prevención/tratamiento de la osteoporosis.
Rábano	Vitamina C, magnesio, hierro, azufre, potasio	El hígado y la vejiga. Previene el cáncer y mitiga la indigestión y los problemas respiratorios.
Ruibarbo	Calcio, potasio, manganeso, vitaminas A y C	Alivia los resfriados.
Semillas y nueces	Grasas insaturadas, proteínas, zinc, selenio, fibra	La fertilidad y el vigor sexual. Combaten la diabetes, los resfriados y las varices. Promueven las funciones intelectuales.

GLOSARIO

ALIMENTO	FUENTE DE...	BUENO PARA...
Té verde	Poderosos antioxidantes, vitaminas E y K	Prolonga la juventud, cuida del corazón y previene el cáncer. Combate la fatiga.
Tofu y otros derivados de la soja	Proteínas y genisteína	Vegetarianos y diabéticos. Intolerancia a la leche de origen animal. Protege contra el cáncer de mama y de próstata.
Tomate	Beta-carotenos, licopeno, vitaminas C y E, potasio	El corazón y la fertilidad. Previene el cáncer y alivia las afecciones cutáneas.
Trigo y harina integral	Fibra, vitaminas B y E, magnesio, zinc y selenio	Fuente de vitalidad y de nutrientes esenciales.
Uva	Vitamina C, azúcares naturales, flavonoides	La anemia, la fatiga y convalecencias. Previene el cáncer y ayuda a recuperar peso.
Yogur	Calcio, zinc, riboflavinas, proteínas, bacterias beneficiosas	El sistema inmunitario. Mitiga la diarrea y la cistitis. Indicado para prevenir y tratar la osteoporosis.
Zanahoria	Vitamina A, carotenoides, ácido fólico, potasio, magnesio	La vista y la circulación. Previene las enfermedades cardiovasculares y el cáncer. También favorece la piel y las membranas mucosas.

SUPERALIMENTOS CINCO ESTRELLAS

Frutas

Aguacate
Albaricoque
Arándano
Dátil
Frambuesa
Fresa
Higo
Kiwi
Limón
Manzana
Melón
Mora
Naranja
Papaya
Pera
Piña
Plátano
Pomelo
Sandía
Uva

Verduras y hortalizas

Achicoria
Alcachofa
Alfalfa
Apio
Boniato
Brécol
Calabaza
Cardo
Cebolla
Champiñón
Chucrut
Col rizada
Col roja
Col verde
Espárrago
Espinaca
Nabo
Ortiga
Patata
Pimientos
Puerro
Rábano
Tomate
Zanahoria

Cereales integrales

Alforfón
Arroz
Avena
Cebada
Mijo
Trigo y gérmen de trigo

Frutos secos, legumbres, semillas y germinados

Almendra
Anacardo
Avellana
Germinados
Lenteja
Manteca cacahuete

Nuez
Pipas de calabaza
Pipas de girasol
Semillas de sésamo
Soja y sus derivados: tofu, tempeh (y lecitina)...

Lácteos

Kéfir
Leche de cabra
Yogures naturales y bífidus
Requesón

Especias y plantas aromáticas o medicinales

Ajo
Alcaravea
Canela
Diente de león
Fenogreco
Ginkgo Biloba
Jengibre
Menta
Perejil
Romero
Té verde
Tomillo

Otros

Aceites: de girasol, de nuez, de pepitas de uva...
Aceite de oliva de primera presión en frío
Agua mineral
Algas y alga espirulina

Aloe vera
Equinácea
Jalea real
Levadura de remolacha
Melaza
Miel, polen, propóleos
Rábano picante
Regaliz
Sirope de arce
Suplementos antioxidantes
Suplementos dietéticos
Zumos de futas y verduras

PARA SABER MÁS - BIBLIOGRAFÍA

Nutrición

Salud y nutrición. *Recetas nutritivas que curan.* *Dr. James F. Balch y Phyllis A. Balch.* Ed. Océano Ambar, Barcelona, 2004

The new whole foods encyclopedia. *Rebecca Wood.* Penguin, N. York, 1999

The healing nutrients within. *Dr. Eric R. Braverman.* Keats, New Cannan, 1987

La alternativa vegetariana. *Vic Sussman.* Integral, Barcelona, 1992

Cuerpo radiante. *Dr. Bernard Jensen.* Ed. Océano Ambar, Barcelona, 2002

Vinagre de sidra. *Marie-France Muller.* Ed. Océano Ambar, Barcelona, 2002

Adelgazar es natural. *Adriana Ortemberg.* Ed. Océano Ambar, Barcelona, 2001

Antioxidantes para rejuvenecer. *Adriana Ortemberg.* Ed. Océano Ambar, Barcelona, 2001

Suplementos energéticos. *Guía práctica de suplementos dietéticos.* *Earl Mindell.* Ed. Océano Ambar, Barcelona, 2002

El poder curativo de los alimentos. *Vicki Edgson* e *Ian Marber.* Ed. Parramon, Barcelona, 2001

La gran guía de la composición de los alimentos. *Dr. Ibrahim Elmadfa.* Integral, Barcelona, 1989, 1996

Alimentos saludables. *Amanda Ursell.* Ed. Raíces, Madrid, 2002

Los alimentos más sanos. *Manolo Núñez y Claudina Navarrro.* Cuerpomente, Barcelona, 2001

Alimentos, medicina milagrosa. *Jean Carper.* Amat, Barcelona, 2000

La Biblia de la nutrición óptima. *Patrick Holford.* Robinbook, Barcelona, 1999

En la cama con el Doctor Comida. *Vicki Edgson* e *Ian Marber.* Ed. Océano Ambar, Barcelona, 2003

La combinación de los alimentos. *Herbert M. Shelton.* Obelisco, Barcelona, 1996

Las claves de la nutrición. *Désiré Mérien.* Ed. Ibis, Barcelona, 1995

Guía de la salud natural Bircher. *R. Kunz Bircher.* Martínez Roca, Barcelona, 1994

La cura de la savia y el zumo de limón. *K.A. Beyer.* Obelisco, Barcelona, 1990

El Tao de la nutrición. *Dr. Maoshing Ni.* Ed. Océano Ambar, Barcelona, 2003

Élever son enfant... autrement. *Catherine Dumonteil-Kremer.* La Plage ed., Sète, 2003

Los mejores alimentos para los niños. *Michael van Straten* y *Barbara Griggs.* Blume, Barcelona, 2001

Alimentación infantil natural. *Paloma Zamora.* Integral, Barcelona 1992

Alimentación natural infantil. *Vicki Edgson.* Ed. Océano Ambar, Barcelona, 2004

¿Sabemos comer? *Dr. Andrew Weil.* Ed. Urano, Barcelona, 2001

Koch Zeit. *Cocina rápida y sana con 4 ingredientes.* *Alexander Herrmann.* Zabert Sandmann, Munich, 2000

Enzyme Therapy. *Dr. Anthony Cichoke.* Avery, N. York, 1999

Alimentación natural. *VV. AA.* Cuerpomente, Barcelona, 2002

¡Salve su cuerpo! *Dra. C. Kousmine.* Ed. Javier Vergara, Buenos Aires, 1993

La alimentación equilibrada. *Dr. Barnet Meltzer.* Ed. Océano Ambar, Barcelona, 2003

Vivir sin acidez. *Norbert Treutwein.* Ed. Océano Ambar, Barcelona, 2004

Comida para vivir feliz. *Klaus Oberweil.* Ed. Océano Ambar, Barcelona, 2004

Técnicas culinarias. *Técnicas y estilos de cocción y preparación de los alimentos.* *VV. AA.* Ed. Océano Ambar, Barcelona, 2004

El gourmet vegetariano. *Colin Spencer.* Integral, Barcelona, 1992

Picture perfect, weight loss. *Dr. Howard M. Shapiro.* Rodale, Londres, 2004

Organic Superfoods. *Michael van Straten.* Mitchell Beazley, Londres, 1999

Food & Soul. *Brahma Kumaris.* Health Com, Deerfield Beach, 2001

Ingredientes

El huerto familiar ecológico. *Mariano Bueno.* Integral RBA, Barcelona, 1999

El huerto biológico. *Claude Aubert.* Integral, Barcelona, 1985

El libro de la pasta y la pizza. *Iona Purtí.* Integral, Barcelona, 1996

Aloe Vera. *Shia Green.* Ed. Océano Ambar, Barcelona, 2001

Tempeh, *la mejor proteína vegetal.* *Shia Green.* Ed. Océano Ambar, Barcelona, 2002

Rooibos. *Jörg Zittlau.* Ed. Océano Ambar, Barcelona, 2002

Algas, las verduras del mar. *Montse Bradford.* Ed. Océano Ambar, Barcelona, 3ª ed., 2003

Germinados. *Luisa Martín Rueda.* Ed. Océano Ambar, Barcelona, 2001

Hierba del Trigo. *Ann Wigmore.* Ed. Océano Ambar, Barcelona, 1999

Té verde. *Iona Purtí y A. Marcelo Pascual.* Ed. Océano Ambar, Barcelona, 2ª ed., 2003

Ginkgo Biloba. *Dr. M. Pros.* Ed. Océano Ambar, Barcelona, 2000

El libro del yogur. *Iona Purtí, Jaume Rosselló.* Integral, Barcelona, 1995

El libro del tofu. *Iona Purtí.* Ed. Océano Ambar, Barcelona, 2ª ed., 2003

Kéfir, un «yogur» para rejuvenecer. *Mercedes Blasco.* Ed. Océano Ambar, Barcelona, 2ª ed., 2003

Especias y plantas aromáticas. *Dr. J. L. Berdonces.* Ed. Océano Ambar, Barcelona, 2001

Cocina natural

Natural Foods Cookbook. *Charles Gerrras,* ed. Rodale Press, Emmaus, 1984

Cocine con poca grasa. *Jenni Muir.* Reader's Digest, Mexico, 2000

El libro de la cocina natural. *Iona Purtí, Jaume Rosselló, Josan Ruiz.* Integral, Barcelona, 6ª ed. 1998

Cocina natural. *Claude Aubert y Emmanuelle Aubert.* Ed. Océano Ámbar, Barcelona, 1995

La nueva cocina energética. *Montse Bradford.* Ed. Océano Ambar, Barcelona, 6ª ed., 2004

Alquimia en la cocina *(La nueva cocina energética - segunda parte).* *Montse Bradford.* Ed. Océano Ambar, Barcelona, 2004

El libro de las proteínas vegetales. *Montse Bradford.* Ed. Océano Ambar, Barcelona, 2ª ed., 2004

Aperitivos y platos ligeros combinados. *Hilda Parisi.* Ed. Océano Ambar, Barcelona, 2004

Cocina rápida vegetariana. *Adriana Ortemberg.* Ed. Océano Ambar, Barcelona, 2ª ed., 2003

Desayunos naturales. *Mercedes Blasco.* Ed. Océano Ambar, Barcelona, 2ª ed., 2004

Cocinar... ¡a todo vapor! *Hilda Parisi.* Ed. Océano Ambar, Barcelona, 2ª ed., 2003

Superzumos. *Rodolfo Román y Claudia Antist.* Ed. Océano Ambar, Barcelona, 2004

Cocina Feng Shui de los 5 elementos. *Iona Purtí y Adriana Ortemberg.* Ed. Océano Ambar, Barcelona, 2003

Ensaladas. *Adriana Ortemberg.* Ed. Océano Ambar, Barcelona, 2003

Yoga y cocina. *Centro Sivananda Vedanta.* Integral RBA, Barcelona, 1999

Sopas Bar. *Claudia Antist.* Ed. Océano Ambar, Barcelona, 2003

Desserts Bio. *Valérie Cupillard.* La Plage ed., Sète, 2003

Ancient Secret of the Fountain of Youth Cookbook. *Devanando Otfried Weise.* Harbor, Gig Harbor, 1998

Índice analítico

Abdominales, dolores, 46
Abeja, picadura de, 87
Aborto, 90
Acedera, 21, 107, 120, 122, 124
Aceites, **18**, 19, 45, 74, 107, 108, 136, 174
__ de borraja, onagra o prímula, 37, 75, 90, 99
__ de cáñamo, 75, 90
__ de cártamo, 20
__ de coco, 95
__ de germen de trigo, 83
__ de girasol, 20, 107, 122, 185
__ de grosella, 90
__ de lino, 75, 90
__ de maíz, 20
__ de nuez, 75, 90, 185
__ de oliva, 18, 20, 24, 97, 107, 111, 122, 136, 173, 176, 185
__ de palma, 95
__ de pescado, 75, 90
__ de soja, 20
__ hidrogenados, 95
__ transgrasos, 177
__ vegetales, 18, 20, 23, 55
Acelga, 65, 89, 107, 108
Acero inoxidable, utensilios de, **123**, **124**
Acetilcolina, 31, 37
Acidez, **110**
__ correctores de, 55
__ de estómago, 27, 79
Ácidos
__ alfalinolénico (ALA), 75
__ ascórbico, 22, 57
__ benzoico, 56
__ fólico, 21, 22, 25, **29**, 48, 82, 97, 99
__ fosfórico, 93
__ gamma linoleico, 37
__ gammalinolénico (GLA), 75
__ glutamínico, 31
__ grasos, 110
__ nicotínico, 22
__ pantoténico, 64
__ tiopropiónico, 62
__ úrico, 18, 87
__ alfa-linolénico, 80
__ digestivo, 17
__ grasos, **89**, **90**
__ esenciales, 17, 20, 36, 38, 39, 48
__ linolénicos, 80
__ trans, 97
__ transgrasos, 97
Acidosis metabólica, 93
Acidulantes, 55, 57
Achicoria, 175, 178, 185
Adelgazamiento, regímenes de, 46
Adelgazantes, 52
Adelgazar, 62, 88
Aditivos, **53**, **56**, 57, **59**, 69, 70
ADN, 62, 65, 80
Adolescencia, 16, 24, **45**, **46**
Adrenales, glándulas, 34
Adrenalina, 34, 35
Aerofagia, 87
Afecciones, articulares, 84
Afrodisíacos, **28**, **32-39**
Agotamiento, 21
Agricultura, biológica, 67
Agua, 14, 16, 17, 48, 49, **72**, 84, 88, 89, 104, 106, 110, 118, 124, 136, 137, 176
Aguacate, 22, 28, 37, 39, **97**, 107, 178, 185, 29, 30, 31, 36
Ajo, 36, 39, 60, **61**, 62, 65, 76, **80**, **97**, 107, 136, 137, 178, 185
__ en perlas, 98, 60

Albahaca, 137
Albaricoque, 19, 36, 98, 106, 178, 185
__ orejones de, 20, 21, 24, 25
Alcachofa, 28, 89, 178, 185
__ extracto de, 60
Alcaloides, 17
Alcaravea, 185
Alcohol, 15, 88, 22, 27, 31, 49, 78, 79, 87, 93, 94, 177
Alergias, 42, 43, 48, 59, 177
__ a la leche materna, 42
Alfalfa, brotes de, 28,107, 179
Alfalfa, germinados de, 37
Alforfón, 185, 107
Algas, 16, 22, 23, 25, 58, **80**, 95, 173, 175, 176
__ espirulina, 27, 36, **90**, **91**
__ kombu, 33, 38
__ arame, 173
__ azul verdosa, 33, 36, 38,
__ nori, 173
__ wakame, 173
Algodón, 66
Alimentación, disociada, 110
Alimentación infantil, programa de, **43**
Alimentos, congelados, 116
__ crudos, 115
__ de cultivo biológico o ecológico, 115
__ desnaturalizados, 110
__ irradiados, 116
Almendras, 19, 20, 21, 22, 24, 25, 27, 28, 29, 30, 39, 107, 111, 119, 173, 185
__ leche de, 176
__ manteca de, 29
Almidones, 15, 19, 58, 103, 104, 106, 110
__ modificados, 55
Alubias, 76, **97**, 121, 174, 178
Alzheimer, enfermedad de, 49, 84
Amapola, semillas de, 39
Amilasa, **102**, **110**
Aminas, 81
Aminoácidos, 18, 29, 35, 99
__ esenciales, 15, 17, 19, 22
__ azufrados, 17
Anacardos, 185
Analgésicos, 74
Andropausia, 33
Anemia, 15, 21, 22, 24
Angustia, 46
Anís verde, 76
Anorexia, **46**, 88
Ansiedad 26, 30, 32, 34, 35, 46, 75, 109
Ansiolíticos, 52
Antiaglomerantes, 55
Antibióticos, 70, 71
Anticancerígenos, agentes, 61
Anticonceptivos, orales, 21, 22
Antidepresivos, fármacos, 28
Antiespumantes, 55
Antiinflamatorios, 74, 90, 91
Antioxidantes, 27, 36, 55, 57, 733, 79, 83, **97**, **98**, **90**, 176
__ enzimas, 84
Antocianinas, 80, 83
Aparato,
__ digestivo, 78, 102
__ reproductor, 45
Apatía, 47
Apio, 28, 39, 107, 108, 185
Arándanos, 36, 37, **80**, 83, 89, 106, 178, 185, 32
Arce, jarabe de, 89
Arginina, 36, 38, 39
Aromatizantes, 55
Arroz, **15**, 19, 32, 65, 71, 108, 111, 125, 137, 173, 174, 175
__ integral, 30, 31, 36, 37, 39, 76, 89, 107, 176, 178, 185
__ leche de, 176
Arterial, presión, 61
Arterias, 27, 95, 97, 99
__ coronarias, 94

Arteriosclerosis, 15, 17, 27, 62
Articulaciones, 87, 88
Articulares,
__ afecciones, 84
__ dolores, 53, 62
Artritis, 49, 62, 77, 85, 95
__ reumatoide, 86, 90
Artrosis, **85**, 90
Asado, a la plancha, **122**
__ al horno, **122**
Asma, 31, 59
Aspartamo, 57, 59
Aspirina, 59
Astenia, 15
Aterosclerosis, **96**, 97, 98, 99
Atún, 39
Autoinmunes, enfermedades, 86, 177
Avellanas, 20, 21, 22, 24, 107, 111, 185
Avena, **15**, 30, 35, 37, 39, 89, 98, 107, 111, 176, 178, 185
__ copos de, 21, 137
__ harina de, 19, 20, 21, 24
Ayuno, 86, **88**, 137, 136
Azúcar, 15, 33, 49, 55, 57, 58, 78, 88, 93, 94, 96, 108, 176, 177
__ nivel de, 32
Azúcares, 103, 104
Azufre, 15
Azukis, 107
Bacterias, 18, 56, 71, 86
Batata, 76, 89
Batir, **120**
Bayas, 108
Benzoatos, 56
Berenjena, 107
Berro, 21, 28, 36, 37, 39, 107
Beta-caroteno, 38, 39, 80, 81, 84, 97, 98
Bioflavonoides, 84
Biológico, cultivo, **70-72**, 115, 137, 174
Boniato, 15, 21, 25, 89, 107, 178, 185
Boro, 95
Borraja, onagra o prímula, aceite de, 37, 75, 90, 99
Brécol, 21, 22, 23, 27, 28, 29, 36, 37, 39, **61**, **62**, 81, 89, 90, 98, 99, 107, 179, 185
Bromelaína, 61, 62
Bulimia, **46**
Cabello, caída del, 46, 83
Cabeza, dolor de, 33, 35, 47, 58, 59, 73, 74, 79,
Cacahuete, 19, 20, 21, 22, 24, 30, 32, 58, 74, 107
__ manteca de, 29, 185
Cacao, 43
Café, 22, 32, 74, 79, 89, 93, 175, 177
Cafeína, 35, 94, 36
Calabacín, 107
Calabaza, 39, 89, 107, 117, 174, 179, 185
__ pipas de, 28, 30, 39, 176, 185
Calambres, 24
__ musculares, 25
Calcio, 15, 16, **23**, **24**, **36**, 38, 39, 43, 44, 45, 47, **75**, 91, **94**, **95**
Caldo vegetal, 88, **136**, **137**
__ suave, 136
__ para diabéticos, **137**
Calorías, 48, 176
Calóricas, necesidades, 16
Cáncer, 27, 49, 53, 60, 61, 63, 74, **77-79**, 80, 83, 84, 177
__ de colon, 48, 79, 82, 83
__ de endometrio, 37
__ de esófago, 78
__ de estómago, 79
__ de mama, 37, 60, 63, 74, 78
__ de ovarios, 37, 78
__ de páncreas, 79
__ de próstata, **78**, 83
__ de pulmón, 81
__ de útero, 78
__ del aparato digestivo, 78
Cancerígenas, células, 77, 78, 82, 86

Cancerígenos, procesos, 27
Canela, 185
Cansancio, 22, 24, 84
__ crónico, 27
Cantalupo, 36
Cáñamo, aceite de, 75, 90
__ semillas de, 36
Capsaicina, 62
Carbohidratos, 110
Cardamomo, 88
Cardíacas, enfermedades, 18, 97, 99
Cardíacos,
__ ataques, 35
__ músculos, 23
__ trastornos, 15, 49, 82, 94
Cardiomiopatías, 99
Cardiovascular, sistema, 36
Cardiovasculares, enfermedades, 15, 31, 53, 98
Cardo, 107, 179, 185
Carga, agentes de, 55
Carne, 17, 19, 27, 36, 37, 49, 79, 71, 89, 107, 108, 110, 111, 176
__ de ave, 93
__ de cerdo, 27
__ de cordero, 36
__ de despojos, 27
__ de pavo, 36
__ de pollo, 27, 35, 36, 176
__ de vacuno, 27, 35, 176
__ roja, 36, 93
Caroteno, 20, 24, **80**
Carotenoides, 55
Cártamo, 107
__ aceite de, 20
Cartílago, 85, 87
Caseína, 102
Castaña, 20, 179
__ de Pará, 179
Catuaba, **38**, **39**
Caviar, 36, 38
Cebada, **15**, 39, 98, 107, 111, 185
__ perlada, 76
Cebolla, 28, 36, 39, 60, **62**, 65, **80**, 88, 107, 108, 137, 179
__ germinados de, 176
__ roja, 39, 80
Celulares, membranas, 74
Células, 18, 23, 27, 32, 36, 77
__ «killer», 81
__ cancerígenas, 82, 86
__ de Leyding, 33
__ nerviosas, 31
Celulíticos, nódulos, 62
Celulosa, 16, 19
Centeno, **15**, 38, 39, 89, 107, 111
__ integral, 76
Cerámica vitrificada, 123
Ceras, 70
Cereales, **15**, **16**, 17, 19, 23, 29, 47, 48, 71, 78, 95, 103, 107, 108, 110, 111, 116, 121, 173, 174, 175, **185**
__ integrales, 30, 32, 36, 37, 45, 71, 74, 86, 87, 98, 173, 174
__ pan de, 173
__ purés de, 42
__ sopa de, 137
Cerebro, 34, 84, 176
Cerezas, 19, 37, 39, 76, 80, 89, 106
Cerveza, 87, 179
__ levadura de, 22, 29, 30, 31, 36, 107, 137, 173, 176, 185
Cervicales, 87
Cibicolina, 81
Cicatrización, 22
Ciclamato, 57, 59
Cilantro, 88
Circulatorio, sistema, 36
Ciruelas, 36, 39, 80, 89, 96, 106
__ pasas, 20, 106

Cítricos, 27, 30, 32, 36, 37, 39, 55, **81**, 98, 108, 180
Citroflavonoides, 98
Clorela, 36
Clorofila, 55, 137
Coagulación, de la sangre, 23
Coágulos, 99
Cocción, 115, 118, **121-122**
__ al vapor, 123
__ caldos de, 123
__ técnicas de, **113**, **123**
__ utensilios de, 123-125
Cocer, **115**, 117
Cocinar, con leña, **118**
__ materiales para, **124-125**
Coco, 20, 107
__ aceite de, 95
Coenzima Q_{10}, 38, 39, 35, 36, 84, **99**
Col, 23, 25, 33, 65, 107, 108, 180
__ blanca, 81
__ de Bruselas, 25, 61, 81, 107, 180
__ fermentada, 173
__ lombarda, 81,29, 36, 37, 107, 180, 185
__ roja, 185
__ suiza, 36
__ verde, 185
Cola, refrescos de, 93
Colar, 117
Colesterol, 17, 18, 20, 25, 27, 48, 95, 96, 97, 99, 176
__ HDL, 94, **96**, 97, 98, 99,
__ LDL, **96**, 99
__ nivel de, 60, 61, 63, 78, 98
Coliflor, 16, 24, 28, 37, 81, 180
Colina, 37, 38
Colon, 78
__ cáncer de, 48, 79, 82, 83
Color, estabilizantes del, 55
Colorantes, 55, 56, 69
Comida rápida, 44, 79, 95
Compatibilidad, 102
Complementos
__ cálcicos, 75
__ de selenio, 83
__ dietéticos, 63, **89**, **90**
Compresa calmante, para la gota, **87**
Concentración, falta de, 84
Confitura, 106
Congelación, 116
Congelados, alimentos, **64**, **65**, 175
Conjuntivo, tejido, 22
Conservación, 115, **116**
Conservantes, 16, 57, **58**, 69, 173
Conservas, 116
Contaminación, 77, 83
Corazón, 36, 94, 99
__ enfermedades congestivas del, 99
__ trastornos del, 77, 96
Coriandro, 180
Coronarias, enfermedades, 45, 48
Corporal, estructura, 19
Cortar, **117**
Cortisol, 33
Cortisona, natural, 91
Corvina, 38
Crecimiento, 20, 24
Cristal, recipientes de, 118
Cromo, **36**
Crucíferas, 27, **81**
Crustáceos, 111
Cuajada, 17, 89, 103
Cura, de savia y zumo de limón, 88
Curado, 116
Cuscús, 174
Champiñón, 107, 179, 185, 22, 37, 39
Chiles, 28, 179
Chimopapaína, 62
Chirivía, 107, 174, 180
Chocolate, 25,27, 39, 74, 88
Chucrut, 81, 185

Dandelión, hojas de, 181
Dátil, 20, 22, 76, 22, 106, 108, 185
Dentición, 43, 49
Depresión, 15, 21, 22, 25, 26, 28, **32**, **33**, 52, 75, 84, 87
Dérmicos, problemas, 59
Desánimo, 47
Desarrollo, físico y mental, 25
Desayuno, 110
Descalcificación, **92**, **93**
Deshidratación, 116
Deshidratados o extractados, vegetales, 60
Desmoldeadores, **55**
Diabetes, 35, 48, 49
Diarrea, 74, 87
Diente de león, 21, 107, 185
Dientes, 23, 24
Dieta, 42, 43, 77, 79, 91, 96, 109
__ crudívora, 121
__ vegetariana, 44
__ de eliminación, 87
Digestión, 48, 62, 109
Digestivo,
__ aparato, 78, 102
__ cáncer del, 78
__ sistema, 32, 48
__ problemas, 16, 42, 48, 62, 174
Dioxinas, 71
Diuréticos, 46, 93
Dolores, 73, 74, 85, 88
__ de cabeza, 33, 35, 47, 58, 59, 73, 74, 79
__ de estómago, 59
__ en las articulaciones, 62
__ abdominales, 46
__ articulares, 53
__ musculares, 48
Dong quai, 38
Dopamina, 29, 33
Drogas, 32
Duodenales, insuficiencias, 62
Edulcorantes, 55, **57**, **58**
Efectos secundarios, 28
Ejercicio, 48, 79, **93**, 94, 96
Embarazo, 14, 37, 81
Embutidos, 111
Emulgentes, 55
Emulsionantes, 58
Endibias, 28, 107
Endocrinas, glándulas, 34
Endometrio, cáncer de, 37
Endorfinas, 28
Endurecedores, 55, **58**
Eneldo, 137
Energía, 14, 24, 36, 38, 44, 45, 53, 99
Enfermedades, 14, 38, 136, 137, 42
__ autoinmunes, 86
__ cardíacas, 18, 97, 99
__ cardiovasculares, 98
__ congestivas del corazón, 99
__ coronarias, 45, 48
__ vasculares, 15
Ensalada, 19, 21, 47, 174, 176, 137, 110, 173
Envejecimiento, 27, 34, 85
__ celular, 83, 177
__ prematuro, 77
Enzimas, 55, 61, 62, 102, **110**
__ antioxidantes, 84
__ oxidantes o hidrolizantes, 65
Epilépticos, cuadros, 31
Erección, 28, 33, 34, 35, 37
__ trastornos de la, 32, **35**
Eréctil, disfunción, 34, 35
Erupciones, cutáneas, 75
Escaldado, 115
Escarola, 21, 25, 107
Esmalte, recipientes de, 118
Esófago, 78
__ cáncer de, 78
Espárrago, 180, 28, 29, 39, 89, 107, 185

Espasmos, 25
Especias, 28, 108, 111, **185**
Espesantes, 55, 58
Espinaca, 21, 22, 24, 28, 29, 30, 31, 33, 36, 37, 38, 65, 89, 99, 107, 108, 180, 185
Espino albar, 97
Espondilartritis, 87
Estabilizantes, 55, 58
Estaño, recipientes de, 118
Estimulantes, 32
Estofados, **122**
Estómago, 17, 78, **102**, 109, 110, 137
__ acidez de, 27
__ cáncer de, 79
__ dolor de, 59
Estreñimiento, 16, 48, 62, 87
Estrés, 29, **32**, 34, 38, 39, 47, 77, 94
Estrógenos, 34, 37, 38, 48, 63, 73, 74, 75, 76, 78, 86, 90
Excitantes, bebidas, 35
Fármacos, 176
__ antidepresivos, 28
Fatiga, 21, 27, **32**, **33**, 34, 83
__ crónica, síndrome de, 77
__ intelectual, 15
Féculas, **15**, **16**, 19, 102, 103, 107
Fenilalanina, **29**, 39, 57
Fenogreco, 185
Fermentaciones, 16
Fertilidad, 33, 36, 37
Fertilizantes, artificiales, 70
Fibra, 16, 19, 20, 32, 49, 61, 71, 78, 98, 176
Fibromialgia, 30
Fideos, 19, 174
Fiebre, ligera, 136
Filtrar, 117
Fitoestrógenos, 27, 38, 62, **76**
Fitormonas, 76
Flatulencia, 17
Flavonoides, 34, 83, 98
Flebitis, 62
Fluidos corporales, 36
Fobia, a la gordura, 46
Fólico, ácido, **29**
Fosfatidilserina, 84
Fosfolípido, 84
Fósforo, 15, 23, **24**, 45, 93
Fotosensibilidad, 38
Frambuesas, 20, 23, 39, 180, 185
Freír, 117
Fresas, 16, 39, 83, 98, 106, 177, 180, 185
Fresones, 19
Fritos, **122**
Frijoles, 29
Fructosa, 19
Fruta, **16**, 19, 22, 27, 28, 32, 36, 42, 43, 44, 45, 74, 75, 76, 78, 84, 86, 87, 88, 95, 98, 102, 103, 104, 106, 110, 114, 115 , 116, 119, **174**, 176, 177, **185**
__ zumos de, 33, 38, 88, 176
Frutos, secos, 16, **18**, 19, 20, 32, 36, 37, 38, 43, 45, 89, 173, 175, 176, **185**
Funguicidas, 70
Galactosa, 19, 78
Gambas, 39
Garbanzos, 76, 107, 173, 174
Gas, bebidas con, 32
Gasificantes, 55
Gástricas, insuficiencias, 62
Gástricos, jugos, 17, 103
Gelatinas, 58
Gelificantes, 55, 58
Genética, ingeniería, 65
Genisteína, 82
Germanio, 80, **83**
Germinados, 15, 27, **82**, 84, 95, 107, **185**
__ de cebolla, 176
__ de lentejas, 176
Ginkgo biloba, 35
Ginseng siberiano, 35

Girasol, 27
__ aceite de, 20, 107, 122, 185
__ pipas de, 28, 30, 31, 39, 173, 176, 185
__ semillas de, 38, 98
Glándulas,
__ pituitaria, 29, 48
__ tiroides, 15, 25, 29, 33, 34, 36
__ adrenales, 34
__ endocrinas, 34
__ salivales, 110
__ suprarrenales, 29
Glóbulos,
__ blancos, 86
__ rojos, 21
Glucarasa, 81
Glúcidos, 17
Glucosa, 19
Gluten, 15, 55
Golosinas, 55
Gomasio, 93, 108
Gota, 85, **87**
__ compresa calmante para la, **87**
Granada, 76, 106, 108
Grasas, 17, 18, 19, **20**, 23, 34, 36, 37, 44, 47, 48, 49, 55, 74, 78, 84, 86, 90, 95, **96**, 99, 104, 108, 110
__ hidrogenadas, 177
__ vegetales, 75
__ animales, 18, 74, 94, 98, 176
Gripe, 136
Grosella, 80, 83, 106
__ negra, 16, 23, 91
__ aceite de, 90
Guaraná, 35
Guayaba, 16, 83
Guindilla, 81, **91**
Guisante, 76, 21, 24, 30, 39, 65, 107, 108, 111, 137, 180
Guisos, 173, 107, 111
Habas, 22, 25, 63
Hambre, compulsiva, 75
Hamburguesas, vegetales, 27
Harina, 55, 15, 58, 107, 108, 111
__ con gluten, 43
__ de avena, 21, 24
__ de soja, 19, 20, 21, 22, 24, 25, 63, 108
__ integral, 19, 21, 22, 24, 176, 184,
__ de avena, 20
__ de trigo, 20, 24
__ sin gluten, 43
Hemoglobina, 24
Hemorragias, 22
Hemorroides, 87
Hepática, afección, 136
Herbicidas, 70
Heridas, cicatrización de, 23
Hervir, 118
Hidratos de carbono, 15, 17, 18, **19**, 23, 31, 32, 38, 45, 173, 176
__ disacáridos, 19
__ monosacáridos, 19
__ polisacáridos, 19
__ refinados, 19
Hierbabuena, 88
Hierbas aromáticas, 28, 136, **185**
Hierro, 15, 17, **24**, 25, **36**, 38, 39, 43
__ deficiencias de, **45**
__ exceso de, **99**
__ óxido de, 123
Hígado, 17, 36, 75, 78, 87, 109
Higos, 20, 25, 37, 39, 106, 108, 180, 185
Hinchazones, 63
Hinojo, 76
Hiperactividad, 44
Hipercolesterolemia, 98
Hipertensión, 15, 25, 35, 49, 87, 97
Hipertrofia prostática benigna (HPB), 34
Homocisteína, 97, 99
Homogeneización, 115
Hongos, 56

Hormonal,
__ equilibrio, 34, 36
__ regulador, 90
__ sistema, 48
__ cambios, 73
__ problemas, **73-76**, 86
Hormonas, 32, 70, 71, 176
__ sexuales, 28, 32, 34, 36, 37, 48, 78
Hortalizas, **16**, 19, 45, 71, 84, 104, 117, 125, 136, 174
__ de hoja verde, 32, 36
Huesos, 23, 24, 36, 63, 85, 92, 93, 94, 95, 22, 25, 36, 43, 58, 59
Huevos, **17**, 19, 20, 21, 22, 23, 27, 35, 37, 38, 43, 44, 45, 48, 71, 74, 89, 93, 95, 103, 107, 108, 111, 119, 121, 181
Humectantes, 55, **58**
IDA, valor, 54, 57
Indigestión, 17
Infecciones, 42
Infertilidad, 76
Inflamación, 27, 85, 88, 90, 73
Infusión, 110
Inmunitario, sistema, 29, 32, 42, 45, 83, 61, 62, 91
Insecticidas, 70
Insomnio, 24, 25, 33
Insulina, 57
Intestinal, flora, 17
Intestinal, toxemia, 48
Intestino, 104
Intoxicaciones, 16, 115
Irradiación, 69
Irradiados, alimentos, 68
Irritabilidad, 22, 24, 28, 30, 46, 47, 75
Irritación, de los ojos, 21
Isoflavonas, 63
__ de soja, 39
Isoflavonoides, 34
Jalea real, 27, **38**, 106
Jengibre, 39, **91**, 181, 185
Judías, 30, 36, 107, 111
__ verdes, 20, 24, 65, 76, 89, 108, 174, 181
__ secas, 21, 24, 25
__ blancas, 39
Jugos, 136
Kéfir, 17, 92, 102, 103, 107, 175
Kiwi, 16, 23, 32, 37, 98, 106, 181, 185
Lactancia, 14, 43, 81
Lácteos, **16**, **17**, 19, 22, 23, 27, 35, 36, 37, 44, 45, 49, 58, 74, 78, 89, 90, 176, **185**
Lactobacterias, 81
Lactosa, 19, 92
Langosta, 27
Langostinos, 39
L-arginina, 35
Laurel, 136
Laxante, 25, 46, 57, 93
L-Carnitina, 99
LDL, 94, 97
Lecitina, 17, 63
Leche, **16**, **17**, 19, 21, 22, 23, 35, 47, 71, 74, 94, 103, 108, 111, 115, 181
__ adaptada, 43
__ de almendra, 176
__ de arroz, 176
__ de cabra, 42, 185
__ de continuación, 43
__ de soja, 42, 63, 176
__ de vaca, 17, 42, 43, 177
__ entera, 95
__ materna, 17, 42
__ alergia a la, 42
Lechuga, 16, 89, 107, 108, 181
__ iceberg, 177
__ romana, 28, 29
Legumbres, **17**, 19, 29, 30, 31, 36, 37, 42-45, 49, 75, 76, 78, 86, 87, 95, 98, 114, 115, 116, 121, 173, 174, 176
Leguminosas, 106, 111, 103

Lentejas, 29, 30, 76, 31, 36, 39, 107, 111, 137, 173, 174, 185
__ germinados de, 176, 19
Leña, cocinar con, **118**
Levadura, 19, 23, 25, 37, 56
__ de cerveza, 22, 29, 30, 36, 107, 137, 173, 176, 185
__ de pan, 22
__ de torula, 107
__ extracto de, 21
Leyding, células de, 33
Libido, 24, 26, 28, 33, 36, 37, 39
__ pérdida de, 32
Licopeno, 63, 83
Lichis, 23
Lignina, 34
Lima, 81, 181
Limón, 16, 23, 81, 98, 106, 136, 181, 185
Limoneno, 81
Linaza, semillas de, 38
Lino, aceite de, 75, 90
__ semillas de, 36, 38, 39, 76
Lipasa, **102**
Lípidos,
__ fosforados, 17
__ nitrogenados, 17
Líquidos, 109
Lisina, 17, 19
Lúpulo, 76
Macarrones, 19
Madurez, 45, **47**, **48**
Magnesio, 15, 16, 22, **24**, **25**, 28, **30**, 32, 33, **36**, 38, 39, 45, 48, 75, **95**
Maíz, **15**, 58, 66, 89, 107, 111, 174, 181
__ aceite de, 20
__ desgrasado, aceite de, 107
__ palomitas de, 22, 36, 38
__ tortas de, 111
Malta, 88
Maltosa, 19
Mamas, 78, 82
__ cáncer de, 37, 60, 63, 74, 78
Mandarina, 19, 106, 182
Mango, 16, 21, 23, 37, 39, 106, 181
Manteca, vegetal, 177
Mantequilla, 17, 20, 21, 23, 27, 36, 74, 95, 107, 108, 176
Manzana, 19, 29, 76, 106, 119, 174, 181, 185
Margarina, 23, 74, 95, 96, 107, 177, 97
Marisco, 27, 33, 36, 87, 89
Mató, 17
Mayonesa, 107
Medicamentos, 72, 77
Medicina, ayurvédica, 91
Médico, control, 137
Meditar, 79
Mejorana, 136
Melanoidina, 81
Melaza, 185
Melocotón, 19, 71, 98, 182
__ ácido, 106
__ orejones de, 20, 25
__ seco, 25
Melón, 19, 21, 33, 36, 98, 106, 108, 117, 182, 185
Membranas, mucosas, 20
Membrillo, 106
Memoria, 84
__ pérdida de, 31
Menopausia, 33, 34, 38, **47**, 76, 91, 92
__ problemas durante la, 73
Menstruación, 45, 48, 74, 75
Menstruales,
__ desarreglos, 46
__ molestias, 74
__ problemas, 73
Menta, 182, 185
Mercurio, 80
Metabolismo, 18, 31, 32, 34, 48
Metiotina, 19

Microondas, 175
Micronutrientes, 176
Microorganismos, 64, 69, 71, 116
Miel, 19, 35, 106, 108, 185
Migrañas, 22, 73
Mijo, **15**, 24, 25, 107, 111, 174, 176, 185
Minerales, 17, 18, **23-25**, 35, 38, 43, 44, 48, 61, 71, 93, 121, 174
Mirtilo, 182
Miso, 29, 34, 63, **81**, 173
Mitocondrias, 36
Moler, **121**
Moluscos, 33
Moras, 39, 182, 185
Mucosas, membranas, 20, 84
Moluscos, 111
Mortero, 120
Mujeres, embarazadas, 21, 22, 90
Muscular,
__ contracción, 24
__ masa, 19, 32
__ tensión, 30
__ dolor, 48
Músculo, cardíaco, 23
Nabos, 16, 36, 107, 182, 185, 137
Naranjas, 16, 23, 71, 81, 106, 115, 182, 185
Nata, 20, 23, 37, 39, 107, 108, 120, 176
Náuseas, 47, 74, 83
Nectarina, 106
Nefritis, 87
Nervios, 23, 30
Nerviosa, transmisión, 36
Nerviosismo, 22, 30, 32, 109
Nervioso,
__ impulso, 24
__ sistema, 42
__ desarreglo, 22
Neurotransmisores, 28, 31, 33, 75
Niacina, 22, 28, 48
Nitritos, **56**, **57**, 81, 88
Nitrosaminas, 54, 56
Noni, **91**
Nonó, 107
Norepinefrina, 29
Nueces, 20, 21, 23, 24, 28, 30, 98, 99, 111, 107, 173, 183, 185
__ de Brasil, 19, 20, 21, 24, 30, 36
__ aceite de, 75, 90, 185
__ moscada, 119
Nutracéuticos, 52, **60-63**, 81
Nutrientes, 44, 109, 124
__ asociaciones de, 102
__ energéticos, 18
__ plásticos, 18
__ reguladores, 18
Ñame, **76**, 92
Obesidad, 45, 49, 110, 176
OGM (Organismos Genéticamente Modificados), 65, 67
Ojos, sangre en los, 21
Oleaginosos, 107
Oligoelementos, 16, 38, 121
Oliva, 182
__ aceite de, 20, 24, 97, 136, 173, 176, 185
OMS (Organización Mundial de la Salud), 114, 115
Orejones, 106
Organismo, 18, 20, 27, 35, 38, 39, 47, 48, 53, 61, 83, 84, 88, 91, 93, 97, 99, 107, 109, 111, 122, 176
Órganos, sexuales, 78
Organosulfuros, 80
Orgasmo, 36, 32
Orina, 87, 94
Ortiga, 185
Ósea, masa, 94
Óseo, tejido, 23, 48
Osteoartritis, **85**, **86**
Osteoblastos, 92
Osteoporosis, 39, 45, 47, 49, 91, 92, 94, 95

Ostras, 36
Ovarios, 34, 78, 82
__ cáncer de, 37, 78
Ovolactovegetarianos, 71
Ovulación, 76
Oxidación celular, 27, 77
Oxígeno, 24, 57
Pacanas, 30
Palma, aceite de, 95
Palmeto, 35
Pan, 19, 102, 103, 111, 119, 182
__ de trigo, integral, 21
__ blanco, 27
__ de cereales integrales, 173
__ de trigo integral, 20, 24, 29
__ integral, 27, 28
__ levadura de, 22
Páncreas, 78, **102**, 110
__ cáncer de, 79
Papaína, 62
Papaya, 27, 37, 39, **62**, 106, 185
__ píldoras de, 60
Papillas, 42, 136
Parálisis, 22
Parásitos, 18
Parkinson, enfermedad de, 27
Pasas, 89, 106, 182
Pasta, 107, 111, 120, 121, 174, 175
Pasteurización, 115
Patatas 15, 19, 25, 27, 30, 37, 45, 65, 74, 76, 89, 107, 108, 111, 117, 119, 121, 174, 176, 182, 185
Pectinas, 58
Pediatra, 42
Pelagra, 22
Pelar, **117**
Pene, 35, 36, 37
Pepino, 33, 36, 107, 108, 182
Pepsina, **102**, **110**
Pera, 183, 185, 19, 89, 106, 174
Perejil, 20, 21, 23, 25, 29, 37, 98, 107, 136, 137, 183, 185
Peristaltismo, 49
Pescado, 16, 17, 19, 27, 36, 37, 107, 108, 111, 176
__ aceite de, 75, 90
__ ahumado, 27
__ azul, 27
__ graso, 36
Peso, 19, 32, 37, 46, 47
__ control del, 110
__ exceso de, 96
__ pérdida de, 14, 109
Pesticidas, 52, 70, 137, 177
Piel, 20, 23, 34, 36, 46, 83, 92, 93
Pimienta, 136, 183
__ de cayena, **62**, 81, **91**, 97
Pimiento, 32, 39, 45, 83, 107, 108, 185
__ rojo, 23, 98
__ verde, 37, 23
Piña, 29, 61, 106, 108, 183, 185
Piñones, 38, 107
Piridoxina, 22, **31**, 64
Pistachos, 19, 107
Pituitaria, glándula, 29, 48
Plaguicidas, 16
Plantas,
__ aromáticas, 76, 111
__ medicinales, 37
Plaquetas, 99
Plátano, 22, 30, 31, 36, 39, 45, 88, 106, 108, 183, 185
Plomo, 80
Polen, **38**
Polenta, 39
Polifenoles, 82
Pomelo, 23, 83, 106, 183, 185
Porcelana, recipientes de, 118
Potasio, 15, 24, **25**, 28
Premenstrual,
__ síndrome (SPM), 30, 76

___ tensión, 22
Progesterona, 34, 37, 48, 76, 91, **92**, 95
Prostaglandina, 73, 75, 74
Próstata, 24, **34**, 78
___ cáncer de, **78**, 83
___ inflamación de la, 34
___ trastornos de la, 35
Proteínas, 15, 16, 17, **18**, **19**, 23, 27, 32, 44, 47, 48, 49, 63, 102, 104, 173
___ animales, 15, 79
___ grasas, 106
___ magras, 106
___ vegetales, 95, 173
Provitamina A, 20, 63, 80
Ptialina, **102**, **110**
Puerro, 39, 107, 137, 183, 185
Quercetina, 80
Queso, 17, 19, 20, 23, 24, 36, 39, 47, 55, 71, 74, 89, 103, 111, 119, 183
___ ácido, 107
___ blanco de cabra, 107
___ comté, 107
___ de bola, 21
___ de Burgos, 17
___ emmental, 107
___ fresco, 43, 107
_z_ gruyère, 107
___ manchego, 22
___ graso, 107, 176
___ brie, 22
Químicas, sustancias, 115
Quinoa, 174, 176
Rabanitos, 108
Rábano, 23, 33, 137, 183, 185
___ picante, 185
Ración, **19**
Radappertización, **69**
Radiación, 77, 80
Radiaciones, ionizantes, 68
Radicales libres, 77, 80, 83, 84, 85, 94
Radicidación, **68**
Radiorización, **68**
Rallar, **119**
Raquitismo, 23, 24
Rayos X, 68
Rebozados, **122**
Reconstituyentes, 52
Recubrimiento, agentes de, **55**
Refrescos, con edulcorantes, 176
Refrigeración, 116
Remolacha, 28, 29, 36, 39, 76, 81, 107-108
___ azúcar de, 106
Renales, trastornos, 15
Renina, **102**
Reproductor, aparato, 45
Requesón, 19, 23, 185
Respiratorio, sistema, 32
Repollo, 107
Requesón, 107, 108
Retinol, 20, 36
Reuma, 95
Reumatismo,
___ crónico, 85
___ en la columna vertebral, 87
Riboflavina, 21
Riñón, piedras en el, 31
Rodillas, 86
Romero, 185
Rooibos, 175
Ruibarbo, 106, 123, 183
Sabor, potenciadores del, 55, 58
Sacarina, 57, 59
Sacarosa, 19
Sal, 49, 89, 106, 108, 111, 136, 137, 173
Salazón, 116
Sales
___ minerales, 15, 16, 17, 47, 104
___ de fundido, 55
Salivación, 49
Salud, 14, 109

Salvado, 20, 21, 24, 25
Salvia, 76
Sandía, 27, 29, 32, 36, 39, 83, 106, 117, 185
Sangre, 24, 25, 32, 33, 36, 73, 74, 88, 92, 95, 96, 97, 98, 99
__ coagulación de la, 23
__ en los ojos, 21
Sanguínea, circulación, 35
Sardinas, 36, 87
Sartenes, **123-124**, 125
Savia, cura de, 88
Sedantes, 52
Sedentarismo, 49
Seitán, 173
Selenio, 33, **36**, 38, 39, 80, **83**
Semen, 24, 34, 36, 37
Semillas, 36, 71, 72, 95, 103, 173, 174, 176, 183, **185**
__ de linaza, 38
__ de lino, 38
__ de sésamo, 108, 111
__ de soja, 121
Semioleaginosas, 111
Sémola, 107, 137
__ de pasta o arroz, 43
Serotonina, **28**, 29, 33
Sésamo, 38, 30, 36, 39, 76, 93, 108, 111, 173, 176, 185
Setas, **62**, 108, 176
__ maitake, 62
__ reishi, 27, 62
__ shiitake, 27, 62
Sexual,
__ actividad, 34, 36
__ salud, 32
__ vigor, 28
Sexuales,
__ hormonas, 28, 32, 34, 36, 37, 48, 78
__ órganos, 78
Sílice, 95
Silicio, 15, 95
Síndrome, premenstrual (SPM), 37, 38
Sistema,
__ cardiovascular, 36
__ circulatorio, 36
__ digestivo, 32, 43, 48
__ hormonal, 48
__ inmunitario, 32, 42, 45, 83
__ inmunológico, 29, 53, 61, 62, 91
__ nervioso, 42
__ respiratorio, 32
Smog, 84
Sobreesfuerzo, 14
Sobrepeso, 45, 95
Sodio, 16, **25**, **93**
Sofocos, 35, 38, 47
Soja, 25, 27, 34, 36, 60, **62**, **63**, 66, 74, 76, **82**, 88, 92, **98**, 111, 185
__ aceite de, 20, 107, 122
__ amarilla, 81, 107
__ bebidas de, 34
__ derivados de, 184
__ embutidos de, 173
__ en grano, 74, 137
__ en polvo, 63
__ extracto de, 63
__ germinada, 37, 74
__ hamburguesas de, 173
__ harina de, 20, 21, 22, 24, 25, 108
__ isoflavonas de, 39, 95, 75
__ lecitina de, 58, 99
__ leche de, 176
__ productos de, 28, 29, 30, 31, 47
__ queso de, 63
__ roja, 107
__ salchichas de, 173
__ salsa de, 108, 136, 173
__ seca, 21
__ semillas de, 121
__ verde, 107

Sopa, 120, 136
__ de cereales, 137
__ juliana, 137
Sorbatos, 57
Sulfatos, 57
Sulforafán, 61, 81
Superalimentos, **73**
Suplementos, 22, 32
__ nutricionales, 35
__ dietéticos, 47, 60
Suprarrenales, glándulas, 29
Tabaco, 22, 49, 62, 77, 78, **93**, 96
Tamari, 63, 108, 136, 173
Tapioca, 89, 107
Taurina, 35
Té, 32, 74
__ pu-erh, 98
__ rojo, 175
__ verde, 60, 82, **83**, 98, 175, 176, 184
Tejidos, 18, 20, 39, 77
__ adiposo, 20
__ conjuntivo, 22
__ óseo, 23, 48
Tempeh, 27, 34, 63, 74, 173, 176
Testículos, 33, 34
Testosterona, **33**, 34, 35, 78, 94
Tiamina, 21, **31**
Tiroides, glándula, 15, 25, 29, 33, 34, 36
Tirosina, **29**, 33, 34, 36
Tofu, 30, 31, 34, 36, 38, 63, 173, 175, 176, 184, 185
Tomate, 39, **63**, 65, **83**, 137, 184, 19, 28, 29, 39, 106, 108, 89
Tomillo, 136, 185
Toronja, 106
Torula, levadura de, 107
Toxemia, intestinal, 48
Tóxicas,
__ sustancias, 54
__ productos, 77
Toxinas, 27, 71, 72, 79, 83, 88, 176
Transgénicas, plantas, 66, 67
Transgénicos, alimentos, 52, **65-67**
Trastornos, 14, 38, 42
__ cardiovasculares, 15, 31
__ autoinmunes, 177
__ de vesícula, 17
__ depresivos, 28
__ digestivos, 16, 42
__ hepáticos, 17
Triglicéridos, 94, 96, 98, 99
Trigo, **15**, **16**, 89, 107, 111
__ bulgur, 174
__ germen de, 19, 21, 22, 24, 25, 29, 32, 36, 37, 75, 83, 90, 98, 173, 176
__ aceite de 83
__ hierba de, 84
__ integral, 176, 184, 185
__ harina de, 20, 24
__ pan de, 20, 21, 24, 29
__ sarraceno, **15**, 39, 107
Triptófano, 15, 19, 22, 28
Triturar, 117, 120
Trufas, 39, 76
Tubérculos, 15
Tumores, 62, 63
Ubiquinona, 36, 84
Urea, 18, 87
Uretra, 34
Utensilios, de acero inoxidable, 123, 124
__ de aluminio, 125
__ de barro, 123
__ de cobre, 125
__ de hierro, 124
__ de madera, 125
__ de teflón, 125
__ de vidrio, 123, 125
Útero, 78
Uva, 36, **98**, 106, 184, 185
__ granilla de, 107

__ morada, 39
__ negra, **83**
Vaginal, sequedad, 37
Vapor, cocinar al, 121
Vasculares,
__ enfermedades, 15
__ problemas, 49
Vegetales, 78, 137
__ deshidratados o extractados, 60
Vejez, 16, **48**, **49**, 79, 81, 86, 94
Verduras, **16**, 19, 22, 23, 43, 44, 48, 49, 60, 74, 75, 76, 78, 86, 87, 89, 95, 98, 108, 111, 114, 115, 116, 117, 119, 121, 123, 136, 173, **174**, 176, 177, **185**
__ de hoja verde, 27, 30, 32, 36
__ puré de, 43, 137
Vértebras, 87
__ cervicales, 85
Veza, 107
Viagra, **35**
Vinagre, 108, 123
Virus, 86
Vista, 20, 63
Vitaminas, 15, 16, 17, 38, 48, 61, 174
__ A, 15, 16, 17, 20, 21, 24, **36**, 43, 62, 69, 80, 84
__ B, 17, **21**, **22**, 38, 39, 45, 62, 82, 95, **99**, 122
__ B_1, 16, 21, 31, 57
__ B_{12}, 16, 17, 22, 23, 33, 99
__ B_2, 15, 16, 21, 22
__ B_3, 28, 32, 37
__ B_6 o piridoxina, 75, 22, 24, 30, 31, 33, 34, **37**, 48, 64, 99
__ B_9, 33, 99
__ C, 16, 22, 23, 24, 32, 35, 36, **37**, 38, 39, 62, 64, 69, 81, 83, 84, 87, 95, 97, 98, 122, 123
__ D, 16, 17, 20, 23, 24, 43, 69, 93, 94, **95**
__ E, 16 , 17, 20, 24, 28, 35, 36, **37**, 38, 39, 43, 48, **63**, 64, 69, 80, 82, 83, 84, 90, 95, 97, 98
__ K, 16, 20, 23, 43, 69, 95
__ PP, 16
__ Q, 99
__ hidrosolubles, 64
__ liposolubles, 20, 43
Vómito, 46, 79, 83, 87
Wok, 125
Xeronina, 91
Yerba mate, 35
Yodo, **25**, 33, **36**, 39
Yogur, 17, 19, 22, 23, 43, 44, 47, 49, 55, 71, 89, 94, 102, 103, 107, 111, 175, 184, 185
Yohimbé, 35
Zanahoria, 19, 21, 22, 27, 28, 29, 30, **80**, 98, 107, 117, 119, 137, 184, 185
__ comprimidos de, 60
Zarzamoras, 37
Zarzaparrilla, 35
Zinc, **24**, 28, **30**, 33, 34, 36, 38, 39, 44, 48, 95